샘터 자녀교육전문가시리즈 · 2

시들시들한 글이 싱싱하게 살아나는 글쓰기 지도

올바른 삶의 태도를 지니게 하는 글쓰기 교육과
아이의 발달 단계에 따른 학년별 글쓰기

유준재 1976년 서울에서 태어나 홍익대학교에서 섬유미술을 공부하였습니다. 〈누가 더 높은 곳에서 뛰어내릴까?〉로 그림책 작업을 시작하게 되었고, 〈화성에 간 내 동생〉〈황소 아저씨〉 〈단군신화〉〈고대 이집트〉 등에 그림을 그렸습니다. 현재 대학원에서 시각디자인을 공부하고 있습니다.
www.greengireen.net

시들시들한 글이 싱싱하게 살아나는 글쓰기 지도

 올바른 삶의 태도를 지니게 하는 글쓰기 교육과
아이의 발달 단계에 따른 학년별 글쓰기

1판 1쇄 펴냄 2006년 1월 10일
1판 13쇄 펴냄 2017년 7월 25일

글쓴이 이가령
그린이 유준재
펴낸이 김성구

제작 신태섭 | **마케팅** 최윤호 송영호 유지혜 | **관리** 노신영

인쇄 태웅인쇄 | **제본** 대흥제책 | **용지** 월드페이퍼

펴낸곳 (주)샘터사
등록 2001년 10월 15일 제1-2923호
주소 서울 종로구 대학로 116(03086)
전화 아동서팀 (02)763-8963 마케팅부 (02)763-8966
팩스 (02)3672-1873
e-mail kidsbook@isamtoh.com

ⓒ글 이가령, 그림 유준재 2006
ISBN 978-89-464-1434-0 14370   ISBN 978-89-464-1432-7 (세트)

• 이 도서의 국립중앙도서관 출판시도서목록(CIP)은 e-CIP 홈페이지(http://www.nl.go.kr/cip.php)에서
이용하실 수 있습니다. (CIP제어번호 : CIP2005002901)

• 샘터 1% 나눔 실천 샘터는 모든 책 인세의 1%를 '샘터파랑새기금'으로 조성하여 아름다운재단의 소년소녀 가장 주거비로 기부하고 있습니다.
2016년까지 7,200여만 원을 아름다운재단에 기부하였으며, 앞으로도 샘터의 모든 책은 1% 나눔 실천을 계속할 것입니다.

샘터 자녀교육전문가 시리즈 · 2

시들시들한 글이 싱싱하게 살아나는 글쓰기 지도

올바른 삶의 태도를 지니게 하는 글쓰기 교육과
아이의 발달 단계에 따른 학년별 글쓰기

이가령 글

샘터

책 머리에

글쓰기를 가르치는 까닭

　이 책은 아이들의 글쓰기 지도에 관심을 둔 분들께 도움이 되었으면 하는 생각으로 쓰게 되었습니다. 학부모님은 물론이고, 특히 학교 안팎에서 아이들의 글쓰기를 지도하고 계시는 여러 선생님들이 읽어 주셨으면 좋겠다고 생각합니다.

　'논술'은 글쓰기에 대한 사람들의 관심을 높여 준 지대한 공로를 갖고 있습니다. 반면에 글을 어떤 형식 논리로 쓰는 것이라는 잘못된 인식을 심는 데에도 큰 역할을 했습니다. 게다가 상업성을 등에 업고 '논술'의 중요성을 마구 부풀려 이야기하고, 특별히 그것을 배우지 않으면 안 될 것 같은 분위기로 몰아가는 사람들 때문에 학부모님들은 마음이 더욱 조급해지기도 합니다. 형편이 이렇다 보니 학원이나 공부방처럼 학교 밖에서 아이들을 가르치는 선생님들은 부모님의 조급함을 채워 주어야 하는 게 아닐까 하는 걱정이 들기도 하지요.

　아이들에게는 놀라운 글쓰기 의욕과 글쓰기 능력이 있습니다. 그런데 어른들의 조바심과 잘못된 글쓰기 교육으로 아이들의 글쓰기 의욕과 능력을 분질러 버리는 일이 너무나 많습니다.

　글은 참된 사람이 되기 위해서 읽고 쓰는 것입니다. 아이들에게 글쓰기를 가르치면서 글은 왜 쓸까? 우리는 왜 아이들에게 글쓰기 지도를 할까? 하는 점을 좀 더 또렷이 인식한다면 흔들림 없이 올바른 글쓰기 지도를 할 수 있을 것이라 생각합니다. 그래서 감히 글쓰기 지도를 하시는 분들의 마음에 어떤 확신을 심어 드리면 참 좋겠다는 커다란 희망을 품고 이 책을 내게 되었습니다. 아이들이 글을 즐겁게 쓸 수 있도록 도와 주는 선생님들과 학부모님들을 위한 책이라 생각해 주시면 좋겠습니다.

　이 책은 원래 〈시들시들한 글이 싱싱하게 살아나는 글쓰기 지도 2〉와 한몸으로 붙어 있던 것인데, 책을 내는 과정에서 내용과 분량을 고려하여 두 권으로 나누어 내게 되었습니다. 그 내용 가운데 글쓰기 교육의 본질과 학년별 글쓰기를 중심으로 이 책을 엮었습니다.(갈래별 중심의 글쓰기 지도 방법은 2권에서 다룹니다.) 또 저를 비롯해 다른 선생님들의 글쓰기 수업 사례도 몇 편 실었습니다. 귀한 글을 보내 주신 나명희, 박미애, 조용명 선생님께 감사의 마음을 전합니다.

　이 책에는 아이들의 글이 많이 나옵니다. 저와 함께 공부한 아이들의 글도 있지만 다른 선생님과 함께 공부한 아이들의 글도 있습니다. 일일이 밝히지 못하는 점을 죄송하게 생각하며, 널리 양해해 주시면 감사하겠습니다.

2006년 1월
이가령

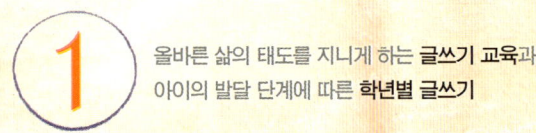

1 올바른 삶의 태도를 지니게 하는 글쓰기 교육과 아이의 발달 단계에 따른 학년별 글쓰기

차례

책 머리에 글쓰기를 가르치는 까닭 이가령 004

제1장 이 글을 먼저 읽어 주세요

솔직하게 쓰기의 어려움 015

삶이 풍요로워야 글도 풍요롭지요 021
    일하기 021
    둘레에 관심과 애정 갖기 023
        창의적인 순간, 이런 때이지요 | 어떻게 볼까? | 엉뚱한 생각이 곧 창의력? | 글쓰기와 창의성
    몸으로 겪어 보기 030
        실제로 해 본 사람만이 할 수 있는 표현은 따로 있다 | 체험에서 오는 감동

어떤 글이 좋은 글일까? 035
    마음이 따뜻해져 오는 글 036
    실감나게 쓴 글 037
    울림을 주는 글 038
    자기의 삶을 당당하게 드러낸 글 038
    가치 있는 생각, 가치 있는 태도가 드러난 글 041

지도하기에 앞서 알아 둘 일 042
    언제부터 글쓰기를 시작할까? 042
    글쓰기 준비 작업 몇 가지 042
    맞춤법, 너무 걱정 마세요 043
    이젠 '꼬꼬'가 아니라 '닭'이라 가르쳐 주세요 044
    무엇이든 쓸 수 있다는 믿음을 갖게 해 주세요 045
    아이가 '쓰고 싶은' 것을 쓰게 해야 046

한·걸·음·더 글쓰기 지도, 이것만은 지키자 048

제2장 글쓰기 지도의 실제

단계에 따른 글쓰기 지도 053
- 쓰기 전 지도 053
- 쓸 때 지도 055
- 쓰고 난 후 지도 055

아이들을 글로 쑥 들어가게 하는 방법 058
- 내 이야기를 먼저 풀어 놓아라 058
- 수업에 어려운 '문패'를 달지 마라 059
- 보기글을 재미있게 읽어 주어라 061
- 칭찬을 재미있게 해 주어라 061
- 글쓰기 싫어하는 아이는 유형에 따라 이렇게 061
    - 저학년 | 고학년

글다듬기에 대하여 064

글 쓰는 힘 키우기 069
- "느낌을 더 많이 써 보자."라는 말 대신에 069
- 아이다움이 살아 있게 073
- 꾸며내지 않고 사실대로 쓰기 075
- 자세히 쓰기 083
    - 아이의 관심과 선생님의 관심 | 아이의 수준을 살펴서 | 내가 이 글을 만났다면?
    - '어디를 갔냐면' '무슨 심부름을 했냐면' 식으로 이어지는 답답한 글
    - 마음이 있으면 보지 말라고 해도 본다 | 아이들의 마음이 가 있는 자리를 어떻게 알아 낼까?
    - 여러 가지 가운데 제일 마음에 남는 대목 | 하고 싶은 말을 생생하게
- 섬세하게 붙잡아 표현하기 083

한·걸·음·더 단락 나누기 지도를 어떻게 할까? 098

제3장 학년별 글쓰기 지도

학년별 글쓰기 지도 105

취학 전_마주이야기 지도 106

입말이 글로 나오는 1학년 108

1학년 아이들의 특성 108

글의 특징 109

여러 가지 사물이나 행동을 나열한다 | 글 끝에 '참 재미있었다. 즐거운 하루였다.'는 말이 붙는다
제목과 다른 말을 하거나 처음 하던 말과 다른 말을 한다 | 이야기가 한없이 길다 | 입말이 그래도 살아있다
문장을 적당히 끊어 쓰지 못한다 | 일기를 쓸 때 '나는 오늘'로 시작하는 경우가 많다
이어 주는 말을 알맞게 쓰지 못한다 | 독특한 아이들의 어법 | 시간을 나타내는 말을 잘 쓸 줄 모른다
나도 모르게 쓴 거짓글 | 아쉬워서 자꾸 설명을 한다

1학년, 이 정도는 알게 해 주세요 • 이렇게 지도하세요 119

글에 조리가 생기기 시작하는 2학년 120

2학년 아이들의 특성 120

글의 특징 121

어느 정도 조리가 생긴다 | 겪은 일을 쓰면서도 자기 생각이나 느낌으로 쓰는 일이 많다
쓰고자 하는 부분을 떼어 낼 수 있다 | 나름대로 비판 의식이 생긴다
절실한 자기 문제를 이야기할 수 있다 | 아직은 어휘가 부족하기도 | 다른 내용의 같은 제목

2학년, 이 정도는 알게 해 주세요 • 이렇게 지도하세요 127

관찰 기록문을 쓸 수 있는 3,4학년 128

3,4학년 아이들의 특성 128

3학년 | 4학년

글의 특징 130

하고 싶은 이야기를 차분하게 써 내려간다 | 글이 밋밋해지기 시작하기도 | 남의 처지 생각할 줄 알고
시간을 거슬러 올라가서 다시 생각해 쓰기도 한다 | 보고 들은 일도 제대로 표현하고
관찰 기록문을 쓸 수 있다 | 즐겨 쓰기는 하지만 재미없게 쓰고 마는 글감들

3,4학년, 이 정도는 알게 해 주세요 • 이렇게 지도하세요 138

자기 주장을 또렷하게 담는 5,6학년 140

5,6학년 아이들의 특성 140
5학년 | 6학년

글의 특징 141
자기 삶은 담지 않고, 관념으로 글을 쓰게 된다 | 쓸데없는 멋부리기나 대충 건성건성 쓰는 일이 많다
또렷한 자기 생각을 드러낸다 | 자세하게는 썼는데 마음이 전해지지 않는 글이 되기도
다른 사람에 대한 이해의 폭이 넓어지고 그것이 글에 나타난다

5,6학년, 이 정도는 알게 해 주세요 • 이렇게 지도하세요 154

한·걸·음·더 문장 부호와 원고지 사용법 156

제4장 수업 사례

겨울 밭에는 무슨 일이 있을까? 161
우리 가족의 한 해 소망과 다짐 163
봄이 왔어요 166
책 읽고 이야기 나누기 172
신나는 여름 방학, 신나는 우리들 1 180
신나는 여름 방학, 신나는 우리들 2 185
목욕_자세하고 정확하게 쓰기 192
떡먹기 내기_옛이야기 대본 194
꽃, 풀, 땅, 마을 이름으로 해 본 우리말 공부_나명희 선생님 196
우리 엄마_박미애 선생님 205

부록 | 학년별 글쓰기 상담 Q&A 211
학년별, 월별 글감표 231

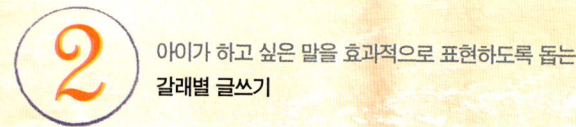

2 아이가 하고 싶은 말을 효과적으로 표현하도록 돕는
갈래별 글쓰기

차례_미리 보기

책 머리에 하고 싶은 말을 분명하게 전하기 위해서는 이가령

제1장 갈래별 글쓰기 지도

갈래별 글쓰기 지도, 어떻게 할까?

모든 글의 뿌리가 되는 서사문 쓰기
　　서사문이란 어떤 글인가? | 서사문 쓰기 지도

한·걸·음·더 대표적인 글쓰기 방법

사실을 생생하게 풀어 내는 설명문 쓰기
　　설명문이란 어떤 글인가? | 설명문 쓰기 지도

느낌과 생각을 선명하게 나타내는 감상문 쓰기
　　감상문이란 어떤 글인가? | 감상문 쓰기 지도

책 읽은 감동을 고스란히 담아 내는 독후감 쓰기
　　독후감을 쓰기 전에 생각할 것들 | 현재 우리 아이들의 모습 | 독후감 쓰기 지도

한·걸·음·더 좋은 책 고르기

자세히 보고 본 대로 표현하는 사생문 쓰기
　　사생문이란 어떤 글인가? | 사생문 쓰기 지도

자기 주장을 조리 있게 펼치는 논설문 쓰기
　　논설문이란 어떤 글인가? | 논설문에 대한 오해 | 논설문 쓰기 지도

논술 이야기
　　　논술은 어떤 글인가? | 바람직한 논술 교육의 방향

한'걸'음'더 생각하는 법

짧은 글에 담긴 놀라운 감동, 시 쓰기
　　　시가 뭘까? | 살아 있는 시, 굳어 있는 시 | 자연을 노래한 시 | 실제 지도에서

한'걸'음'더 관찰하는 것과 관심을 갖는 것

제2장 수업 사례

내가 살아온 이야기 쓰기
부모님 어렸을 때 이야기 듣고
어린이를 살리는 감각 교육
〈제랄다와 거인〉을 읽고
동물들의 꼬리 자랑 _ 노래극 대본
전쟁과 아이들 _ 세상일에 대해 관심 갖기
체육 시간
중학생의 갈래별 글쓰기
책읽기와 내 생각 _ 조용명 선생님
보고 듣고 한 것으로 시 쓰기 _ 나명희 선생님

부록 | 갈래별 글쓰기 지도 Q&A
　　　학년별 추천 도서

1 이 글을 먼저 읽어 주세요

우리가 아이들에게 글쓰기를 가르치는 목적은 완성된 글 한 편을 써 내게 하기 위해서가 아니라 사람다운 사람으로 키우기 위해서이지요. 일하기를 귀하게 여기는 몸과 마음이 건강한 사람, 둘레에 관심과 애정을 갖는 마음이 따뜻한 사람, 잘 보는 눈을 가진 창의적인 사람, 감각이 살아 있고 정서가 안정된 사람이 되라고 가르치는 것입니다. 아이들이 글을 쓰면서 표현의 즐거움을 누리는 동시에, 올바른 자세로 세상을 살아가는 힘을 키워 주기 위해서 글쓰기를 가르치는 것이지요.

했는데 내가 또 이겼다, 또 이겼는데 내가 또 졌는데 다는 저 또 달라 그랬다, 내가 '내 딱지를 딸다. 딱지를 구랑 지훈이가 '내 딱지를 동생이랑 짝구랑 지가 더 있있다, 동생이 7개 다땄으면 좋 했다. '내가 친구들 갈 놨다'는 ①딱지 소리는 넓따게 소리 리도 있다, 대는 딱지를 세게 친다,

개 -당!
(선생님 기정6은 소리
임정현 너무 잘 썼어)

솔직하게 쓰기의 어려움

제가 어렸을 때 이야기를 먼저 하려고 합니다. 저는 대전 변두리에 있는 초등 학교를 나왔어요. 지금이야 대전의 번화한 주거 지역이 되었지만, 그 옛날에는 천지사방이 다 논이고 밭이고 우리 학교가 동네에서 제일 큰 건물인 그런 동네였어요.

4학년 때 어찌어찌해서 학교 대표로 백일장에 참석한 적이 있었지요. 어디로 갔는지 기억은 잘 나지 않는데, 선생님을 따라 버스를 타고 한참을 가서 잔디가 많이 깔려 있던 곳에서 글을 쓰던 생각이 납니다.

그날 백일장에 나온 글제는 '반공'이었습니다. 옛날에는 '반공'에 대한 행사가 참 많았어요. '반공 표어 모집' '반공 포스터 그리기'……. 그 백일장도 그런 행사의 하나였을 거예요. 그런데 막상 '반공'에 대해서 글을 쓰려니 쓸 말이 아무것도 없었어요. 여기까지 왔으면 무엇이라도 써야 할 텐데 이걸 어쩌나 싶었습니다. 그러다가 좋은 '깜'을 하나 찾아 냈어요. 저희 아버님은 6.25 때 월남을 하셨는데, 거기에 착안을 해서 있지도 않은 삼촌을 남파 간첩으로 설정한 것입니다. 남파되어 온 우리 삼촌 간첩을 얼마나 열심히 설득을 해서 자수를 시켰는가 뭐 이런 내용으로 글을 지어서 제출했지요.

그런데 그만 그 글이 대상을 차지한 것입니다. 선생님은 싱글벙글 장하다, 수고했다 하면서 칭찬을 해 주셨지만 저는 참 어리둥절할 수밖에 없었습니다. 상을 탔다는 기쁨보다는 누가 "니네 삼촌 이름이 뭐냐?" 이렇게 물어 오기라도 할까 봐 가슴이 조마조마했던 기억은 지금도 선명합니다.

지금은 여러 계층의 사람들을 두루 만나고 있어요. 그 가운데서 제가 제일 좋아하는 것은 초등 학생들과 같이 공부를 하는 것입니다. 아이들의 순수함이 살아 있는 글은 읽는 재미를 넘어서 제 생활에 활력을 불어 넣어 주기도 해요. 그러니 그 아이들을 만나는 게 즐겁고 즐거울 수밖에요.

첫 번째 수업 시간, 한 초등 학교 5학년 아이가 이런 글을 썼어요.

> **✱ 사랑의 매** 박민정(5학년)
>
> 어제 수학 숙제가 있는 것을 깜빡 잊었다. 나는 하느님한테 기도를 했다.
> '하느님! 우리 선생님이 숙제검사 하는 것을 잊어먹게 해주세요!'
> 하지만 우리 선생님은 숙제검사를 하셨다.
> 나는 숙제를 안 해가서 손바닥을 맞았다. 손바닥을 맞으면서 나는 우리 선생님이 우리를 사랑해서 때려주신다고 생각했다.
> '선생님, 고맙습니다. 선생님 은혜에 보답하기 위해서 열심히 공부해서 훌륭한 사람이 되겠습니다.'

아이의 진심이 궁금했습니다. 그래서 아이를 불러 물어보았습니다. "열심히 썼구나. 그런데 손바닥을 맞을 때 진짜 네 마음이 어땠어?" 그랬더니 잠시 머뭇거리다가 " '드럽게 아프네.' 그랬어요." 하는 거예요. 마음 속으로는 그렇게 말하면서 겉으로는 '고맙습니다. 때려 주셔서, 선생님 은혜에…….' 이렇게 글을 쓴단 말이에요. 이게 잘못 되어도 크게 잘못 된 거지요?

'글이란 본 대로, 들은 대로, 느낀 대로 쓰면 되는 것이다.' 우리가 늘 하는 말입니다. 하지만 본 대로, 들은 대로, 느낀 대로 쓰는 것이 쉬운 일이 아니구나 하는 생각이 다시 들었습니다.

이런 사례들에서 글쓰기 교육의 중요한 명제를 하나 발견할 수 있습니다. 글은 솔직하게 써야 한다는 것이지요.

우리는 아이들이 거짓말을 할 때 그 버릇을 고쳐 주려고 애를 씁니다. 그런데 거짓글

✱ 아이들의 글은 가능한 한 맞춤법, 띄어쓰기를 그대로 옮겼습니다.

을 써서 상이라도 타는 날에는 그 마음이 싹 사라지고 "어머나, 너 굉장히 잘 썼다." 하면서 오히려 칭찬을 하기도 해요. 윤구병 선생님은 '있음을 있다고 하는 것은 참이고, 없음을 있다고 하는 것은 거짓'이라고 하십니다. 꼭 누구를 속이고자 해서 하는 말이 아니더라도 '없음'을 '있다'고 하는 것은 거짓입니다.

아이들이 거짓말을 하는 심리는 대체로 '위기 모면'이나 '임시 변통'에 그 뿌리가 닿아 있습니다. 그에 비해 거짓글을 쓰는 것은 '눈치 보기' 때문이지요. 자신이 한 일을 당당하게 밝히지 못하거나, 아니면 근사하게 보이기 위해서 글을 꾸미고 치장을 하는 일 따위는 모두 누군가의 눈치를 보는 일입니다. 이 '눈치 보기'는 열등감과 관련이 깊어요. 거짓말의 병폐보다 거짓글의 병폐는 훨씬 더 큰데, 우리는 그것을 소홀히 지나치는 일이 많지 않나 싶습니다.

이렇게 말씀을 드리면 마음으로는 '그래 맞아, 솔직하게 쓰도록 하는 것이 가장 기본이야.' 하는 생각을 하게 되지요. 그런데 실제로는 또 그게 어렵다는 것이지요.

미라가 쓴 글을 한번 읽어 보세요.

냉장고　　　　　　　　　　　　　　　　　황미래(2학년)

우리 집 냉장고를 새로 바꿨다. 문을 열지 않고도 물을 마실 수 있는 냉장고라 참 좋다. 어저께 할머니가 오셔서 냉장고를 보시고는
"새로 또 바꿨냐?" 그러셨다.
그랬더니 엄마가 고장났다고 그러니까 할머니가
"고쳐서 쓰면 되지. 산지가 얼마나 됐다구. 아이구 니가 신랑 등골 빼먹을 애여."
그러셨다. 그랬더니 엄마는 아무 말도 안 하셨다.
할머니는 저녁 때 큰집으로 가셨다.
오늘 아침에 내가

> "엄마, '등골빼'가 뭐야?" 하고 물었더니 엄마가 갑자기
> "뭐라구? 너도 할씨지? 나 할씨 싫어."
> 그러면서 화를 내셨다.
> 나는 엄마가 왜 화가 나는지 궁금하다.

아이가 이런 글을 써서 엄마에게 보여 드립니다. "엄마, 나 오늘 글쓰기 시간에 그거, 냉장고 그거 글로 썼어요." 읽어 보는 엄마의 얼굴이 울그락불그락해져요. "아니 쓸 게 그렇게도 없니? 집안 망신시킬라구 작정을 했어, 얘가. 다시는 이런 거 쓰지 마." 이렇게 마음에 있는 말을 그대로 다 해 버려요. 나이가 어린 아이일수록 이런 말이 주는 상처는 아주 큽니다. 어쩌면 평생 솔직한 글을 쓰려면 자꾸 눈치를 보는 사람으로 자랄지도 모르는 일입니다.

아이가 솔직하게 쓴 글을 다 받아들여 주는 열린 마음, 이것이 글쓰기를 지도하는 사람이 갖추어야 할 덕목 첫 번째입니다.

그런데 학교 밖의 글쓰기 교실 같은 데서 나온 글보다 어머니들이 더욱 불편해하는 것은 학교에 내는 일기에 쓴 솔직한 글입니다. 부부 싸움을 한 일이라든가 집안의 부끄러운 일을 그대로 일기에 썼을 때는 마음이 정말 불편해요. 아이들이 글을 솔직하게 써야 한다는 것을 인정하더라도 이럴 때는 참 난감하고, 누구한테인지 모르지만 부끄럽고 망신스러운 생각이 자꾸 듭니다.

어른들을 힘들게 할 만큼 솔직한 아이의 일기에 대응하는 어른들의 유형도 여러 가지예요. 아이가 쓴 일기를 그대로 잘 받아들이고 아이를 편하게 해 주는 모범형이 있습니다. 이런 분들이 많으면 참 좋겠지요. 그 다음은 "이런 거 쓰지 말라구 그랬지?" 하면서 아이 일기장을 북 찢어 버리는 폭군형이 있습니다. 그 순간 아이의 마음에 커다란 상처가 난다는 것쯤은 안중에도 없지요. 지금 화가 나 있기 때문에……. 실제로 엄마가 다시 쓰라고 불러 주는 경우도 보았어요. 아이 글을 다 지우고 엄마가 불러 주는 대로 다시 적

게 하더라고요. 이런 일을 겪으면서 아이는 앞으로 솔직한 글은 절대로 쓰지 않으리라 결심했을지도 모릅니다. 또 마음으로만 걱정을 하는 노심초사형도 있어요. '낼모레 학부형 회의인데 아이고 선생님을 어떻게 보지?' 이렇게 걱정하고 걱정하다 그냥 잊어버리는 유형입니다. 아이와 협상을 하는 사람도 있습니다. "저기 유라야, 우리 어제 마트에 간 것도 있는데. 돼지갈비 먹은 일도 있는데……." 하면서 아이가 다른 글감으로 글을 써 줄 것을 은근히 기대하며 아무렇지 않은 듯 한 마디 해 보는 유형이지요.

아이들의 솔직한 글을 보면서 어른들은 아이들의 마음을 이해하고 어른들의 잘못된 점을 반성하는 기회로 삼아야 하는데 그게 참 마음대로 안 됩니다.

집안의 부끄러운 이야기를 쓴 것도 그렇지만 선생님에 대한 불만 같은 것을 적었을 경우에는 아주 난감해집니다. 선생님께 죄송한 생각이 들기도 하고, 우리 아이가 이 글로 부당한 대접을 받으면 어떻게 하나? 불리한 일을 겪으면 어떻게 하나? 하는 걱정 때문에 더욱 그렇습니다.

진관이가 쓴 일기를 한번 보세요.

> **장난**
> 정진관(백산3)
>
> 오늘 나는 장난을 치다가 녹음기를 고장내셨다. 성훈이랑 정수랑 준연이랑 잡기 놀이를 했다. 그런데 성훈이가 손을 확하는 바람에 녹음기가 깨졌다. 선생님한테 교실에서 뛰었다고 혼났다. 그런데 우리 선생님은 되게 웃긴다. 나랑 성훈이는 대빵 많이 혼났는데 정수랑 준연이는 안 혼내셨다. 우리 선생님은 진짜 치사하다.

다음 시간에 녹음 테이프로 노래를 들려 주는 수업을 해야 하는데 이렇게 덥석 녹음기를 망가뜨리고 말았으니 선생님도 화가 납니다. 장난을 친 아이들은 다섯 명, 모두 불려나와 선생님께 야단을 맞았어요. 네 번째 아이가 꾸지람을 듣는 순간, 어떤 사람이 교실로 찾아와서 선생님하고 잠깐 이야기를 할 일이 생겼습니다. 그러는 동안 선생님은 마음이 많이 누그러졌고 나머지 아이들은 조금 덜 혼나게 되었지요. 충분히 그럴 수 있는 일이잖아요? 그런데 요즘 아이들 얼마나 공평한 것을 따지는지 진관이는 자기만 많이 혼난 것 같아 이런 일기를 썼어요.

물론 아이들의 일기 내용을 갖고 화내고 야단치는 선생님은 안 계시리라 생각합니다. 어른이 읽는다는 것을 알면서도 그런 내용을 쓸 수 있다는 것은 어른에 대한 믿음이 있기 때문입니다. 그것을 보고 화를 내거나 야단을 치는 것은 그 믿음을 깨는 것이지요.

그래도 엄마 처지에서는 솔직하게 쓴 아이의 일기가 껄끄러운 게 사실이에요. 이럴 때는 이렇게 해 보시면 어떨까요? 아이의 일기에 엄마가 한두 줄 글을 쓰는 거예요. "선생님, 어린 마음에 좀 섭섭했나 봅니다. 제가 잘 타이르겠습니다. 아이 마음을 조금만 이해해 주시면 감사하겠습니다."라든지, 부부 싸움 한 것을 너무 솔직하고 자세하게 쓴 글이라면 "아이고 선생님, 부끄러운 일을 들키고 말았네요. 다음부터는 아이가 안 보는 데서 싸우겠습니다." 하는 식으로 적어 보내면 어떨까요? 그것을 읽는 선생님도 푹! 하고 웃으면서 지나가지 않을까요?

일기를 글쓰기 능력을 키워 주는 수단이나 선생님께 검사 받아야 할 그 무엇으로만 생각하지 마시고, 아이와 선생님과 학부모를 이어 주는 중요한 매개체로 삼아 보시면 어떨까요? 어떤 유대감도 갖고 아이의 생활을 좀 더 섬세하게 알 수 있는 기회도 될 테니까요.

그렇다면 솔직하게 쓴 글을 받아들이기만 하면 다 되는 것일까요? 꼭 그렇지는 않습니다. 예를 들어 약한 친구를 골리고 따돌리고 하면서 그것을 재미있었다고 쓴다면 아무리 솔직한 글이라고 해도 문제가 있지요. 그럴 때는 "왜 이런 것을 글로 썼느냐?" 하고 나무랄 일이 아니라 "쓰기 어려운 일을 솔직하게 썼구나." 하면서 일단 솔직하게 쓴 일 자체는 격려해 줍니다. 그런 다음에 아이의 생각이나 행동에 고쳐야 할 부분이 있다면 바로잡아 주는 것이지요. 무엇인가를 교정하려고 하는 일은 솔직함에 대한 격려 그 다음 단계에서 이루어져야 한다는 것입니다. 어른이 고쳐야 할 일이 드러난다면 어른이 고쳐야 하는 것은 당연하고요.

삶이 풍요로워야 글도 풍요롭지요

아이들의 글에는 아이들의 삶이 드러나 있습니다. 아이들의 삶이 건조하면 글도 건조해지는 것은 당연한 일이겠지요. 삶이 풍요로워야 넉넉하고 윤기 있는 글도 나올 수 있을 텐데 말입니다. '삶이 곧 글'이라는 고리를 놓치고 자꾸 글만 가지고 어떤 '지도'를 하려고 하는 것은 아닌지 모르겠습니다. 아이들의 글을 지도하기에 앞서 아이들의 삶을 가꾸어 주어야 한다는 말은 그래서 설득력이 있습니다.

일하기

사람이 다른 동물들과 구별되는 점은 여러 가지가 있어요. 언어를 사용한다, 직립 보행을 한다, 불을 사용한다……. 그런데 그런 여러 가지 중에 가장 큰 차이점은 '일하는 보람을 안다.'는 것입니다. 일을 하는 동물들은 아주 많습니다. 대표적인 일꾼은 개미와 벌들을 들 수 있겠지요. 하지만 이들은 본능으로 일을 하는 것이지, 일에 보람을 느끼면서 하는 것 같지는 않아요. 하지만 사람은 일을 하면서 느끼는 성취감과 보람으로 일을 합니다. '먹고 살기 위해서 하는 일이지 보람은 무슨?' 이런 생각이 들 수도 있어요. '현실'은 어디까지나 현실이니까요. 하지만 어떤 기관에서 조사 발표한 내용을 보면 꼭 그런 것만은 아닙니다. 그 기관에서는 꽤 많은 보수를 주면서 사람을 채용해서 근무 시간 내내 혼자서 볼펜을 떨어뜨렸다가 줍고 다시 떨어뜨렸다가 줍고 하는 일만 하도록 했답니다. 그랬더니 일 주일을 버티는 사람이 하나도 없더라는 거예요. 처음에는 돈에 욕심이 나서 시작을 했지만, 너무 지루하고 보람 따위는 눈곱만치도 없는 일이니 참아 내지 못하더라는 것입니다. 일하면서 느끼는 보람이 없다면 사람들이 힘든 현실을 버텨 내기 어려울 거라 생각합니다.

아이들의 삶을 풍요롭게 해 주는 첫 번째 방법은 아이들에게 일하기 정신을 가르치고, 실제로 일을 하도록 해 주는 것입니다.

아이들에게 일을 시키다니? 공부하고 학원 갈 시간도 없는 판에…… 이런 걱정이 앞서는 것은 사실이에요. 그러다 보니 '모든 것은 엄마가 다 해 줄 테니 너는 공부만 해.' 하면서 아이들을 '보호'합니다. 그렇게 자라니 주변이 더러워도 치울 줄 모르고, 고학년이 되어도 엄마가 없으면 제 손으로 밥을 차려 먹지 못합니다. 일을 시킨다고 해서 무슨 엄청난 것이 아니라 자기가 잔 이부자리 정리하기, 자기가 어지른 것 치우기 같은 아주 기본적인 일을 하게 하면 되는 것입니다. 자기가 깨끗하게 청소한 방을 보고 기뻐하는 가족들을 보면서 아이는 '내 작은 힘도 우리 가족에게 이렇게 도움이 되는구나.' 하는 것을 느끼고 더 나아가 '자아 존중감'을 갖게 됩니다.

하긴 어른들이 일을 시키는 날이 있기는 해요. 언제일까요? 바로 자기가 화가 난 날이지요. 볼일을 보러 밖에 나갔다가 속이 상하는 일이 있었어요. 그런데 집에 와 보니 집이 완전히 난장판이 되어 있는 거예요. 아이들이 아주 열심히 놀았던 모양이지요. 그러자 어디다가 해소할 길 없었던 부아를 아이들에게 풉니다. "집 꼴이 이게 뭐야, 얼른 치워!" 신나게 놀던 아이들은 눈치를 보아 하니 안 치웠다가는 큰일이 날 것 같아 슬슬 치우기 시작을 합니다. 하지만 평소에 치워 보지 않은 터라 치우는 방법을 몰라요. 그래서 여기 치우라고 하면 저기에 갖다 놓고 저기 치우라고 하면 여기에 갖다 놓고 그러지요.

화가 나는 것은 이해하지만 이렇게 일을 시키는 것은 바람직하지 않습니다. 일하기는 즐거운 것이라는 생각 대신 괴로운 것이라는 기억을 갖게 만들거든요. 별로 화장실 청소를 시키는 것도 참 교육적이지 못한 일입니다. 일은 벌 받는 것이라는 생각을 갖게 만들기 때문이지요. 자기 능력에 맞는 일을 하는 것은 풍요로운 삶을 사는 기본 조건입니다.

앞으로는 컴퓨터가 더욱 발달한 사회가 될 것이 틀림없습니다. 사람이 하는 일의 많은 부분을 컴퓨터가 대신 해 주고, 지금으로서는 상상할 수 없는 일들이 벌어지리라 생각됩니다. 2030년쯤에는 컴퓨터 세상이 되어 있을지도 모르겠습니다. 그 때 사람들은 무엇을 먹고 살까요?

① 컴퓨터 칩 ② 밥

네, 밥이지요. 그 때도 우리는 밥을 먹고 살 것입니다. 제가 왜 이런 바보 같은 질문을 드리는가 하면 아무리 세상이 발전하고 문명이 발달한다고 해도 땅에서 먹을 것을 장만하는 일은 변하지 않을 것이기 때문입니다. 땅을 일구고 가꾸는 것은 앞으로도 영원히 소중한 일이라는 것이지요. 그러니 앞으로 자라나는 우리 아이들이 어디에서 무슨 일을 하더라도 땅의 소중함을 알게, 농사의 소중함을 알게 키워야 합니다. 땅의 소중함을 아는 사람만이 어떤 일을 해도 인간에게 도움이 되는 일을 한다고 합니다. 함부로 버리지 않고, 함부로 더럽히지 않고, 함부로 망가뜨리지 않고 말이지요……

둘레에 관심과 애정 갖기

삶을 풍성하게 해 주는 방법 두 번째는 둘레에 관심과 애정을 갖게 하는 것입니다.

혹시 아파트에 사시나요? 그렇다면 드나드는 출입구 양 편에 간단한 화단이 있겠지요? 그럼 그 화단에 나무가 몇 그루나 있나요? 그런데 이 사소한 질문에 선뜻 대답이 안 나와요. 날마다 드나들고 늘 보는 곳인데도 말이지요. 그저 무심히 보고 지나쳤기 때문입니다. 그 '나무'에 관심을 가져 본 일이 없거든요.

아이들도 마찬가지입니다. 관심 없이 보고 다니니 집에서 학교까지 가는 길에 은행나무가 있는지, 단풍나무가 있는지, 꽃이 피는지, 새가 우는지 도통 알지 못해요. 봐도 본 것이 없는 셈이지요.

그러고 나서 일기를 쓰려고 하니 쓸 게 없어요. 아이는 무엇을 쓸까 이리저리 고민해 보다가 엄마에게 도움을 청합니다. "엄마, 나 오늘 일기 뭐 써요?" 엄마도 쉽게 생각이 나지 않습니다. "글쎄……, 뭘 쓸까? 그런데 네 일기 네가 알지. 내가 어떻게 아니?" 아이는 아무리 생각해도 마땅히 쓸 거리가 생각나지 않아 끙끙거립니다. 그러면 엄마는 도와 주고 싶은 마음에 "오늘 무슨 일이 있었나 잘 생각해 봐. 무슨 일이 있었니?" 하고 질문을 합니다. 그런데 아이는 머뭇거림도 없이 "아무 일도 없었는데요." 하고 대답해요.

사실 '아무 일도 없는' 것이 평화일지도 모릅니다. 늘 똑같은 일상이 되풀이되는 것이 우리네 생활이 아닐까 싶어요. 그러면 엄마는 안타까워서 다시 "그럼 무슨 특별한 일은 없었니?" 하고 물어보게 되지요.

'특별한 일'이 없었느냐고 하는 질문은 몇 가지 문제가 있어요. 우선 특별한 일이 있었다면 아이가 먼저 생각해 냈을 거예요. 그리고 특별한 일이 많은 집은 '지쳐서 못 사는 집'입니다. 하루는 싸우고 하루는 결혼식 하고 하루는 회갑연 하고 하루는 친척집 방문하고…… 이렇게 특별한 일이 계속된다면 보통은 다 지쳐 떨어질 것입니다. 그리고 무엇보다 '글이란 무슨 아주 특별한 일을 써야 하는 것인가 보다.' 하는 잘못된 생각을 갖게 될 수 있습니다.

특별한 일을 찾는 데도 실패했고, 일기는 써야 하는데 글감은 떠오르지 않고…… 어른도 아이도 막막합니다. 그러다가 다시 "그럼 오늘 본 건 뭐가 있을까?" 하는 질문으로 '본 일'을 떠올려 보게 합니다. 그런데 딱한 것은 본 게 아무것도 생각이 나지 않는 거예요. 별 생각 없이, 관심 없이 지나쳤으니 그럴 수밖에요. "본 거 없는데요!" 아이는 자기도 답답하다는 듯이 대답합니다. "본 게 없다니. 눈 뜨고 다녔잖아. 잘 생각해 봐, 뭘 봤는지." 그래도 떠오르는 것이 없어 아이는 눈만 껌뻑거리고 있습니다. 그러면 다시 아이에게 묻습니다. "예를 들면, 누가 자전거를 타고 가다 넘어졌다든가……?" 이 말이 떨어지기가 무섭게 "자전거 없었는데요!" 하고 자신 있게 말합니다. 슬그머니 화가 나려고 하는 것을 참고 "아니, 예를 든다면 그렇다는 거야. 뭐 집에 오다가 달팽이가 기어가는 것을 본 거라든가 이런 것들을 떠올려 보란 말이야." 그러자 망설임도 없이 "달팽이 없었어요!" 하고 대답합니다. 자기가 본 것을 떠올리려고도 하지 않고 예를 들어 말해 주는 것조차 '못 봤다'고 강조하기도 해요.

아이들이 미처 생각해 내지 못하는 것을 떠올리도록 도와 주는 일은 아주 좋은 현상입니다. 이것은 글감을 풍부하게 해 주고 자기가 겪은 일을 돌아보게 해 주지요. 하지만 글을 쓰기에 앞서서 무엇을 겪는(하거나, 보거나, 듣거나 하는) 자리에서 또렷하게 보고 들어야 그것을 잘 떠올릴 수도 있고 글로도 나타낼 수 있습니다. 보는 자리에서 잘 보는 것은 그래서 더욱 중요합니다.

　아이들이 둘레에 관심과 애정을 갖고 '잘 보는 눈'을 갖는 것은 아이의 인생에 대단히 큰 재산을 장만하는 것과 같습니다. 대단한 무엇을 발명하는 일도, 훌륭한 작품을 써 내는 것도 모두 '잘 보는' 일에서 출발합니다. 창의력이나 상상력도 잘 보는 힘(관찰력)의 바탕에서 출발해서 커 나가는 것이거든요. 말이 나온 김에 요즈음 거세게 불어 오는 '창의력 바람'에 대해서 알아보겠습니다.

창의적인 순간, 이런 때이지요

　요즈음은 '창의력'이라는 말처럼 요술 방망이 노릇을 하는 것도 없겠구나 싶습니다. 학습지에도 '창의력' 자가 붙으면 인기를 얻고요, 공부를 하는 데도 창의력을 올려 주는 방법이라고 말하면 그 또한 큰 인기를 얻습니다. 그만큼 관심이 높다는 증거겠지요. 창의력이라고 하면 대부분 '새롭다, 기발하다, 엉뚱하다……' 하는 단어들을 떠올리게 됩니다. 그런데 그것들이 구체로 어떤 경우를 나타내는지는 참 설명하기가 어려워요. 예를 들어 새롭다는 것도 '우리 집'에서 새로운 것인지, '우리 동네'에서 새로운 것인지, '이 세상'에서 새로운 것인지 가늠하기 어려워요. 그런데 막연히 새롭다는 말만 되풀이하고 있는 것이 우리가 바라보는 창의력의 실체가 아닌가 싶습니다.

　많은 사람들이 해마다 1월 1일이 되면 정동진으로 어디로 해돋이를 보러 떠납니다. 동쪽으로 가는 도로는 해돋이 보러 가는 사람들로 몸살을 앓습니다. 사람들은 새롭게 떠오르는 해를 보면서 새로운 희망을 발견하고 새로운 힘을 얻으려고 합니다. 드디어 해가 떠오릅니다. 하늘이며 바다를 핏빛으로 붉게 물들이면서 커다란 불덩이 같은 해가 수평선 위로 쑤욱 솟아오릅니다. 정말 장관이 아닐 수 없지요. 사람들은 그 모습을 보면서 환호성을 지릅니다. 가슴에서는 두둥두둥 북 소리가 나는 듯합니다. '비록 작년까지는 힘들게 살았지만, 떠오르는 저 해와 함께 새로운 희망도 생겨날 거야.' '올해는 분명히 힘 쓴 만큼 수확도 있을 거야.' 하는 식으로 아주 밝고 긍정의 생각을 하게 됩니다. 지금은 비록 어렵지만 두둥실 떠오르는 저 태양이 그것을 싹 씻어 갈 것 같고, 저 태양의 정기를 받아 올해부터는 무엇이든 잘 될 것 같은 희망이 솟아납니다.

그런데 1월 1일 떠오른 태양이라고 해서 특별히 다른 것은 아니지요? 어제 떴다 지고 오늘 다시 떠오른, 늘 그 자리에 있던 대상이라는 것이지요. 그런데 1월 1일이 되었다고 우리가 새로운 눈으로 바라보고 새로운 희망으로 바라보…… 그러다 보니 내 마음도 희망적으로 바뀌고 그런 것이 아닐까요?

아들아이가 초등 학교 1학년 때의 일이에요. 하루는 아이가 "엄마, 왜 '나무십'이라고 안 읽어?" 이래요. "나무십이라니?" 하고 다시 물었습니다. 그러자 아이는 "왜 나무십이라고 안 읽냐구?" 하다가 잘 알아듣지를 못하는 것 같으니까 "소롯이는 '소로시'라고 읽는데 나뭇잎은 왜 '나무십'이라고 안 읽냐구우?" 하면서 질문의 요지를 분명하게 정리해 보이더라고요.

'아, 정말 그렇게 생각할 수도 있겠네.' 하는 생각이 들었어요. 아이 처지에서 보면 분명히 의심스러울 수 있는 부분이잖아요. '소, 롣, 이' 이렇게 읽는 것이 아니라 '소로시'라고 읽는 것이다 하고 배웠는데, 같은 'ㅅ' 받침이 있는데도 나뭇잎은 그렇게 읽지 않으니 궁금해진 것이지요. 그게 왜 그렇게 되는지 1학년 아이에게 설명을 해 주려니 정말 어려웠습니다. 그래서 "그냥, 그렇게 읽기로 약속을 했어." 했더니 그렇게 말고 '진짜'로 말해 보라는 것이었어요. 그래서 아이가 알아듣든 못 알아듣든 가능한 한 친절하게 '나뭇잎'은 왜 '나문

받침의 발음

표준어 규정 '받침의 발음' 편에 따르면 '자음 끝소리+모음으로 시작되는 형식 형태소(조사나 어미와 같은 형식적 기능을 하는 형태소)'의 경우, 앞말의 자음 끝소리가 뒷말의 첫소리로 연음되어 소리가 납니다.

예: 옷+이 → 〔옷이〕 → 〔오시〕

또 '자음 끝소리+모음으로 시작되는 실질 형태소(독립적으로 쓰일 수 있는 뜻을 가진 형태소)'의 경우는 앞말의 자음이 7개의 대표음(ㄱ, ㄴ, ㄷ, ㄹ, ㅁ, ㅂ, ㅇ) 중 하나로 바뀐 후, 바뀐 소리가 뒷말의 첫소리로 연음됩니다.

예: 옷+안 → 〔옫안〕 → 〔오단〕

따라서 '소롯이'의 '-이'가 형식 형태소임을 감안해 볼 때 발음은 〔소로시〕가 됩니다.

'나뭇잎'은 '음의 첨가' 편의 '사이시옷 뒤에 '이' 음이 결합되는 경우에는 〔ㄴㄴ〕으로 발음한다.'는 규정에 따라 '나뭇잎〔나묻닙 → 나문닙〕'으로 발음되는 것이지요.

님'으로 발음이 되는지를 말해 주었습니다. 한참을 듣고 있던 아이는 너무 지루했는지 "무슨 말인지 하나도 모르겠네." 하더니 그냥 놀러 나가 버리고 말았습니다.

잠시 후 흙강아지가 된 녀석이 마구 뛰어들어오더니, "엄마! 왜 나무십이라고 안 하는지 내가 알아 냈어!" 하는 거예요. 너무나 궁금해서 "아, 그래? 왜 나무십이라고 안 읽는데?" 했더니 "이거 봐 봐. '나무십' 그러면 나뭇잎 같지가 않잖아!" 그 순간 아이는 나뭇잎이라는 말에 대해 새롭게 생각을 하고 있었던 것이지요.

이렇게 예사로 지나쳤던 일들이 새롭게 다가오는 순간이 있습니다. 바로 이런 순간이 창의적인 순간입니다. 새로움으로 대상을 바라보게 된 것이지요. 결국 창의성이라는 것은 '인식'의 문제이지 '대상'의 문제는 아니라는 말입니다. 무엇을 보는가가 아니라 어떻게 보는가에 관심이 더욱 집중되면 좋겠습니다.

어떻게 볼까?

그렇다면 어떻게 새롭게 볼 수 있을까요? 그것은 무엇보다도 보는 사람 스스로가 관심을 갖고 그것에 끌려서, 그것에 홀려서 보는 것이 가장 중요합니다. 그것이 잘 안 된다면 '잘 볼 수 있도록' 도와 주어야겠지요.

가장 쉽고 좋은 방법으로는 아주 익숙하고 아무렇지 않은 것에도 관심을 가질 만한 질문을 해 보는 것입니다. 예를 들면 '3층에 있는 우리 교실까지 올라가는데 계단은 몇 개가 있었나?' '우리 집에서 제일 가까운 곳의 우체통은 어디에 있나?' '우리 집에서 가장 가까운 곳에 노랑색 꽃은 어디에 피어 있을까?' 이런 것들입니다. 이런 질문으로 만사 시큰둥하던 생활 습관이 금방 바뀌거나 변하지는 않겠지만, 그래도 언뜻 그 대상이 눈에 들어오면 아참, 우리 엄마가(우리 선생님이) 저게 몇 개냐고 하셨지? 한번 헤아려 볼까? 하고 관심을 갖게 된다는 것이지요.

수염이 하얗고 풍성한 할아버지 한 분이 계셨습니다. 한 아이는 그 할아버지를 볼 때마다 궁금한 거예요. '저 할아버지는 수염을 어떻게 하고 주무실까? 이불 속에 넣고 주무실까 이불 밖으로 빼고 주무실까?' 그래서 하루는 할아버지께 어떻게 주무시는지 여

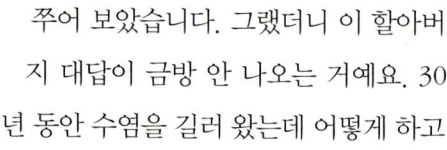
쭈어 보았습니다. 그랬더니 이 할아버지 대답이 금방 안 나오는 거예요. 30년 동안 수염을 길러 왔는데 어떻게 하고 잤는지 기억이 통 안 납니다. 그래서 "얘, 아가. 내가 하룻밤만 자고 알려 주마." 하셨습니다. 잠자리에 드는 시간, 수염을 이불 속에 넣고 잠을 청해 봅니다. 너무 답답하네요. 이렇게 잔 것이 아니었나 보다 싶어 다시 이불 바깥으로 빼놓아 봅니다. 그랬더니 이번에는 너무 허전해요. 밤새도록 수염을 넣었다 뺐다 하느라고 잠을 설쳤다는 이야기가 있어요.

바로 이런 질문 거리를 찾아 아이들이 '생각' 해 볼 수 있게 해 주는 사람이 훌륭한 교사라는 것이지요. 적확的確한 질문으로 아이들의 사고를 자극시킬 것, 글쓰기를 가르치는 사람이 갖추어야 할 덕목 두 번째입니다.

엉뚱한 생각이 곧 창의력?

교육 과정에서도 '창의력'의 중요성을 말하고 있고, 창의력이 경쟁력이라는 말도 있으니 창의력이나 상상력에 대해서 사람들의 관심이 아주 높습니다. 창의력이나 상상력은 사람이어서 누릴 수 있는 특권이고, 아이들의 창의력을 크고 넓게 키워 주어야 하는 것은 당연합니다. 그래서 창의성을 길러 준다는 학원이나 학습 교재도 그렇게 많이 나오고 있는 것 같습니다.

지금 유행하고 있는 창의력 교육이라는 것이 생각하는 '방법'만 강조하고 있는 경우가 많습니다. '어떤 대상을 새롭게 봐라, 엉뚱하게 봐라, 거기에다 무엇을 더해 봐라, 빼 봐라, 그것을 다른 데 쓴다면 어디에 어떻게 쓸 수 있을지 생각해 봐라…….' 하는 식입니다. 원이나 선을 보여 주고 이것을 이용해서 자유롭게 그림을 그려 보라고 한다든지,

머릿속에 떠오르는 생각을 모두 이야기해 봐라 합니다.

　오해하지는 마세요. 이런 방법들이 잘못 되었다고 말씀드리는 것이 아닙니다. 아이들하고 즐겁게 해 볼 만한 일들이에요. 그러나 이런 것을 마치 창의력의 모든 것처럼 말하는 것은 맞지 않습니다. 창의력이란 책상 앞에 앉아서 머리를 굴리거나 공상을 한다고 생겨나는 것이 아니라 무엇을 보더라도 제대로 보고 그것을 끈질기게 생각하는 과정에서 태어나는 것임을 놓치면 안 된다는 말이지요.

　창조의 기쁨은 자기 속에 잠자고 있던, 전혀 생각하지 못했던 재능이나 자질을 찾아내는 기쁨이라고 할 수 있습니다. 새로운 나를 발견하고 더 나아가서는 나 자신을 좀 더 깊이 있게 이해하는 기쁨이라고 할 수도 있지요. 천재가 아닌 보통 사람이 무언가를 창조하려면 그 이전까지 '배우는' 단계를 거치지 않으면 안 된다고 해요. 다양한 분야의 지식을 골고루 배우고 안 것을 바탕으로 창의력도 커지고 자라납니다.

　엉뚱한 생각이라고 무조건 창의적인 생각이라고 말할 수는 없습니다. 이 생각이 '엉뚱함'에서 그치는 것이 아니라 현실에 적합한지, 어떻게 유용하게 쓰일 수 있는지 하는 데까지 발전해야 진정한 창의적인 생각이라고 할 수 있습니다.

　정리해 보면 잘 관찰하고 배우면서 떠오른 새로운 생각, 그것이 적합성과 유용성으로 현실에 접붙이기가 잘 될 때 진정한 '창의'라고 할 수 있다는 것입니다. 결국 창의성도 삶의 문제와 맞닿아 있지 않다면 허공에 뜬 공상에 불과한 것이지요.

글쓰기와 창의성

　'우리 교재에 나온 방법대로 글을 쓰면 창의력이 늘어납니다.' 하고 대대적으로 선전하는 곳을 보았습니다. 어떤 자신이 있어서 하는 말인지는 모르겠어요. 글 쓰는 '방법'으로 상상력이나 창의력이 생겨나는 것이 아니라, 창의적인 생각이 떠오르고 그 떠오른 것을 글로 나타내는 것이 순서일 것입니다. 즉 창의력은 글을 '쓰는' 것으로 자란다기보다는 글쓰기 이전에 있었던 여러 가지 것들을 바탕으로 자란다는 이야기입니다.

　권정생 선생님은 일상 생활에서는 '쓸모 없고 더러운 강아지똥'을 '세상에서 가장 소중하고 아름다운 것'으로 작품 속에서 새롭게 태어나게 하였습니다. 강아지똥이 민들레와 한몸이 되는 구체 상황에서 독특하고 새로운 의미가 창조된 것이지요. 글을 쓰는 '방법'으로 창의적인 생각을 해낸 것이 아니라 자신이 새롭게 창조해 낸 이미지를 글로 나타낸 것입니다. 창의적인 글쓰기도 기발한 발상에서 비롯된다고 하기보다는 대상에 대한 깊은 성찰, 그 바탕에서 이루어지는 것입니다.

글쓰기를 어떤 주제와 자꾸 연관시키는 것은 글쓰기의 본질을 흐리게 하는 경우가 많습니다. 여러 가지 문제에 대해 이리저리 생각해 보고 즉석에서 떠오르는 엉뚱한 생각을 글로 표현해 보는 일, 아이들하고 즐겁게 해 볼 만한 일입니다. 이것은 생각하기 공부잖아요? 생각이 커지면 글도 자라겠지만 생각하는 훈련만으로 글 쓰는 능력이 향상되는 것도 아니고, 자꾸 '생각'으로만 글을 쓰게 되면 글 쓰는 힘이 붙지 않습니다. '상상력을 키워 주는 글쓰기 방법' 이런 문구에 현혹되지 않으셨으면 합니다.

어떤 '방법'으로 글쓰기를 대하려고 하는 것은 올바른 글쓰기 교육이라 할 수 없습니다. 자신이 한 일을 솔직하게 쓰고, 그러면서 자신과 자신을 둘러싼 세계를 인식해 나가면서 그 안에서 바르고 참되게 사는 길을 찾고 익혀 나가는 것이 진정한 글쓰기 교육입니다.

몸으로 겪어 보기

아이들의 삶을 풍성하게 가꾸어 주는 방법, 세 번째는 몸으로 체험하기 곧 체험 학습입니다.

우리는 체험 학습 하면 대체로 갯벌 탐사, 동굴 탐험, 수풀 생태 체험…… 이런 것들을 먼저 떠올립니다. 맞습니다. 그런 것들은 새롭고 신기한 체험을 할 수 있는 좋은 기회가 됩니다. 놀이도 돈을 주고 노는 세월이 되다 보니 체험이라고 하면 어딘가에 가서 보고 듣는 것을 먼저 떠올리는 형편이 되어 버렸습니다.

이런 일을 한번 생각해 볼까요? 엄마가 김치를 담그는 날입니다. 김치 담그는 일은 하루 종일 움직여야 하는 큰일이지요? 엄마는 힘들지만 그것을 보고 있는 아이는 그 일이 참 재미있어 보여요. 그래서 "엄마, 나도 한번 해 보고 싶어요." 하면서 다가옵니다. 어쩌다가 "그럴래? 그래, 너도 한번 해 봐라." 하면서 자리를 내 주는 엄마도 있지만 대부분은 "안 돼. 이거 고춧가루라서 매워. 저리 가." 하고 말리게 됩니다. 아이는 더욱 해 보고 싶어서 엄마를 조르다가 나중에는 슬그머니 김치 양념 속으로 손을 쑤욱 집어 넣으려고 합니다. 그 순간 "너, 숙제 다 했어?" 불쑥 이런 말이 나와요. 그런데 이 눈치 없는 녀석이 "숙제 다 했단 말예요." 하고 볼멘소리를 하네요. "숙제 다 했으면 들어가 공부해! 책 봐! 이런 거 만지지 말고." 아이들이 저지레하는 것이 귀찮아서, 혹은 책을 보고 공부해야 할 시간에 쓸데없어 보이는 일을 하는 것이 못마땅해서 이렇게 말립니다. 그러고 나서는 김치 박물관의 '김치 담그기 체험 학습'에 보내요. 이게 우리들의 현재 모습이지요.

실제로 해 본 사람만이 할 수 있는 표현은 따로 있다

단풍잎이 있지요? 단풍잎의 손가락(?)이 몇 개일까요? 다섯 개! 틀리는 대답은 아니지만 맞는 대답도 아닙니다. 이것은 단풍잎을 실제로 보면서 한 대답이 아니라 머릿속으로 '그럴 것이다.' 생각해서 한 대답이지요. 그런 것을 '관념'이라고 합니다. 관념으로 글을 쓰면 표현이 누구나 거의 비슷해요. 매미는 '맴맴' 울고 가을 들판은 '황금 물결'이지요. 하지만 무엇인가를 실제로 보고 듣고 만져 보고 느껴 본 사람만이 할 수 있는 표현은 따로 있어요.

마늘 껍질을 까 보면 그 느낌이 어떨까요? 냄새난다, 맵다, 까기 어렵다, 끈적거린다……. 1학년 아이들하고 '마늘 까기' 수업을 해 봤습니다.' 마늘 껍질을 벗겨 보는 것이지요. 아직 소근육이 발달하지 않은 아이들이니 마늘 껍질을 벗기는 것은 쉬운 일이 아니었습니다. 코에 땀이 송글송글 맺힌 채로 마늘 껍질을 열심히 벗기던 한 아이가 자기가 깐 마늘을 들고 오더니 "선생님, 마늘이 내복을 입었어요." 하는 것이었어요. 마늘의 겉껍질 속에 숨어 있는 얇은 막 같은 속껍질을 '내복'이라고 생각한 것이지요. 그 순간 '햐, 참 그렇구나.' 하는 생각이 들었습니다. 실제로 마늘 껍질을 벗겨 보면서 새로운 사실을 알게 된 것이지요. 체험해 보지 않고는 나오기 어려운 표현입니다.

'책을 많이 읽으면 어휘력이 향상된다.' 그렇습니다. 그러나 꼭 그렇지만도 않습니다. 혹시 '피시롱한 맛'을 맛본 적이 있습니까? 없다고요. 그렇다면 '피시롱한 맛'이라는 말에서 머릿속에 어떤 느낌이나 상상像이 떠오르나요? 그런 것도 없습니다. 머릿속이 진공이 되는 것 같습니다. 그럼 신맛은 어떤가요? 생각만으로도 입에 침이 확 고여 오는 듯합니다.

어떤 아이가 책에서 '떫은 감을 씹은 표정이었다.'는 문장을 읽었습니다. 글자를 읽을 줄 아니 '떫다'라는 어휘를 알게 되었습니다. 자기의 말밭에 어휘 하나가 추가되었습니다. 그런데 실제로 떫은 맛을 본 적이 없는 아이라면 앞서 우리가 '피시롱한 맛'이라는 단어 앞에서 그랬던 것처럼 아이도 머릿속이 진공 상태가 되는 것이지요. '떫+다'라는 음운을 읽었지만 그것이 주는 이미지나 상 같은 것을 떠올리지 못합니다. 그것을 진정한 자기 어휘라고 하기는 어렵겠지요.

독서를 통한 어휘력 확장도 결국은 생활 경험의 확충이 뒷받침되어야 진정한 자기 어휘가 되는 때가 많습니다. 그렇기 때문에 '책만' 읽지 말고 잘 놀고 이것저것 몸으로 체험하고 느끼는 일도 많이 해야 하는 것입니다.(실제로 '피시롱'이란 말은 없어요. 제가 마음대로 만든 단어랍니다.)

한번은 아주 떫은 감이 있었어요. 한 입 베어 무니 입 안에 백태가 끼는 게 아주 고약했습니다. 그래서 그 감을 예쁘게 깎아 아이들에게 시침 뚝 떼고 먹어 보게 했습니다. 선뜻 받아 먹은 아이들이 여기저기서 웩웩거리며 난리가 났습니다. 그리고 나서 한 아이가 이런 글을 썼습니다.

> 박형원(1학년)
>
> 글쓰기 선생님이 우리를 속이고 떫은 감을 주셨다. 떫은 감은 맛이 아주 이상했다. 조금 있으니 떫은 감이 내 입속에 보이지 않는 텐트를 친 것 같았다.

떫은 맛은 입 안이 좀 응축되는 느낌이 들게 하잖아요? 잘 삼켜지지도 않고 뱉는 것도 마음대로 잘 안 되니 떫은 감은 '입 안에 보이지 않는 텐트'를 친 것 같다고 느끼게 된 것입니다. 이런 표현은 절대로 관념에서는 나올 수 없는 것이라 생각해요.

체험에서 오는 감동

그렇다면 글은 왜 쓸까를 생각해 봅니다. 우선 자기를 표현하고 싶어서 글을 씁니다. 자기가 보고 듣고 하면서 알게 된 것, 또 느끼게 된 것을 표현하고 싶어서 글을 쓰는 것이지요. 표현의 욕구는 인간이 가진 기본 욕구 가운데 하나입니다.

다른 한편으로는 그것을 다른 사람에게 전달하기 위해서 글을 씁니다. 서포 김만중 선생님은 〈서포만필〉에서 '사람의 말과 마음은 같은 것의 안팎에 지나지 않는다.'고 말합니다. 마음(생각)을 표현하는 것은 말이며 말을 다르게 표현한 것은 바로 글이지요. 말과 글은 생각을 표현하고 다른 사람과 소통하는 도구예요. 우리는 이 도구로 다른 사람과 소통하면서 자기 마음을 전달하기도 하고 다른 사람을 이해하기도 하는 것이지요.

사람은 말로 생각을 합니다. 흔히 하는 말로 고독이라는 말을 모르는 사람은 고독을 모른다고 하지요? 언어 능력이 사고 체계와 관계가 있다는 말입니다. 예를 들면 수학 문제를 잘 풀기 위해서도 우리말로 된 문제를 잘 해석해야 하는 법이잖아요? 그렇기 때문에 말과 글을 잘 써야만 우리를 둘러싼 세상을 제대로 이해할 수 있게 됩니다. 세상을 제대로 이해하고 그 안에서 바르게 사는 방법을 알기 위해서 글을 쓴다고 할 수 있는 것이지요. 한마디로 글은 참되게 살아가기 위해서 쓰는 것이라 할 수 있습니다.

우리가 아이들에게 글쓰기를 가르치는 목적도 완성된 글 한 편을 써 내게 하기 위해서가

서포만필

조선 중기의 문인 김만중金萬重(1637~1692)이 지은 수필·시화평론집입니다. 1687년(숙종 13) 선천에 유배된 뒤인 말년에 지어진 것으로 짐작되며, 내용의 대부분은 한국 시에 관한 시화詩話로 이루어져 있지요.

이 책에서 김만중은 중국 한자로 이루어진 사대부들의 시문이 앵무새의 노래와 같다고 하여, 조선 사람은 조선말로 글을 써야 한다는 국민 문학론을 제창하였어요.

아니라 사람다운 사람으로 키우기 위해서이지요. 일하기를 귀하게 여기는 몸과 마음이 건강한 사람, 둘레에 관심과 애정을 갖는 마음이 따뜻한 사람, 잘 보는 눈을 가진 창의적인 사람, 감각이 살아 있고 정서가 안정된 사람으로 기르기 위해서 글쓰기를 가르치는 것입니다. 아이들이 글을 쓰면서 표현의 즐거움을 누리는 동시에, 올바른 자세로 세상을 살아가는 힘을 키워 주기 위해서 글쓰기를 가르치는 것입니다.

어떤 글이 좋은 글일까?

이제 어떤 글이 좋은 글인가 이야기할 차례가 되었습니다.

좋은 글이란 자기가 겪은 일을 솔직하게 쓰고, 그것이 읽는 사람에게 감동을 주는 글이라고 할 수 있습니다. 여기서 감동感動이라는 말이 나왔네요. 저는 이 감동을 세 가지 정도로 구분해 보려고 합니다.

우선 우리가 생활하면서 얻는 감동, '가슴이 아리아리해 오고 코끝이 찡해 오는 느낌'을 말합니다.

살면서 감동할 일이 많은 삶은 얼마나 행복한 삶일까요? 작은 일에도 감동할 줄 아는 사람이 행복지수가 높은 사람이라고 하지요? 사람은 가치 있는 일에 감동을 합니다. 아무리 말이나 글이 번드르르해도 가치 없는 일에 감동하는 일은 없지요.

두 번째는 '인식의 환기' 입니다.

마늘 껍질을 벗겨 보고 '마늘이 내복 입었다.' 고 하는 아이의 말에 가슴이 뭉클하거나 아리아리해 오지는 않지요. 하지만 '아, 정말 그러네.' 하는 느낌은 받을 수 있으리라 생각합니다. 잊고 있던 것을 깨우쳐 주거나 새롭게 느끼도록 해 주는 것도 감동입니다.

세 번째는 '감각의 전달' 입니다.

글쓴이가 감각으로 느낀 것들이 글에 잘 표현되어 읽는 사람에게 잘 전달되어 오는 것, 그것도 감동이지요. '코스모스가 쫄로리 서 있습니다.' 라는 표현을 보면서 눈앞에 코스모스가 일렬로 서 있는 모습을 자연스럽게 떠올릴 수 있습니다. 시각적 이미지로 떠오릅니다. 보고 들은 것, 몸으로 느낀 것을 정확하게 적어서 읽는 사람에게 그 느낌을 충분히 전달되도록 하는 것도 '감동' 입니다. 그런 감동을 주는 글이 좋은 글이지요.

마음이 따뜻해져 오는 글

이불
김미라(5학년)

어젯밤의 일이다. 나는 자다가 어쩌다가 잠이 깨졌다. 그런데 그때 엄마가 들어오셨다. 나는 그냥 눈을 감고 자는 척하고 있었다.

엄마는 나한테 오시더니

"이구, 우리 딸래미."

그러시면서 머리를 쓸어주셨다. 그리고는 이불을 끌어다가 어깨까지 폭 덮어주셨다. 나는 갑자기 기분이 포근해지는 것 같았다.

조금 있으니까 아빠도 오셨다.

"뭐 해? 애 자는데."

아빠가 그러셨다. 엄마는

"이봐요. 우리 딸래미가 이렇게 컸네요. 지 엄마 돈 번다고 그냥 혼자 컸어요."

그러는 것이었다. 나는 갑자기 눈물이 나올라고 하는 걸 꾹 참았다.

그랬더니 아빠가

"짜식, 신통하잖아. 당신 딸 참 잘 낳았다."

그러시면서 이불을 꼭꼭 눌러주셨다.

그리고는 내가 깰까봐 걱정하시면서 엄마랑 아빠는 나가셨다.

낮에는 맨날 꾸중만 하고 소리만 지르는 줄 알았는데 내가 잘 때면 맨날 이렇게 오시는 걸까? 나는 눈물이 나오려고 해서 이불을 뒤집어썼다.

부모 자식 간의 사랑이 따뜻하게 느껴져 오는 글입니다. 이런 글은 어떤 타고난 소질이나 재능이 있어야만 쓰는 게 아닙니다. 생활하면서 있었던 삶의 한 조각을 솔직하고 정확하게 쓰면 되겠지요. 온기가 있는 생활이 이런 온기가 있는 글을 쓰게 합니다.

진정으로 어머니 아버지의 사랑을 마음 깊이 경험하고 그것을 또렷이 표현해 본 아이는, 동시에 자기가 어떻게 해야 어머니 아버지가 즐겁게 생활하는가 하는 것도 분명하게 생각할 수 있답니다.

실감나게 쓴 글

똥

이성훈(가원4)

백화점에서 나올 때였다. 갑자기 똥이 마려웠다. 버스 안이라서 똥을 눌 수가 없어 30분 동안 똥을 참았다. 똥이 나오려고 그러면 배에 힘을 주어 똥이 나오지 못하게 하였다. 그러면 뱃속에서 꼬르륵꼬르륵 하며 똥이 들어간다. 그러다 또다시 똥이 똥구멍으로 나와 팬티에 묻을 것 같아 불안하였다.

드디어 우리 집 앞에 도착하였다. 아파트 안으로 들어와 엘리베이터를 타니 똥이 마려웠다. 그 때 글쓰기 선생님이 오셨다. 집으로 들어오자 곧 바로 화장실로 갔다. 갑자기 설사가 "투투투 뽀르륵!" 소리를 내면서 나왔다. 똥을 다 누니 속이 후련하였다. 그런데 똥을 닦으려고 하니 휴지가 없었다. 그래서 내가 "엄마, 큰일이야 큰일! 휴지가 없어." 라고 말하니 엄마가 휴지를 갖다 주었다. 참 급한 하루였다.

이 글은 그 일이 있었던 상황을 꼼꼼하게 적고 있어서 읽는 사람들도 '급한 것' 같은 느낌을 줄 정도로 실감납니다. '우리 아이는 글을 못써요.' 하고 걱정하는 분이 계시다면 아이가 쓴 글을 지금 다시 한 번 보세요, 혹시 대충대충 쓰고 있지는 않은지……. 글을 잘 쓰기 위한 또 하나의 비결은 글을 정성껏 쓰는 것입니다. 정성껏 써야 실감나는 글이 될 수 있습니다. 실감나는 글은 읽을 맛이 있습니다.

울림을 주는 글

도둑 고양이   김정은(2학년)

수퍼 앞에 차 있는데 뒤에 고양이가 있었다. 다운이 오빠는 그 고양이가 도둑 고양이라고 하면서 막 돌멩이를 던졌다. 고양이는 맞아서 막 소리를 내면서 도망갔다. 다리가 아픈지 절뚝거렸다. 나는 '고양아 빨리 도망가라' 하고 마음 속으로 말했다. 나는 불쌍해서 고양이를 자꾸 봤다. '다운이 오빠야, 그러지 좀 마라.'

이 글에서는 정은이의 따뜻한 마음이 느껴집니다. 생명이 있는 것은 모든 것이 귀하다는 사실을 이 글에서 다시 한 번 깨닫게 됩니다. 오늘날 '다운이' 같은 많은 아이들에게 꼭 읽히고 싶은 글입니다.

좋은 글이란 이렇게 읽는 사람의 가슴에 무언가 '참 그렇구나.' 하는 울림을 주는 글을 말합니다. 이 글을 쓴 사람은 이 글을 쓰기 위해 따뜻한 마음을 갖는 것은 아니겠지요? 정은이의 평소 따뜻한 마음이 글을 통해 나타난 것입니다. 이렇듯 좋은 글이란 착하고 바르게 살아가는 생활 태도에서 우러나옵니다.

결국, 좋은 글을 쓸 것을 아이들에게 요구하기에 앞서 착하고 따뜻하고 바른 사람으로 기르는 교육이 앞서야 한다는 것은 두말할 나위가 없습니다.

자기의 삶을 당당하게 드러낸 글

나의 눈물   김원진(5학년)

오늘 밤 10시 쯤 엄마가 들어오셨다. 나는 방을 안 치워 댄통 혼났다. 근데 엄마가 이렇게 나에게 말했다.

> "엄마는 일하면서 앉지도 못 했는데 이렇게 걱정을 해야 해?"
> 하는 소리를 들었다.
> 　난 그 말에 (엄마가) 밥도 못 먹은 것 같아서 마음이 아팠다. 그래서인지 갑자기 눈물이 나왔다. 난 엄마에게 보이고 싶지 않지만 보이고 말았다. 엄마께서 이렇게 말했다.
> "왜 울어!"
> "아냐."
> "왜 울어 왜?"
> "그러면 밥도 못 먹고 다리도 아프고 매일 나가야 하잖아. 그니까 눈물이 나지."
> "그렇다고 엄마가 일을 안 하면 어떻게 (돈을) 벌을 거야."
> "그니까 쉬면서 하고 밥 먹어. 그래야 힘이 나지!"

　가슴이 찡해지지요? 일을 나가셨던 어머니가 10시쯤 들어오셨는데 그 때까지 방을 치우지 않고 있다가 꾸중을 들었습니다. 그러다가 "엄마는 일하면서 앉지도 못한다."라고 하는 말이 원진이의 가슴에 박힙니다. '엄마가 고생하시는구나.' 하는 생각에 눈물이 납니다.

　그 눈물마저도 어머니가 걱정하실까 봐 보이지 않으려고 애씁니다. 밥도 제때 못 먹고 다리도 아프지만 날마다 일을 나가야 하는 어머니한테 일도 좀 쉬면서 하고 밥도 챙겨 드시라고 당부하고 있습니다.

　어렵지만 열심히 살아가는 어머니와 딸의 모습이 잘 나타납니다. 대개 아이들이 무슨 자랑할 일, 칭찬 받을 일은 자신 있게 글로 나타내지만 이렇게 좀 어려운 이야기는 좀체 쓰려고 하지 않는 경향이 있습니다.

　자신의 삶을 당당하게 나타내 보이는 글이 그래서 더 귀하다고 하겠습니다. 자신의 삶을 이렇게 당당하게 내보일 수 있는 원진이는 다른 어떤 일에도 기죽지 않고 꿋꿋하게 살아가리라 생각됩니다.

아버지 어머니가 하시는 일
박희연(하안북3)

우리 아버지 어머니는 정육점을 하신다. 그 힘든 정육점을 왜 골랐는지 모른다. 아버지가 일하시는 걸 보면 몸이 축 늘어져 있고 얼어 붙은 고기를 자를 때에는 얼굴이 빨개지면서 코에 힘이 팍팍 들어가고 몸이 붕 뜬다.

어머니가 돈까스를 누를 때에는 손이 빨개지고 돈까스 양념 만들 때에는 양념을 젓느라고 볼이 흔들리신다. 그래서 내가 지켜보다가 양념을 한 번 저어보니 나한테 보통 일이 아니다. 어머니께

"돈까스 좀 눌러 볼게요." 하니까

"안 돼."라고 했다.

내가 힘들어할까 봐 그런 것 같다. 손님하고 이야기하실 때는 웃으시며 이야기를 하신다.

손님이 가시면 축 늘어진다. 어머니 아버지는 손님에게 돈을 드릴 때 꼭 두 손으로 드리고 고기를 손님에게 드릴 때 손님이 모른 체하면 큰 소리를 내려고 하다가 참는 표정을 짓는다.

그런 아버지 어머니를 보면 참 속상하다.

어머니 아버지가 힘들여 일하시는 모습을 보고 마음 아파하고 있습니다. 글을 구체로 쓴 것도 돋보이지만 바르고 든든하게 살아가는 부모님의 모습과 그런 부모님에 대한 신뢰와 사랑이 느껴지는 글입니다.

가치 있는 생각, 가치 있는 태도가 드러난 글

중학생 최상천(상천4)

다른 때 보다 오늘은 서예학원을 조금 늦게 갔다. 중학생 형들이 있었다. 그 형들은 버릇이 엄청 나빴다. 선생님께
"빨리 검사해 줘요. 아이 참."
하고 말하는 것이었다. 그러자 다른 사람들이 모두 그 형을 쳐다보았다. 그러자
"뭘 봐."
하고 말했다. 무척 화가 났지만 참았다. 선생님께서는 검사를 해 주시고 자꾸 그 형의 뒷모습을 바라보았다. 내가 선생님이었으면 몽둥이를 들고 그 형을 많이 때렸을 것이다. 정말 나는 그런 중학생 형들이 싫다.
몇 년 있으면 나는 중학생이 될 것이다. 오늘 마음에 안 드는 그 형의 모습을 보고 중학생이 된 내 모습을 생각해 보았다. 버릇없고 건방진 중학생이 아니라 공손하고 예의바른 의젓한 중학생이 되어야겠다고 생각하면서 집으로 돌아왔다.

버릇없이 구는 어떤 중학생의 모습과 그런 모습을 보면서 떠오른 자신의 느낌과 생각을 함께 적었습니다. 자신이 본 일, 들은 일(중학생이 했던 행동, 말투 따위)을 잘 생각해 내어 또렷이 적고 있어서 읽는 사람도 글쓴이의 말에 공감을 할 수 있습니다. 또 몇 년 후에 나는 어떤 중학생이 되겠다고 써 놓은 생각도 아주 훌륭합니다. 이런 생각을 하는 걸 보니 이미 '공손하고 예의바르고 의젓한' 아이일 것 같습니다. 가치 있는 생각과 태도에서 가치 있는 글이 나오지요.

지도하기에 앞서 알아 둘 일

언제부터 글쓰기를 시작할까?

이 물음에 한마디로 답하기는 어렵습니다. 아이들 간의 차이가 심하고, 또 아이의 요구나 부모님들의 생각이 다르니까요. 그러나 가장 중요한 것은 부모님의 욕심이 앞서서는 안 된다는 점입니다. 부모님의 성급함이 아이를 글쓰기와 영원히 멀어지게 할 수도 있습니다. 아이의 능력에 맞게, 또 아이가 쓰고 싶어할 때 너무 힘들어하지 않을 정도로 시작합니다.

가만히 있는데 어느 날 글 쓰는 능력이 마술처럼 싹트지는 않지요. 글쓰기도 준비를 차근히 해 두어야만 잘 할 수 있답니다.

글쓰기 준비는 어려서부터 글쓰기를 두려운 일, 지겨운 일로 여기지 않도록 도와 주는 데에 중점을 두어야 합니다. 무엇을 쓰는 일보다, 쓰기 전에 어떤 일에 흥미를 갖고 집중할 수 있도록 도와 주세요.

글쓰기 준비 작업 몇 가지

먼저 아이에게 자립심을 길러 주세요. 요즈음 아이들에게 제일 부족한 점이 끈기와 자립심입니다. 끈기를 기르는 일은 아이가 자라면서 차츰 가르쳐도 좋을 일이지만, 스스로 할 수 있는 힘은 어려서 길러 주지 않으면 크고 난 뒤에는 가르치기가 힘든 일입니다. 밥도 스스로 못 먹고, 옷도 제 혼자서 못 입는 아이라면 글쓰기를 가르치기에 앞서 자립심을 길러 주세요.

둘째, 텔레비전을 멀리하게 합니다. 텔레비전을 보는 사람은 언제나 '구경하는' 자리에 있게 됩니다. 그래서 다른 사물에 대한 인식의 정도도 언제나 '구경하는' 수준에 머물러 버릴 가능성이 아주 크답니다. 생각하는 아이로 키우려면 우선 텔레비전을 멀리하게 해 주세요.

셋째, 체험처럼 좋은 공부는 없습니다. 어떤 글을 쓰든 글감이 풍부하면 쓰고 싶은 말이 저절로 많아지게 되겠지요. 다시 말해 글을 잘 쓰도록 '지도'하기에 앞서 '할 말이 많은' 생활로 이끌어 주어야 합니다. 간접 체험도 좋지만, 그것은 자신이 몸으로 겪어 본 직접 체험에 비해 그 느낌이 강렬하지 않습니다. 평소에 비린내 난다고 못 만지게 했던 생선도 만져 보게 하고, 시큼한 석류도 맛보게 하고……. 몸으로 겪어 보아야만 감각이 살아납니다. 감각이 살아나야 감성도 살아나고, 감성이 살아나야 표현도 살아납니다.

넷째, 아이들 말을 잘 들어 주세요. 아이들이 말을 배우는 과정을 살펴보면 신기하기 짝이 없습니다. 누가 특별히 가르치지도 않았는데 언제 그런 말을 배웠을까 싶은 말도 척척 해내지요. 문법이 어려워서 말을 못하는 아이는 없습니다.

두세 살짜리 꼬마 아이들이 또랑또랑하게 자기 의견을 말하는 것을 보면 어쩌면 저렇게 신통할까 하는 생각이 들지요. 글을 쓰는 것은 자기를 표현하는 일입니다. 자기가 겪은 일이나 거기에서 우러나온 자기 생각을 말로 표현할 수 있다면 글을 쓸 수 있는 잠재 능력이 있다고 보면 됩니다.

맞춤법, 너무 걱정 마세요

> **새장**
>
> 김은애(1학년)
>
> 아빠가 새장을 사와써요.
> 새가 삐!삐!삐!하고 우러써요. 아주 이뻐요. 아빠 새장사조서 고맙습니다

맞춤법, 띄어쓰기가 제대로 되어 있지 않은 글이지만 무슨 이야기를 하고 있는지 충분히 알아들을 수 있지요? 글자를 완전히 깨쳐야만 비로소 글을 쓸 수 있는 것이 아니라 자기가 알고 있는 글자만 가지고도 얼마든지 글을 쓸 수 있습니다. 아기들이 말을 다 배운

한글 맞춤법 총칙

제1항 한글 맞춤법은 표준어를 소리대로 적되, 어법에 맞도록 함을 원칙으로 한다.
▶ 한글 맞춤법의 대원칙을 정한 것입니다. 한글은 표음 문자表音文字이며 음소 문자이므로 자음과 모음의 결합 형식에 의하여 표준어를 소리대로 표기하는 것이 근본 원칙입니다.

제2항 문장의 각 단어는 띄어 씀을 원칙으로 한다.
▶ 단어는 독립적으로 쓰이는 말의 단위이기 때문에, 글은 단어를 단위로 하여 띄어 쓰는 것이 가장 합리적인 방식이라 할 수 있습니다.

제3항 외래어는 '외래어 표기법'에 따라 적는다.
▶ 따로 정한 외래어 표기법(1986년 문교부 고시) 규정에 따라 적도록 한 것입니다.

뒤에 말을 하는 것이 아닌 것과 마찬가지 이치입니다.

글쓰기는 글씨를 익히기 위한 수단이 아닙니다. 물론 글을 쓰다 보면 자연스럽게 익히게 되는 일이 많겠지요. 정서법에 맞도록 쓰는 일은 아이가 자라면서 차츰 배우면 됩니다. 너무 걱정하지 마세요. 아이들이 틀리는 것은 당연합니다.

글자를 써서 자기 자신을 제대로 표현할 수 있다면 그것으로 만족하십시오. 그 밖에 다른 것들, 예를 들면 글씨를 예쁘게 쓰라든지 맞춤법에 맞추어 써야 한다는 따위를 너무 강조하다 보면 아이들은 지레 주눅이 들어 버립니다. 내가 써 보고 싶은 말이 있어도 글자가 틀리게 될까 봐 두려워서 못 쓰게 되면 안 되겠지요.

이젠 '꼬꼬'가 아니라 '닭'이라 가르쳐 주세요

어린이의 언어 발달 과정을 살펴보면 6~7세 아이들은 유아어에서 아동어로 넘어가는 단계에 와 있습니다. 이 때부터는 가능한 한 사물의 이름을 정확하게 말하도록 가르치는 것이 좋습니다. 이젠 '멍멍이'가 아니라 '개'로, '꼬꼬'가 아니라 '닭'으로 정확한 그 사물의 명칭을 가르쳐 주세요. 수퍼마켓에 '까까'를 사러 가는 것이 아니라 '과자'를 사러 가는 것입니다. 더 나아가 과자 중에서도 '○○깡' 하는 식으로 이름을 또렷하게 부르도록 해 주면 좋습니다. 부모가 아이들에게 들려 주는 말도 '쉽고 또렷하게 되풀이해서' 해 주는 것이 좋답니다.

아이들과는 되도록 범위를 좁혀서 이야기를 주고받는 것이 중요합니다. 예를 들면

"얘, 난지야, 너 오늘 유치원에서(혹은 학교에서) 뭐 했어?" 하고 포괄적으로 질문을 한다면 아이들은 대답하기 어려워합니다. 그것보다는 "얘, 오늘 간식은 뭐가 나왔니?" 하는 식으로 범위를 좁혀 주면 생각해 내기가 훨씬 쉽겠지요.

쉽고 정확한 말로 또박또박 들려 주고 똑같은 방법으로 말하게 합니다.

무엇이든 쓸 수 있다는 믿음을 갖게 해 주세요

(6학년, 남)

"아이구, 이 돌대가리야."
이번 시험을 저번 시험보다 잘 못 쳤다. 그래서 나는 근심 걱정에 싸여 하루를 지냈다. 이날 따라 1분 1초가 왜 그렇게 빨리 지나가는지 금방 수업이 끝나버렸다.
종례를 하고 집으로 갔다. 나는 용기를 내어 어머니께 시험지를 보여드렸다. 그러자 어머니께선 시험지를 한 번씩 훑어보시고는
"아이구, 이 돌대가리야, 니 공부 안 하고 실컷 놀 때 알아봤다. 이래 쉬운 것도 틀리나."
나는 가만히 서 있다가 한 마디 했다.
"실수로 틀린 것도 있다."
"실수가 어디 있노. 그카길래 문제 다 읽어보고 풀어라 안 카드나."
나는 가만히 서 있었다. 그러자 어머니께서
"니 다음에도 이래 못 치면 맞아 디질 줄 알아래이!"
하시고는 시험지를 주셨다.
나는 방으로 들어갔다.
눈물이 핑 돌았다.

만약 이 아이가 이런 글을 썼다고 엄마에게 꾸중을 들었다면 다음부터는 부끄러운 일은 절대 쓰지 않으려고 하겠지요. 무엇을 쓰려고 하다가도 혼날 것 같아서 못 쓰고 창피해서 못 쓰고 그러다 보면 자연히 글감의 범위가 좁아집니다. 엄마는 '아니 하필이면 왜 이런 걸 글로 썼을까?' 하다가도 '그래, 내가 좀 심했구나.'고 생각이 바뀔 수도 있겠지요.

그렇다고 야단맞거나 꾸중 들은 일을 쓰도록 장려하는 것은 아니에요. 꾸중을 들었으면 꾸중을 들은 사실을 정확하게 쓰는 아이가 칭찬을 받은 일도 정확하게 쓸 수 있습니다. 걱정을 끼쳤으면 그 걱정 끼친 일을 정확히 쓰면서 '그래, 이제부터 이런 일은 하지 말아야지. 정신을 차리자.' 하는 생각도 할 수 있는 것입니다.

아이가 '쓰고 싶은' 것을 쓰게 해야

아이들의 글쓰기는 글쓰기 수업 시간에만 이루어지는 것은 아니지요. 학교에서는 갖가지 명목으로 아이들에게 글쓰기를 시키는데, 그 가운데는 어른들이 해야 할 말을 아이들에게 대신 쓰도록 요구하는 글도 많습니다. '자연 보호에 대한 글짓기' 같은 것이 대표적입니다. 자연을 더럽힌 사람은 아이들이 아니라 어른들입니다. 그리고 그 자연을 다시 깨끗하게 해야 할 책임도 어른들에게 있습니다. 그렇다면 자연 보호에 대한 글을 많이 써야 하는 사람은 어른들이 아닐까요?

이것이 진정한 아이들의 글쓰기가 되려면 '자연 보호'에 대해 아이가 스스로 관심을 가질 때까지 어른들이 기다려야 하겠지요. 그것은 오래 걸리지 않을 수도 있습니다. 어느 날 산에 올라가 사람들이 숨겨 놓은 쓰레기가 아주 많은 것을 보면서 '아, 저러면 안 되는데.' 하는 마음이 생기면 아이는 자연스럽게 자연 보호에 대한 글을 쓰게 될 것입니다.

이처럼 시킴을 받아서 쓰는 글들은 아이들이 쓰고 싶어하는 화제와 동떨어져 있는 경우가 많습니다. 그런데도 그게 숙제라서, 상을 주는 일이라서 울면서라도 해 가야 한다고 생각하지는 않나요? 아이는 별로 관심도 아는 것도 없는, 다시 말해 쓰고 싶지 않은 글감이라면 학교 숙제니까 '억지로라도 쓰게' 하기 보다는 '쓸 수 있는 만큼 쓰도록' 하는 것이 좋겠습니다.

한·걸·음·더

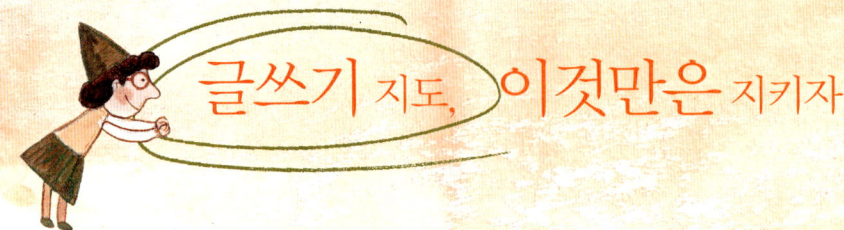
글쓰기 지도, 이것만은 지키자

1 신뢰감 형성이 첫 번째 열쇠다
지도하는 사람을 믿는 데서 터놓고 말하고 글도 쓸 수 있습니다. 어떤 내용을 쓰더라도 받아 주세요. 지도하는 사람의 열린 마음이, 아이들을 글에 편안하게 다가갈 수 있도록 만드는 지름길이랍니다.

2 아이들을 믿어라
아이들은 말을 하듯이 글도 잘 쓸 수 있습니다. 아이들에게 잠재되어 있는 능력을 믿고 스스로 표현할 수 있도록 도와 주면 아이들이 능력을 발휘할 거예요. 기다리고 기다리면서 끄집어 내 주기를 계속하십시오.

3 글과 친해지게 하라
글을 쓰라고 강요하기보다는 재미있는 글을 많이 보여 주면서 '글이란 재미있는 것이구나.' '나도 저 정도는 쓸 수 있겠다.'는 자신감을 심어 주는 것이 먼저입니다. 글에 쉽게 접근할 수 있도록 해 주세요. 아이가 받아들이기 힘든 것이라면 아무리 근사한 교육 이론으로 무장한 글쓰기 지도 방법도 다 부질없는 것이 된답니다.

4 즐겁게 쓰도록 하라
글이란 괴로운 것, 쓰라고 하니 어쩔 수 없어 쓰는 것이 아니라 글 쓰는 일이 즐겁고 행복한 일이 되도록 해야 합니다. 글이 사람의 마음을 움직인다는 것을 느껴 본 사람은 글쓰기의 즐거움을 알지요.

5 부담 없이 쓰도록 하라
국어학적 관점으로만 아이들의 글을 평가하지 마세요. 맞춤법, 글의 짜임…… 이런 형식에 얽매인 글쓰기 지도에서 벗어나야 합니다. 표현이 좀 어눌해도 자기 말로 그 순간을 드러낸 것이면 받아들이고 인정해 주는 노력이 필요합니다. 글쓰기가 편해지면 자꾸 글을 쓰게 되고, 그러면서 저절로 짜임새 있는 글을 쓸 수 있는 능력도 생겨납니다.

6 글 쓰는 과정에도 관심을 가져라

글쓰기 지도가 '쓰고 난 후 지도'에만 머물러서는 안 됩니다. 가장 중요한 부분은 '쓰기 전 지도'입니다. 보고 겪는 자리에서 제대로 보고 겪었어야 쓸 거리가 생깁니다. 하지만 쓰기 전 지도가 어려운 처지라면 적절한 '쓸 때 지도'를 소홀히 해서는 안 되지요. 무슨 말을 쓰는 데 어려워하고 있는가를 살펴보고 도와 주는 것도 그 작은 예입니다.

7 편하고 자연스러운 분위기로 만들어라

글을 꼭 원고지에 쓰도록 고집할 필요는 없습니다. 공책의 칸에 구애받지 말고, 필기구의 색깔도 자신이 좋아하는 색으로 쓰게 하세요. 글씨 반듯하게 쓰기는 국어 시간이나 따로 글씨 공부를 하는 시간에 할 일이지요. 글 쓰는 시간은 그저 즐겁게 쓰기만 하면 됩니다.

8 한 번에 완성되는 글은 별로 없다

글이란 다듬을수록 윤기가 납니다. 글을 쓸 때 어떤 경우든 빨리 쓰라고 채근하는 것은 도움이 되지 않아요. 그리고 글을 쓰고 나면 누구나 여기저기 고칠 점이 나옵니다. 자기 글을 고치는 일을 귀찮아하지 않게 해 주세요.

9 구체로 감동할 준비를 하라

아이가 쓴 글에 무조건 칭찬하십시오. 막연히 '참 잘했어요.' 하는 식의 칭찬이 아니라 '여기는 네가 본 대로 적었구나. 정말 잘 되었다.' '여기는 네 고운 마음이 잘 드러났다. 정말 잘 되었다.'는 식으로 구체로 칭찬하십시오. 칭찬할 거리가 없는 글은 없습니다. 글을 쓰려고 노력했다는 점도 칭찬의 대상이 될 수 있기 때문이지요.

10 지도하는 사람도 글을 써라

아이들의 글을 지도하는 사람이라면 마땅히 글을 써 보아야 합니다. 그래야 글쓰기 단계에서 어떤 점이 어렵고 어떻게 해야 해결을 할 수 있는지 그 경험을 바탕으로 아이들의 글쓰기를 지도할 수 있습니다.

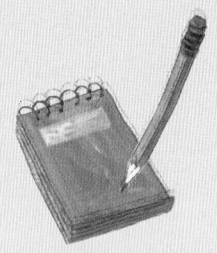

2 글쓰기 지도의 실제

글을 쓴다는 것은 대단히 능동적이고 적극적인 일입니다. 책읽기가, 씌어진 문자를 수용하는 소극인 부분이 있다면 글쓰기는 처음부터 끝까지 '나'가 주체가 되어서 이루어지는 아주 적극의 행위입니다. 아이들은 아이들 나름의 어법이 있고 아이들 나름의 표현 방식이 있습니다. 어른들이 멋대로 글을 고치고 다듬어 놓으면 좀 더 정교하게 가다듬은 '글'이 될 수는 있지만 이미 그것은 '아이들의 것'이 아닙니다. 아이들의 사고 방식을 포기하라는 것이나 마찬가지입니다. 어른의 어법을 강요하는 순간, 그것은 더 이상 아이들 글쓰기 교육이 아닙니다.

늘은 과학박물관에 갔었다. 피중류도 다. 익어가 제일 재밌었다. 집 제밌있다.

2009년 5월 5일 날씨
오늘의 주제 비누방울놀이

단계에 따른 글쓰기 지도

글쓰기 지도라고 하면 흔히 아이가 쓴 글을 놓고 어디가 잘 되었는가 잘못 되었는가 알려 주고 고쳐 주는 것이라고만 생각하기 쉽습니다. 하지만 그것은 글쓰기 지도의 일부분이지요. 글쓰기 지도는 쓰기 전 지도, 쓸 때 지도, 쓰고 난 후 지도로 나누어 생각해 볼 수 있습니다.

쓰기 전 지도

쓰기 전 지도는 다시 생활 지도와 이야기 나누기, 보기글 보여 주기 같은 것으로 나누어 생각해 볼 수 있습니다.

여기서 가장 중요한 것이 생활 지도입니다. 가치 있는 생활에서 가치 있는 생각이 나오고 가치 있는 글이 나오겠지요. 생활을 바르고 건강하게 하는 것이 글쓰기 지도의 가장 중요한 부분입니다. 그런 일들 가운데 하나를 글감으로 해서 글을 쓰면 정말 좋은 글이 나올 수 있을 거예요.

그런데 글쓰기 시간에만 아이들을 만나는 선생님의 경우에는 아이의 생활 전반을 다 알고 지도하기가 쉽지 않답니다. 부모님의 도움을 받아야 할 부분이지요. 그러나 글쓰기 교사라면 적어도 어떤 한 가지를 꾸준히 가꾸어 주어야 할 일이라고 생각합니다. 감각 살리기, 따뜻한 마음 갖기, 땅의 소중함 알기…… 등 여러 가지 가운데 하나라도 제대로 말이지요.

쓰기 전 지도의 두 번째는 이야기 나누기를 들 수 있습니다. 이것은 교사와 아이들의 신뢰감을 형성하는 데 가장 중요한 일입니다. 교사와 아이들 사이에 신뢰 쌓기가 제대로 되어 있지 않으면 아이들은 마음을 열려고 하지 않아요. 마음이 열리지 않으니 글도 쓰고 싶어하지 않지요. 아이의 말을 잘 들어 주는 것, 글쓰기를 가르치는 사람이 갖추어야 할 세 번째 덕목입니다.

어른들은 아이들 말을 잘 들어 주어야겠다고 생각해도 그것이 잘 안 되는 때가 많습니다. 아이와 소통이 잘 되지 않아 어려움을 겪을 때도 있어요. 한 아이가 '거지는 모든 것을 헌 것만 갖는 사람'이라고 생각했어요. 그런데 어느 날 어떤 거지를 보았는데 그 거지가 봉투도 뜯지 않은 '새' 과자를 한 봉지 갖고 있는 거예요. 아이는 갑자기 궁금해져서 "엄마, 저 사람 거지야?" 하고 물어봅니다. 그러니까 엄마는 "그래. 너도 공부 안 하고, 컴퓨터 게임만 하면 저렇게 거지 되는 거야."라고 했다지요? 아이는 그 사람이 거지인지 아닌지를 알고 싶어서 질문을 했는데 엄마는 다른 것, 거지가 되는 법을 이야기해 주고 있어요. 아이들과 소통을 잘 못하고 있는 것이지요.

글쓰기 시간에 아이는 이말 저말을 마구 하고 싶어하는데 교사는 진도를 빨리 나가야 해서 그 말을 막는 경우도 있습니다. 글쓰기 시간에 와서 아주 귀찮을 정도로 이말 저말 하는 아이, 감사하게 생각해야 하겠지요. 그만큼 믿고 의지한다는 신뢰의 표시이기도 하거든요.

또 교사의 의무와 책임으로 아이들에게 무엇인가를 '가르치려고' 하면 소통이 어려워집니다. 우선 편안한 마음으로 아이들의 이야기를 잘 들어 주세요. 말을 잘 하려고 하지 않는 경우는 그 아이의 성격일 수도 있고 아직 교사에게 마음이 열리지 않았다는 몸짓이기도 합니다. 아이들과 의사 소통을 잘 하는 방법, 사실 이것은 어른들에게는 끊임없이 연구해야 할 숙제입니다.

보기글을 보여 주는 것도 훌륭한 쓰기 전 지도입니다. 또래 아이들이 쓴 글을 즐겁게

 좋은 보기글이 실린 책

〈엄마의 런닝구〉 한국글쓰기연구회
〈새롬이와 함께 일기 쓰기〉 이성인 엮음
〈비 오는 날 일하는 소〉 이호철 엮음
〈내가 처음 쓴 일기〉 윤태규 엮음

1,2학년 산문집
〈아무도 내 이름을 안 불러 줘〉 한국글쓰기연구회
3,4학년 산문집
〈아주 기분 좋은 날〉 한국글쓰기연구회
5,6학년 산문집
〈주먹만한 내 똥〉 한국글쓰기연구회

읽으면서 '아, 저런 것도 글감이 되는구나.' 하는 것을 배울 수도 있고 '저렇게 쓰니까 글이 재미있구나.' 하는 것을 알 수도 있겠지요. 그러면서 자신도 비슷한 체험이 있다면 그것을 떠올려 글로 써 봐도 좋겠지요.

쓸 때 지도

쓸 때는 집중해서 쓸 수 있도록 해 주세요. 말할 때는 신나게, 글을 쓸 때는 조용히! 이렇게 알게 해 주면 좋겠어요. 그런데도 혼자 나부대면서 끊임없이 떠들려고만 하는 아이도 있지요. 특히 초등 학교 3학년 무렵에는 호기심이 하늘을 찔러 인생이 재미있고 즐거워 어쩔 줄 몰라 하는 아이들이 많습니다. 나만 재미있자니 억울(?)해서 옆자리 친구에게 같이 놀자고 합니다. 이런 아이들이 글에 집중할 수 있게 하는 것은 온전히 가르치는 사람의 몫입니다. 자신도 모르게 글로 쑥 들어가게 하는 것이 가장 좋은데, 그것은 말로 이래라 저래라 해서 되는 일이 아니지요. 쓰고 싶은 마음을 확 불러일으켜 주어서 장난치고 싶은 마음조차 들지 않고 글을 쓸 수 있게 해 주는 것, 꿈 같은 이야기일까요?

또 글을 쓸 때 아이들에게 맞춤법을 강요하지 마세요. 만약 여러분들에게 '대통령께 쓰는 글'을 쓰라고 하면서 '대통령'이라는 낱말은 한자漢字로 틀리지 않게 쓰면서 글을 써 보라고 하면 어떻겠습니까? 글을 쓰려고 하는 순간의 생각이 어디에 가 있을까요? 대통령大統領이라는 한자에 온통 쏠려 있을 것입니다. 아이들도 마찬가지예요. 맞춤법을 틀리지 않고 글을 쓰라고 하면 아이들의 사고의 초점은 글자에 가 버리게 됩니다. 글쓰기도 익히고 맞춤법도 익히고…… 이것은 욕심입니다. 맞춤법은 국어 시간에 배우면 돼요. 글 쓰는 시간은 즐겁게 글을 쓰는 것이 우선입니다.

쓰고 난 후 지도

아이가 쓴 글을 어른들이 읽어 줍니다. 그리고 나서는 "그래 잘 썼다."라고 말해 주기도 하지만 "글씨가 이게 뭐냐? 맞춤법이 또 틀렸구나." 하고 말하는 경우도 있습니다. 아이들은 열심히 썼는데 부모나 교사는 항상 무엇인가를 지적하려고 합니다. 그러다 보니 글을 쓰고 싶은 마음이 들어오다가도 도망가 버립니다.

맞춤법을 정확하게 알게 하는 것은 좋지만 아이들 글을 봐 주면서 빨간색 펜으로 죽죽 긋는 것은 그만 했으면 좋겠습니다. 그렇게 고쳐 준다고 해서 바로 다음부터 틀리지 않고 쓸 수 있는 것도 아니고, 무엇보다도 빨간색이 주는 위협감이 커서 아이 마음에 빨간 줄이 죽죽 그어지기도 합니다. 아이 글에서 고쳐야 할 것이 있으면 아이가 쓴 글자를 다치지 않게, 가능하면 빨간색이 아닌 것으로 표시해 주면 좋겠습니다.

그리고 무엇을 고쳐 줄까 하는 마음으로 읽어 보지 말고 먼저 인정하고 감동해 준다는 마음의 자세로 읽어 주세요. 칭찬할 거리를 먼저 찾으세요. 그리고 바르게 칭찬해 줍니다. 정확하게 어떤 부분을 칭찬해 주는 것입니다. 예를 들면 '이 부분은 겪은 일을 그대로 잘 썼구나.' '여기는 너의 따뜻한 마음이 잘 느껴진다.' 하는 식으로 부분부분을 정확히 짚어서 구체적으로 칭찬해 줍니다. 그래야 아이도 '아하, 이렇게 쓰면 더 잘 쓸 수 있구나.' 하고 느끼게 되겠지요. 칭찬도 제대로 하지 않으면 하지 않은 것만도 못한 결과를 가져옵니다.

아이들이 대충 칭찬해 주는 일에 익숙해지면 전혀 알아듣지 못하는 말에 대해서도 쉽사리 만족해하는 딱한 버릇을 갖기 쉽습니다. 이런 버릇이 이어지면 학교에서도 선생님의 설명을 다 알아듣지 못했는데도 그냥 설렁설렁 넘어가 버리거든요.

아무리 칭찬하려고 해도 칭찬할 데를 찾기 어려운 글도 있겠지요. 그럴 때라면 '이거 끝내느라고 아주 애쓰고 수고했구나.' 하는 식으로 칭찬을 하세요. 그러고 난 다음에 고치거나 다듬어야 할 부분을 찾아 이야기해 줍니다.

우리는 아이들을 칭찬하는 데 익숙하지가 않지요. 칭찬에 인색한 것은 개인의 성격 문제도 있겠지만 우리를 지배하는 주자학적 세계관도 한몫을 한다고 생각합니다. 주자학이 우리에게 전해 준 좋은 점은 '삼가는 정신'이라고 생각해요. '삼가다'는, 조심한다는 뜻이지요. 말조심, 몸조심, 행동 조심…… 우리가 잘 배우고 익히고 실천해야 할 것들입니다.

그러나 주자학은 우리에게 왜곡된 여성관과 폐쇄적인 아동관을 물려주기도 했습니다. 조선 시대 교과서인 '격몽요결擊蒙要訣'은 그 뜻이 '무지몽매를 깨는 비결'입니다. 여기에는 주자학적 세계관으로 바라본 아동관이 그대로 담겨 있습니다. 아이들은 '무지몽매하기 때문에 깨우쳐 주어야 할 대상'으로 보는 것이지요. 그래서 우리는 칭찬하고 인정하고 격려하고 보듬고 북돋우는 교육보다는 질책하고 나무라고 야단치고 훈계하고 바로잡아 주는 교육에 더 익숙합니다. 오늘부터라도 인정하고, 격려하고, 북돋우고, 칭찬하는 교육으로 바꾸면 어떨까요?

우리가 아이에게 가르칠 수 있는 것은 대단히 작아요. 교육은 '흘러넘침'이라고 생각합니다. 우리는 아이가 나무를 꺾었을 때 "얘야, 나무도 꺾으면 아프단다."라고 이야기하면서 생명이 있는 것을 함부로 다루지 않도록 가르쳐 줍니다. 그런데 인간 중심의 사고를 가진 사람이 이 말을 했을 때와 목숨이 있는 것은 다 귀하다고 생각하는 사람이 이 말을 했을 때 그 느낌이 같을까요? 그렇지는 않겠지요. 이야기하는 '현상'은 같으나 '본질'은 다르다는 것을 아이들도 느낄 수 있습니다. 앞의 사람이 지식으로 알고 있는 것을 말했다면 뒤의 사람은 정말 마음에서 우러나와 이 말을 했기 때문이지요. 그래서 아이에게 뭔가를 가르치려고 한다면 가르치는 사람 안에 이미 그것을 품고 있어야 한다고 생각합니다. 그것이 흘러넘쳐 아이들에게 '좋은 영향'을 주는 것이 우리가 바라는 교육이 아닐까요?

아이들을 글로 쑥 들어가게 하는 방법

내 이야기를 먼저 풀어 놓아라

"제가 어렸을 때는 사람들이 지금처럼 자주 목욕을 하지 않았어요. 우스갯소리로 일 년에 두 번 목욕을 간다는 말이 나올 정도였지요. 그래도 목욕탕 수가 워낙 적으니 목욕탕은 항상 만원이었어요. 그래서 탕 둘레에 앉아 목욕을 할 수 있는 날은 대단한 행운을 잡은 거나 마찬가지였습니다. 초등 학교 5학년 때, 그런 행운을 잡은 날이 있었어요. 너무 기뻐하면서 탕 둘레의 자리에 앉아 목욕을 하고 있었습니다. 그런데 잠시 후에 어떤 아주머니가 오더니 "얘, 조금만 비켜 볼래?" 그러는 것이에요. 그래서 옆으로 조금 비켰더니 이 아주머니는 그냥 자기가 자리를 차지하고 말아요. 저는 그대로 목욕탕 바닥에 떨어졌지요. 그런데도 그 아주머니는 모르는 체하고 푸파푸파 목욕만 열심히 하더란 말예요. 아무리 어른이지만 너무하다 싶었어요. 속상하고 억울했지요. 그런데도 "아줌마, 거기 제 자린데요!" 하는 말을 못 했어요. 지금 생각해도 그 일은 억울하네요. 여러분은 혹시 그런 경험이 없으셨나요? 어른이라고 아이에게 마구 대해서 기분 나빴던 경험이라든가 아들 딸 구별해서 속상했던 일 같은 거요. 한번 생각해 보세요."

이런 말을 들으면 사람들은 비슷한 경험을 떠올려 보려고 애를 쓰게 됩니다. 아이들도 자기가 겪었던 부당한 일을 쉽게 떠올려서 말을 합니다. '물건을 바꾸러 갔는데 나 혼자 가니 안 바꾸어 주다가 엄마랑 가니 그제야 바꾸어 주더라.' '버스 탔는데 어떤 아저씨가 무조건 자리에서 일어나라고 했다.' …… 이런 것들은 다 주장하는 글의 글감이 되겠네요. 생각보다 어렵지 않게 글감을 찾을 수 있었습니다. 물론 '오늘은 주장하는 글을 쓰는 날입니다. 여러분이 생활하면서 억울하거나 부당하다고 생각했던 일들을 말해 보세요.' 하는 것도 방법이지만, 그것보다는 어떤 '사례'를 듣고 자기 생각을 떠올리는 게 훨씬 쉽지요.

이렇게 지도하는 사람이 먼저 이야기보따리를 풀어 놓으면 아이들이 그리 힘들이지 않고 글로 들어올 수 있답니다.

수업에 어려운 '문패'를 달지 마라

수업에 '문패'라니, 이게 무슨 말일까요? '독서 토론' '○○ 논술' '비판적 글쓰기' 하는 식의 어려운 용어로 수업 목표를 붙여 놓은 것을 말합니다. 그렇다면 '아니 그럼 그런 것도 없이 수업을 하란 말이냐.'고 생각하실 분도 계시겠지만 조금만 더 들어 보십시오.

어떤 커피 전문점을 경영하는 분한테 들은 이야기입니다. 자기가 커피 전문점을 내기 위해 유명하다는 곳은 다 다니면서 커피 맛을 보기 시작했다고 합니다. 이 집 커피 맛은 어떨까? 저 집 커피 맛은 어떨까 하면서요. 그런데 이상하게도 모든 집의 커피 맛이 다 같더라는 거예요. 특별히 맛있는 집도 없고 맛없는 집도 없고……. 한번은 손님을 만나면서 어떤 집에서 커피를 마셨는데 그 맛이 그렇게 좋을 수가 없더라는 것이지요. 그런데 가만히 보니 자기가 일전에 분명히 다녀간 집이더라는 거예요. 그래서 이상하다, 그 때는 왜 이 맛을 못 느꼈을까? 하고 곰곰이 생각하다 이런 결론을 내렸다고 해요. 커피 맛을 봐야 한다는 의무감에 너무 '정신 차려!' 하고 마셨더니 미각도 긴장을 해서 제 기능을 다하지 못하다가, 편안한 마음으로 커피 한 잔을 즐기자 미각도 다시 살아나서 그것을 즐길 수 있었던 것이구나 하고 말입니다.

마찬가지로, 어떤 것을 배울 때 그것에 대한 목표를 너무 앞세우면 사람들은 우선 긴장을 하게 마련입니다. 특히 어린아이들일수록 그 긴장의 정도는 커집니다. 그러니 자유롭게 마음껏 생각하지 못하고 자꾸 어떤 틀에 갇힌 생각만 하게 됩니다. 큰 수업 목표 아래 지도안도 열심히 짜고, 오늘 써야 할 글의 특징도 아이들에게 잘 '설명'을 하고……. 그런데도 이상하게 아이들이 써낸 글들이 거의 밋밋하고 심심했다는 것을 아마도 경험해 보셨으리라 생각합니다. 그것은 '지금 나는 배우고 있어.'라는 의무감이 아이들을 알게 모르게 눌렀기 때문이지요.

그렇다고 아무 준비도 없이 아이들을 만나라는 이야기는 아닙니다. 준비와 계획은 단단히 세우는 것이 좋겠지요. 오늘은 이것만은 꼭 알게 했으면 좋겠다 하는 목표를 세워야 합니다. 그 목표는 작고 소박할수록 좋습니다.

그런데 그것을 전달하는 방법에 문제의 핵심이 있습니다. 같은 대화글 살려 쓰기를 목표로 했을 때에도 "오늘은 대화글 살려 쓰기를 배울 거예요. 우리가 일상 생활에서 쓰는 말, 이런 것도 잘 생각해서 쓰면 좋은 글감이 된답니다." 하고 설명으로 일관하는 것과, 대화글이 잘 살아 있는 보기글 한 편을 보여 주면서 "이 아이는 말한 것도 잘 생각해서 썼네요. 우리도 이렇게 해 볼 수 있겠지요? 자기가 말한 거나 들은 거, 오늘은 그것도 한 번 써 봅시다." 하고 들어가는 것과는 같은 목적을 둔 이야기라 하더라도 접근하는 방법에는 차이가 있습니다.

용어(말)가 어려우면 무슨 말인지 잘 알아듣지 못해 마음이 불편해지지요. 마음이 불편하면 글도 잘 안 써져요. 예를 들어 '비판적 글쓰기' 같은 말이 그렇습니다. 이게 뭘 써야 하는 글인지 어떻게 써야 하는지 선뜻 감이 잡히나요? 보통은 무엇을 해야 할지 가늠을 하기 어렵습니다. 이런 말로 수업 목표를 잡아 놓으면 가르치는 사람도 무슨 말인지 정확하게 모를 때가 있습니다. 조금 과장되게 말하면 막연히 어려운 무엇인 것 같으니 어렵게 가르쳐야 할 것 같은 느낌만 있습니다.

다음 중 뜻이 선명하게 들어오는 것은 어느 것인가요?

독서 토론 | 책 읽고 이야기 나누기
비판적 글쓰기 | 생각 견주어 보고 글쓰기
논거를 대라 | 알맞은 근거를 밝혀 보자
논증하라 | 내 주장이 맞다는 것을 증명해 보자
논술하라 | 자기 의견을 써 보자

물론 양 편이 완전한 동치同值는 아닙니다. 그러나 우리가 아이들하고 이야기하는 의미의 층위는 대강 이 정도가 아닐까 해요. 이끄는 말이 어려우면 받아들이기도 어렵고 긴장을 하게 됩니다. 말이 쉬워야 이해하기도 쉽고 쓰기도 쉽습니다. 쉽고 편한 말로 설명해 주세요. 아이들에게는 자기 수준보다 좀 어려운 말도 알게 해 주는 일이 필요하고 도움이 되는 때도 많습니다. 그러나 마음의 긴장을 풀고 편안해져야 글도 마음껏 쓸 수 있는 것입니다.

그러면서 아이들은 어떤 주제를 향해 간다는 긴장을 견뎌 낼 수 있게 되고, 목적한 주제를 따라 긴장의 끈을 놓치지 않고 접근해 나가는 것을 배우게 되겠지요.

보기글을 재미있게 읽어 주어라

좋은 보기글은 읽는 재미를 느끼게 하면서 나도 쓸 수 있다는 의욕을 일으켜 줍니다. 보기글을 읽으면서 "와, 여기는 정말 실감난다. 그렇지?" 하는 식의 사족을 달아도 괜찮습니다. 오늘 당장 해 보세요.

칭찬을 재미있게 해 주어라

"참 잘했어요." 이 말에 감동받을 사람이 있을까요? 칭찬을 재미있게 해 주어 보세요. "날씨를 이렇게 자세히 표현하는 것은 참 어려운 일인데, 오늘 날씨를 아주 잘 알아볼 수 있게 썼네. 정말 잘했다. 날씨를 이렇게 표현할 수 있는 초등 학교 2학년은 대한민국에서 너밖에 없을 거야." "……(흐뭇)" 자신감이 부쩍부쩍 늘어나지 않을까요?

글쓰기 싫어하는 아이는 유형에 따라 이렇게

저학년

무엇을 어떻게 나타내야 할지 모르는 경우

차분한 대화로 풀어 나가세요. 이야기를 많이 하도록 해 보세요. 말을 해서 입 밖으로 내놓은 것은 그래도 쓰기 쉬운 법입니다.

아이가 말한 것이 너무 포괄적이라면 그 아이가 하는 이야기 내용을 마디지어 주고 여기서 여기까지 써도 좋겠다고 말합니다.

글쓰기를 '강요된 학습'으로 두려워하는 경우

이런 경우가 정말 많습니다. 교재를 놓고 글쓰기를 배운 경우, 글쓰기를 무슨 문제집이나 수련장 푸는 일로 생각하는 일도 많습니다. 이런 때는 재미있게 쓴 글을 많이 보여 주세요. '글은 재미있는 것!' 이라는 생각이 들도록. 그리고 짧아도 좋은 글이 될 수 있다는 것을 알게 해 줍니다. 글의 가치를 길이로 따지는 것은 맞지 않잖아요?

뛰노는 것이 너무 좋아 글을 쓰려니 몸이 근질근질

이런 아이라면 조금 기다려 주어야 하겠지요. 저학년 아이들에게 '글을 쓰면서 인내심을 기르게 한다.'는 것은 어른의 욕심입니다. 넉넉한 마음으로 기다려 주면서 이런저런 이야기를 나누고 겪은 일만 짧게 쓰도록 해도 좋습니다. 짧은 글 가운데서 재미있는 부분을 칭찬하고 감동해 주면 좋겠습니다.

고학년

글을 지어 내거나 마음에도 없는 글을 억지로 쓰는 경우, 글쓰기 때문에 망신당한 경험이 있는 경우

대부분 글쓰기에 자신감이 없고 기가 죽어 있는 일이 많습니다. 억눌려 있는 기를 펴주고 자신감을 살려 주는 것이 중요합니다. 자기가 실제로 겪은 일, 잘 알고 있는 일을 솔직하게 써 보도록 합니다. 우선 솔직한 글을 써도 뒤탈이 없다는 것을 알고 안심하게 해 주는 것이 기본입니다. 직접 화법으로 글을 써 보게 하면 자기 글이 훨씬 재미있어졌다는 것을 금방 느낄 수 있습니다. 그것을 가르쳐 주는 것도 방법입니다. 용기와 자신감을 갖고 꾸준히 글쓰기 연습을 해 본다면 학교 교육에서 필요한 정도의 글쓰기는 못할 것이 없습니다.

글쓰기를 따분하게 생각하는 경우

이런 아이라면 글쓰기가 왜 꼭 필요한 공부인지 깨닫도록 해 주세요. 스스로 중요성을 깨쳐 관심을 갖도록 하는 일이 중요합니다. '요즈음은 어떤 문제도 답만 요구하지 않아. 답이 나오게 된 과정을 글로 설명해야 맞다고 하거든. 그만큼 글쓰기는 중요한 공부야.' 라든가 '네가 나중에 과학자가 되면 실험하고 연구만 할 것 같지? 그런데 그렇지 않아. 연구하고 실험해서 네가 정말 어떤 훌륭한 로봇을 만들었다고 쳐 봐. 그러면 많은 사람들에게 그 로봇이 얼마나 훌륭한가를 알려야 하겠지? 그런 때 과학자들도 글을 써서 사람들에게 알리게 돼. 그러니 글쓰기는 중요한 공부지.' 라는 정도라면 어떨까요?

글다듬기에 대하여

"교육의 진정한 의무는 아이들에게 어른의 언어를 지나치게 일찍 심어 주는 것이 아니라 아이들이 자기의 문장을 만들고 형태화하는 일을 도와 주는 것이다."_톨스토이

아이들의 글쓰기 방법은 어른들이 쓰는 방법과 뚜렷이 구별되는 부분이 있습니다. 세계에 대한 아이들의 생각과 느낌은 어른들과는 달라서 아이와 어른은 서로 다른 각자의 논리로 세계를 바라봅니다. 아이들 글을 지도하려면 이런 아이들만의 방식을 이해하는 것이 아주 중요하지요.

글을 쓰는 목적은 크게 '자기 표현'과 '의사 소통'으로 나누어 생각할 수 있습니다. 그 가운데서 아이들에게는 '자기 표현'이 더욱 중요합니다. 그러면서 차츰 소통이 잘 되는 글을 향해 나아가는 것이지요. 아이들의 글을 가장 열심히 읽는 사람은 어른들입니다. 그런데 아이들 글을 읽을 때 어른의 눈으로만 글을 보면서 아이들의 방식을 무시해서는 안 됩니다. 너그럽게 아이들의 어법을 수용해 주면서 조금씩 어른이 희망하는 쪽(표준 어법)을 향해 나아가도록 해 주어야 합니다. 그렇다고 해서 아이들이 빨리 표준 어법에 익숙하도록 끌어당겨서는 안 됩니다.

글을 어법에 맞추어서 쓰기란 간단한 문제가 아닙니다. 그렇기 때문에 사람들은 글쓰기를 힘들어하거나, 글을 쓸 때 주춤거리게 되기도 하지요. 하지만 아이들은 아이들 방식으로 글을 쓰기 때문에 글을 쓰는 '방법'의 문제로 어려워하거나 머뭇거리는 일이 없어요. 그저 생각나는 대로 떠오르는 대로 쓰면 그만인 것이지요.

그렇게 글쓰기를 즐기던 아이들도 글쓰기 교육을 받을수록 어른들의 기대와는 달리 글쓰기를 고통스러워하거나 멀리 하는 일이 많이 생깁니다. 이것은 어른들이 아이들에

게 너무 빨리 어른의 어법으로 글쓰기를 하라고 강요하기 때문이고, 마음대로 마구 글을 고쳐 놓기 때문입니다. 어른들이 조급해할수록 우리 아이들은 글에서 멀리멀리 달아나고 맙니다.

아이들은 어른들이 쓴 글을 쉽게 읽어요. 어른의 어법을 잘 받아들인다는 뜻이지요. 하지만 어른은 아이들이 쓴 글을 잘 받아들이지 못하고 분석해서 읽으려고 합니다. 아이들은 나름대로 글을 쓰는 규칙을 가지고 있습니다. 그렇기 때문에 가르치는 사람은,

1. 아이들의 글쓰기 방법을 이해할 수 있어야 합니다.
   _그 말이, 그 문장이 무슨 의미인지 알아들어야 앞으로 어떻게 써야 할 것인가를 가르칠 수 있겠지요.
2. 아이들의 글이 표준 어법에 어느 수준만큼 다다랐는지 객관적으로 분석할 수 있어야 합니다.
   _이것은 관심을 갖고 지켜보면서 아이들이 스스로 성장할 수 있도록 도와 주려는 것이지 표준 어법에 맞추어 써내길 요구하는 것이 아니랍니다.

어른이라고 해서 아이들 글을 자신의 입맛에 맞게 마구 각색을 해 놓는 일은 절대로 없어야 할 것입니다.

보기글 1

교훈을 주는 꿈

홍연경(3학년)

어제 난 무서운 꿈을 꾸었다. 엄마를 잃어버리고 동생을 잃어버리는 꿈이었다.
 나는 전철을 타고 동생과 엄마와 어디를 가고 있었다. 그런데 나와 동생이 엄마도 없이 어디를 또 가고 있었다. 아마도 엄마는 우리가 엄마를 찾고 있는지도 모르고 우리를 찾는다고 혼자 집으로 가신 것 같았다. 나와

동생은 주머니에 있는 돈으로 전철을 탔다. 꿈속이지만 전철값이라도 남아 있어서 얼마나 다행인지 모른다고 생각했다. 나는 동생에게

"사람들이 많으니까, 조심해."

라고 주의를 주었다. 그런데 전철에서 내려 옆을 보니까 동생이 없었다. 나는 울고싶었다. 엄마를 잃어버리고 이제는 동생까지 잃어버리다니. 한참 주위를 찾다가 다시 전철을 타고 동생을 찾으러갔다. 무서웠다. 동생을 찾지 못하면 어쩌지하는 생각이 들었다. 동생은 어느 길거리에서 울고 있었다. 나도 울고 싶었지만 참았다. 내가 울면 동생이 더 울것 같은 생각이 들었기 때문이다. 나는 동생을 달래서 집으로 향했다. 그런데 동생이 배가 고프다고 했다. 하지만 나에게 돈이 없었다.

"조금만 참아. 거의 집에 다와 가."

동생은 고개를 끄덕거리며 참아 주었다. 드디어 우리 동네에 왔다. 그런데 집으로 걸어가는 중에 엄마를 만났다.

"엄마!" "연경아, 연송아!"

나도 울고 동생도 울고 엄마도 울었다.

"연경아, 무서운 꿈 꿨니?" 엄마의 목소리가 들렸다

"엄마, 우리를 잃어버리고 혼자 집으로 가면 어떡해."

"엄마 우리 잃어버리지마, 엄마 손 꼭잡고 다닐게."

엄마가 내 이마를 쓰다듬어 주셨다.

꿈 이야기를 아주 잘 써 놓았습니다. 엄마를 잃어버렸던 꿈을 꾸고 나서 엄마의 소중함을 더욱 잘 알게 되어 앞으로는 엄마 손을 꼭 잡고 다니겠다고 다짐하는 글입니다.

하지만 이 글은 선생님의 '첨삭 지도'로 다음과 같이 바뀌었습니다.

보기글 2

교훈을 주는 꿈

홍연경(3학년)

내가 꿈을 꾸었는데 그 내용은 나에게 교훈을 주는 꿈이었다.
꿈의 내용은 나와 동생, 엄마가 어디를 전철을 타고 갔다.
그런데 나와 동생이 어디를 가서 엄마가 그것도 모르고 혼자 집으로 가셨다.
나와 동생은 엄마를 한참 찾다가 엄마께서 먼저 가신 것을 알고 남은 돈으로 전철을 탔다.
나는 동생에게 "사람들이 많으니까, 조심해."라고 주의를 주었다.
전철에서 내려 옆을 보니까 동생이 없어서 한참 주위를 찾다가 전철을 다시 타서 동생을 찾으러 갔다. 동생은 어느 길거리에서 울고 있었다. 그래서 나는 동생을 달래고 집으로 오고 있었다.
그런데 동생이 배가 고프다고 했다. 하지만 나에게 돈이 없었다.
"조금만 참아. 거의 다 와가."
동생은 고개를 끄덕거리며 참았다. 드디어 우리 동네에 왔다. 그런데 집으로 가는 중에 엄마를 만나서 집으로 왔다. 나는 이런 교훈을 얻었다.
'가족은 소중하다. 이제부터 동생을 때리지 않아야겠고 엄마, 아빠 말씀을 잘 들어야겠다.'

초등 학교 3학년이 보기글 1 정도면 잘 쓰지 않았나요? 아니, 잘 쓰지 못했다 하더라도 이것을 꼭 보기글 2처럼 첨삭을 했어야 할까요?

요즈음 독서와 글쓰기를 배우고 가르치는 데가 아주 많아졌습니다. 그러다 보니 훈련되지 않은 사람이, 가르치는 자리에 있는 경우도 있습니다. 특히 글쓰기 지도에서 글다듬기(첨삭) 부분은 선생님의 '감感'에 의존해야 하는 일이 많지요. 그렇기 때문에 글쓰기 지도를 하는 사람들이 가장 어려워하는 부분이기도 합니다. 또 한편으로 본인이 '글에 자신이 있는 사람'들은 아이 글에 '소설'을 써 놓는 경우도 있습니다. 이런 일은 절대로 해서는 안 될 일입니다. 아이가 쓴 글에 단어 선택이 잘못되었다 하더라도 그것을 다른 단어로 대체해서 함부로 고쳐 놓아서는 안 됩니다. 진정한 아이의 말밭 안에 있는 단어로 대체되어야 할 것입니다.

글의 경제성 원칙 같은 것도 그렇습니다. 군더더기 없는 글이 선명하게 읽힙니다. 가능한 한 그렇게 쓸 수 있으면 좋은 일이겠지요. 그러나 아이들의 글에서는 '경제적인 표현'이 좋은 것이 아니라 '자신의 심정을 그대로 잘 나타내는 표현'이 좋은 것입니다. 다시 말해 의미 잉여 부분이 있다는 것입니다.

"나는 내 일생 평생에 그렇게 무서운 일은 아주아주 최초로 처음으로 보았다."

이웃집에 불이 나는 것을 보고 3학년 아이가 쓴 글 가운데 한 문장입니다. 이 글에서는 '일생, 평생' '최초로, 처음으로'라는 식으로 같은 의미의 말이 중복되어서 나옵니다. 표준 어법으로 보면 맞지 않는 문장이지만, 이 군말이 오히려 그 아이의 벌렁거리는 마음을 잘 전달하고 있는 것입니다.

어른들이 멋대로 글을 고치고 다듬어 놓으면 좀 더 정교하게 가다듬은 '글'이 될 수는 있지만 이미 그것은 '아이들의 것'이 아닙니다. 아이들의 사고 방식을 포기하라는 것이나 마찬가지입니다. 어른의 어법을 강요하는 순간, 그것은 더 이상 아이들 글쓰기 교육이 아닙니다.

글 쓰는 힘 키우기

"느낌을 더 많이 써 보자."라는 말 대신에

글에는 자기의 느낌이나 생각이 잘 나타나 있어야 합니다. 그런데 느낌이나 생각을 글로 표현하는 것은 어려운 일이라서 그게 뜻대로 잘 되지를 않습니다. 그리고 생각해 보면 어떤 일을 겪고 나서 떠오르는 느낌은 참 단순한 경우가 많아요. 예를 들어 친구들하고 숨바꼭질도 하고 땅따먹기도 하고 고구마 삶은 것도 먹고 이렇게 신나게 지내면서 한 일은 참 많은데, 느낌을 떠올리려니 "참 재미있었다." 하는 말밖에 생각이 나지 않습니다. 그러니 이런 저런 이야기를 적어 놓고 "참 재미있었다."고 쓰게 되지요. 그러면 어른들은 그게 조금 안타까워서 "네 느낌을 좀 더 잘 표현해 보자." 하고 말해 주기도 합니다.

또 글을 보는 편견 가운데 하나가 '글이란 자기 생각이나 주장을 써야 귀한 글이지, 겪은 일을 그대로 쓴 것은 별 가치가 없다.'고 생각하는 것입니다. 그래서 아이들을 지도하는 분 가운데서도 "이건 사실만 늘어놓았구나. 네 느낌이나 생각이 없어. 네 느낌이나 생각을 더 써 보아라." 하고 주문하는 경우도 많습니다.

먼저 3학년 아이가 쓴 일기를 읽어 볼까요?

> 6월 6일 일요일 (현충일 ^^)
>
> 오늘 나는 아주 기쁘고 즐거웠다. 이유는 성당이 끝나고 계속 놀았기 때문이다. 나는 놀이터에서 친구 세명을 만났다. 누구냐면 일균, 대호, 학진이다. 우리 친 할머니 댁에서 놀려고 친구와 갔더니 아빠가 오라는 전화가 왔었다. 오늘 나는 느낀게
> '세월은 참 빨리 가는구나.'
> 빨리 않갔으면 좋겠어요. (조금 ^^)

이 일기에 선생님은 동그라미 표시를 세 개 하면서 '느낀 점을 더 많이 쓰세요.' 하는 도움말을 써 주셨습니다.

이 아이는 친구들을 만나 놀이터에서 신나게 놀았습니다. 그러고는 할머니 댁에 가서 놀기로 하고 친구와 갔습니다. 그런데 아빠가 오라는 전화를 하셨네요. 실컷 놀지도 못했는데 얼른 오라는 전화를 받고 보니 '언제 이렇게 시간이 가 버렸지?' 싶은 마음이 되었어요. 그런 아쉬움 때문에 '세월은 빨리 가는구나 하는 것을 느꼈다.' 고 쓴 것 같습니다.

물론 욕심을 부려 보자면 '글을 좀 더 자세히 쓰자. 친구들이랑 무엇을 하고 놀았니?' 하면서 아이에게 주문을 할 수도 있겠지요. 하지만 일기=글쓰기는 아니거든요. 날마다 자세하게 쓰는 것은 너무 어려운 일이기도 하지요. 그러니 아이들이 보통 이런 정도로 글을 쓰게 됩니다.

그래도 친구를 만나 놀아서 기쁘고 즐거웠다는 것, 많이 놀지도 못했는데 돌아가야 하는 아쉬움 따위를 나름대로 잘 전달하고 있습니다. 이 글에서 어떤 느낌을 더 적을 수 있을까 궁금하기도 합니다.

'사실만 늘어놓으면 가치가 없다. 느낌이나 생각을 써 넣어라.' 하는 말에 대해서 조금 더 생각을 해 봅니다. 다시 아이의 글 한 편을 볼까요?

놀이터에서 노는 아이들

노종태(서래4)

나는 오늘 아람 유치원 앞에 있는 놀이터에서 두 명이 함께 노는 것을 보았다. 한 여덟살 정도 되어 보이는 녀석들이 구름사다리처럼 돼있는 고리에 매달려 놀고 있었다. 한 아이가

"야, 우리 고리에 매달려 싸움하자!"

"응."

"자, 그럼 시이이이작!"

"이얏, 내가 너 같은 꼬맹이한테 질 수야 없지!"

"사돈 남 말하고 있네."

두 명은 계속 매달려 있었다. 힘든줄도 모르나 보다. 싸우다가 동시에 둘 다 떨어졌다.

"야, 우리 무승부다. 또 하자."

"그래."

"시이작."

또 막 매달려 싸우고 있었다. 구경꾼은 나 한 명이다. 나는

"얘들아, 잘해봐!"

하고 말했더니 두 아이는 나를 멀뚱멀뚱 보더니 계속 싸움을 하였다. 마침내 승부가 결정되었다. 한 명이 떨어졌기 때문이다. 이긴 아이는

"국민 여러분, 기뻐해 주십시오. 내가 ○○○을 이겼습니다."

나는 그말을 듣고 웃다가 뒤로 벌렁 자빠졌다. 그 모습을 본 두아이는 "하하하"하고 웃었다. 두 아이는 그 다음에 집으로 갔다.

_〈아주 기분 좋은 날〉(보리)에서

이 글은 아이들이 노는 모습을 보고 쓴 글입니다. 어디에도 자기의 느낌이나 생각을

나타내는 말은 없습니다. 그래도 아이들이 노는 모습을 보면서 재미있어하는 아이의 마음이 잘 전달돼 옵니다.

> ### 기분 좋은 날
> 이새롬(이수2)
>
> 선생님께서 아침에 교실에 들어오셨다.
> "내일은 오빠 언니들이 (수능) 시험 보니까 차가 막히지 않게 우리들은 10시까지 와야 해요."
> 그 소리를 듣는 순간 기뻐서 어쩔 줄을 몰랐다.
> "그리고 내일은 '지각되지 않게 일찍 가야지.'를 '조금 늦게 가야지.'로 고치세요."
> "와! 와!" 교실이 떠들썩했다. 우리들이 기뻐하는 가운데 호범이가 나섰다.
> "그럼 늦게까지 공부해요?"
> 갑자기 교실이 조용해졌다.
> "아니."
> 교실은 다시 수다쟁이로 변했다.
> _〈아주 기분 좋은 날〉 (보리)에서

이 글에도 느낌을 나타낸 말은 거의 나타나 있지 않습니다. 그렇지만 교실이 떠들썩해졌다 조용해졌다 다시 '수다쟁이'가 되었다는 상황을 잘 적어 놓아서 교실 안 아이들의 심리 변화까지 읽을 수 있습니다. 이렇게 보고 듣고 겪은 일(사실)을 생생하게 그려 보여 주는 글이 좋은 서사문입니다.

> ### 저금통장
> 김지혜(3학년)
>
> 오늘 학원을 마치고 희지랑 농협에 가 저금통장을 받고 나는 날아갈 것만 같았다. 왜냐하면 통장번호, 비빌번호 등 그런 많은 번호가 생겼기 때

> 문이다.
> 또 한 가지 더 있다. 그것은 바로 손님이라는 말을 들어보았기 때문이다. 거기서 일하던 언니가 나를 보고 손님이라고 말하자 나는 깜짝 놀라 말을 더듬었다.

이 글에서는 '날아갈 것만 같았다.'는 말로 자신의 감정을 나타내고 있습니다. 그러나 이 글을 더욱 돋보이게 하는 것은 자신을 보고 손님이라고 말하자 놀라서 말을 더듬었다는 사실을 표현해 놓아서 읽는 사람에게 그 때의 마음을 더 잘 전달하고 있는 것입니다.

그러니까 문제는 느낌을 썼는가 안 썼는가 하는 것보다는 그 느낌의 바탕이 되는 사실을 얼마나 생생하고 정확하게 썼는가 하는 것이지요.

아이다움이 살아 있게

요즘 많은 사람들이 아이들의 글을 지도하고 있습니다. 사람마다 관점이 달라서 되도록 빨리 아이들을 어른들도 깜짝 놀랄 만큼 글을 잘 쓰는 사람으로 만들겠다고 생각하는 사람도 있는 모양입니다만, 아이들 글에는 아이다운 목소리가 살아 있어야 가치가 있습니다.

글을 쓴다는 것은 대단히 능동적이고 적극적인 일입니다. 책읽기가, 씌어진 문자를 수용하는 소극인 부분이 있다면 글쓰기는 처음부터 끝까지 '나'가 주체가 되어서 이루어지는 아주 적극의 행위입니다.

아이들은 아이들 나름의 어법이 있고 아이들 나름의 표현 방식이 있습니다. 물론 이것은 소통이 잘 안 되는 경우도 있을 수 있습니다. 하지만 소통의 문제는 아이들이 자라면서 차츰 배우고 익히면 되는 일이고, 초등 학교 저학년 어린이들이라면 우선 마음껏 쓰게 하는 데 초점을 두어야 하겠습니다.

보기글 1

재미있는 피서
김도경(2학년)

나는 어머니와 지하철을 타고 남산 식물원으로 향했다. 갈때 지하철이 너무 느려서 답답하게 느껴졌다. 우리 아빠차를 타고 가면 얼마나 좋을까 하다가 시청역에서 내린 다음에 택시를 타고 남산 식물원에 도착했다.

거기서 내가 좋아하는 독수리와 원숭이를 봤다. 거기서 식물을 봤는데, 식물이 나를 보며 방긋 웃었다.

집에 돌아오면서 전철역에서 나는 팥빙수를 먹고 어머니는 김밥을 잡수셨다.

나도 다음에는 정상까지 올라가야겠다.

보기글 2

책상의 낙서
빈진솔(행당2)

오늘은 급식이 나왔다. 그런데 지호 책상 옆에 누가 '주현 똥꼬'라고 적어 있었더니 아이들이 지호 자리로 몰려들었다. 아이들은 '똥꼬'라고 발음이 나는데 지호는 '똥고'라고 발음이 됐다. 지호는 무조건 자기 거가 깨끗하지 못하거나 자기 거가 낙서가 돼있으면 싫어한다. 밥도 잘 안 먹는다. 나는 지호를 친구들이 많이 도와주어서 시험 점수 높고 밥도 잘 먹고 우리처럼 전부 다 똑같은 친구가 되었으면 좋겠다. 지호야 친구들이 많이 도와 줄테니까 너도 노력해!

보기글 1은 표준 어법에 가깝도록 글을 쓰고 있고, 보기글 2는 표준 어법으로 보면 부족한 점이 많은 글입니다. 그래도 글 속에서 아이가 보이고 아이의 마음이 느껴지는 글은 보기글 2입니다.

보기글 1은 자기가 한 일만 주욱 나열하고 있는 것에 그쳐 있습니다. 자기 마음이 가 있는 곳이 없어요. 여기도 가 보고 저기도 가 봤다, 이것도 해 보고 저것도 해 보니 좋았다 하는 식이지 정말 내가 마음이 끌리는 '그것'이 없는 것이 아쉽습니다.

보기글 2에서는 글의 통일성을 볼 때 첫 문장은 없는 것이 더 좋을 듯합니다. 그러나 저학년 어린이들이 흔히 이렇게 글을 씁니다. 첫 문장과 다음 문장의 연결이 조금 혼란스러워 잠깐 독자는 주춤하게 되지만, 이내 지호(조금 부족한 아이입니다.)를 안타깝게 생각하고 진정으로 걱정해 주는 아이의 마음이 전달되어 오면서 오히려 이 글을 읽는 사람을 따뜻하게 해 주고 있어요. '나는 지호를 친구들이 많이 도와 주어서 시험 점수 높고 밥도 잘 먹고 우리처럼 전부 다 똑같은 친구가 되었으면 좋겠다.' 라는 아이의 독특한 문체가 아이의 그런 마음을 더 잘 전달해 주고 있습니다.

정확하고 또렷한 문장 쓰기, 우리가 잘 가르쳐야 할 부분이지만 그것 때문에 아이다움이 살아 있는 글이 제대로 평가 받지 못해서는 안 될 일입니다.

꾸며내지 않고 사실대로 쓰기

새벽길
(2학년)

코스모스가 고개 숙이는 가을이 되면 엄마의 두툼한 세타 등 뒤로 힘겨운 모습이 나를 슬프게 한다.
"엄마 갔다 올게……"
동생과 나는 또 하루의 무서운 밤을 맞이해야 한다.
엄마 새벽 시장길 뒤에 홀로 남겨진 동생과 나. 우린 어릴 때부터 습관처럼 지내왔다.
어느 날엔가 천둥 번개가 무섭게 치던 날 나는 한 가닥의 소망을 가지고 떠나시는 엄마를 붙잡고 싶었다.

"엄마 안가면 안돼?"

"엄마 가지 마!"

"너희들 속상하게 할래?"

"나 무서워"

"나 무서워"

그리고 우리는 울음을 터트렸다.

"엄마 장사하지 마!"

그런 우리를 뿌리치고 새벽길을 또 떠나셨다.

그날 아침에 난 밥을 먹지 않고 학교를 향해 달려갔다. 학교에서 머릿속에 온통 그 생각뿐이었다.

"아휴~ 머리 아파!!"

그날 저녁에 방에서 꼼짝도 하지 않았다.

"규선아, 엄마 어깨에 파스 좀 부쳐줄래?"

난 퉁퉁 부은 얼굴로 엄마의 어깨를 슬며시 보았다.

'아! 이럴 수가?'

엄마의 피멍든 어깨 나는 또 한번에 후회를 반복해야 했다.

"엄마 미안해요!" "제가 철부지였어요."

엄마의 두 눈에 눈물이 주루루 내눈에도 눈물이 줄줄 그렇게도 밉게 느껴지던 새벽 시장 길, 오늘의 엄마의 새벽 시장 길은 우리의 꿈과 소망이 느껴지는 새벽 시장 길이다.

"우리 엄마 파이팅!!"

인천의 어느 구에서 열린 백일장에서 장원상을 받은 글입니다. 새벽 시장 일을 하는 어머니에게 투정을 부리다가 어머니가 파스 붙인 것을 보고 눈물을 흘리며 반성하고 '새벽 시장 길'에서 소망이 느껴졌다고 하는 내용입니다.

그런데 이 글에서 어떤 진실이 느껴지지 않아요. 실제로 어머니가 새벽 시장에 장사하러 나가는 것이 안타깝고 걱정이 되었다면 어머니가 무슨 장사를 하시는지가 자연스럽게 드러나게 마련인데, 이 글에는 그냥 막연히 '새벽 시장에 가신다.'고만 되어 있습니다.

구체의 모습이 전혀 드러나 있지 않지요? 자기가 겪은 사실을 자세하고 정확하게 잡아 보여 주는 일은, 마치 그림을 그리는 사람이 눈에 보이는 대상을 정확하게 그려서 보여 주는 것과 같이 기본으로 닦아 나가야 할 글쓰기의 수련 과정입니다.

아이들은 대부분 자신의 입말로 글을 씁니다. 2학년 어린이들은 말할 것도 없지요. 말하듯이 쓰는 것은 글쓰기도 쉽고 읽기도 쉬운 아주 좋은 글쓰기 방법입니다. 날마다 쓰는 정다운 우리말로 쓰는 것이지요. 유식을 자랑하는 일부 어른들의 나쁜 습관에 물들지 않고 진실을 느끼게 하는 말, 가슴에 와 닿는 말로 써야 하는 것입니다.

▶ 코스모스가 고개 숙이는 가을이 되면 엄마의 두툼한 세타 등 뒤로 힘겨운 모습이 나를 슬프게 한다.

▷ 첫 문장입니다. 이게 무슨 소리일까요? '엄마의 두툼한 세타 등 뒤로' 또 다른 누구의 모습이 있다는 말일까요? 쓸데없는 말장난으로 자기가 할 말을 오히려 전달하지 못하고 있습니다. 그리고 2학년 어린이가 어머니의 모습을 글로 쓰면서 '세타 등 뒤로 힘겨운 모습이 나를 슬프게 한다.' 이런 식으로 글을 쓸까요? 아닙니다. "엄마가 힘들어하는 것 같아서 나는 슬프다." 정도로 쓰겠지요.

▶ 동생과 나는 또 하루의 무서운 밤을 맞이해야 한다.

▷ 어머니가 새벽 시장에 나가시게 되어서 동생과 남아 있는 것이 무섭다면 '무서운 밤'을 맞이하는 것은 아니겠지요? 지금부터 날이 샐 건데요.

▶ 엄마 새벽 시장길 뒤에 홀로 남겨진 동생과 나. 우린 어릴 때부터 습관처럼 지내왔다.

▷ 동생과 남아 있는데 '홀로'라고 하지는 않겠지요? 거기다가 우리말은 입음꼴로는 잘 쓰이지 않습니다. '남겨져 있다'는 영어식 표현이고, 이런 번역투에 물든 어른들의 잘못된 언어 습관입니다.

▶ 어느 날엔가 천둥 번개가 무섭게 치던 날 나는 한 가닥의 소망을 가지고 떠나시는 엄마를 붙잡고 싶었다.
▷ 2학년 어린이의 말투가 아니지요? 그리고 한 가닥의 소망을 가진 주체가 어머니인가요? 아니면 글 쓴 아이일까요? 이 문장 역시 말장난을 하다가 그만 비문이 되어 버리고 말았습니다. "천둥 번개가 무섭게 치는 날이었다. 나는 무서워서 엄마가 오늘은 시장에 가지 않았으면 좋겠다고 생각했다. 그래서 엄마를 붙잡고 싶었다……." 이런 정도로 아이들이 쓰지 않을까요?

▶ 그날 아침에 난 밥을 먹지 않고 학교를 향해 달려갔다. 학교에서 머릿속에 온통 그 생각뿐이었다. "아휴~ 머리 아파!!" 그날 저녁에 방에서 꼼짝도 하지 않았다.
▷ 어머니가 새벽 시장에 나가시는 것이 속이 상해서 아침밥도 먹지 않았다는 이야기입니다. 거기다가 저녁에도 방에서 꼼짝도 하지 않았다고 하는데 어린이들은 힘들고 어려운 일은 금방 잊어버리는 것이 예사입니다. 이렇게 한 가지 일로 저녁까지 마음 상해 있지는 않습니다. 생각해 보세요. 무슨 잘못을 해서 어머니한테 매를 맞았습니다. 그러면 어머니는 그게 가슴아파서 절절매고 있는데 아이는 눈물도 채 마르기 전에 "엄마, 나 나가 놀아도 돼?" 하고 물어 옵니다. 그러면 어머니는 '저런 저 녀석은 속도 없나……?' 하는 생각을 하신 적 많으시지요? 아이들은 그게 정상입니다. 아이들은 슬프고 우울한 일은 빨리 잊어버리고 기쁘고 즐거운 일을 많이, 그리고 오래 기억한답니다.

▶ 엄마의 두 눈에 눈물이 주루루 내 눈에도 눈물이 줄줄 그렇게도 밉게 느껴지던 새벽

시장 길, 오늘의 엄마의 새벽 시장 길은 우리의 꿈과 소망이 느껴지는 새벽 시장 길이다.
"우리 엄마 파이팅!"
▷ 어머니에게 파스를 붙여 주고 나니 눈물이 줄줄 났고 새벽 시장이 소망이 느껴지는 길이 되었다고 하고 있습니다만, 어떤 구체의 모습을 보여 주지 못하고 있어서 이 말 또한 진심으로 다가오기엔 부족한 점이 많습니다.

결론을 말씀드리면 이 글은 부자연스럽게 꾸며서 만든 거짓글입니다. 우리는 아이들이 거짓말을 하면 어떻게 해서든 그 버릇을 고쳐 주려고 애쓰지요? 그런데 이렇게 거짓글을 써서 상이라도 타 오면 좋아합니다. 그러나 그것은 좋아할 일이 아니랍니다.
거짓말을 하는 아이들의 심리가 대부분 임시 변통, 위기 모면 따위에 그 뿌리가 있다면 거짓글을 쓰는 심리는 '열등 의식의 소산'입니다. 내가 한 일을 그대로 나타내 보이지 못하고 근사하게 꾸며 내려고 하고 어른들의 눈치를 보며 그것에 맞추려고 하는 것, 이런 모든 것이 열등 의식과 그 뿌리가 닿아 있습니다. 거짓말의 폐해보다 거짓글이 아이들에게 주는 폐해는 더욱 큰 것입니다.

2학년 어린이가 이렇게 이미 병들기 시작한 글을 쓴다는 것이 딱합니다. 그러나 그것보다도 이런 글을 쓰는 아이가 있다면 옳고 바르고 당당한 정신으로 솔직한 글을 쓰도록 지도를 해야 할 어른들이 이런 글쓰기를 백일장이니 뭐니 하면서 조장하고 상을 주고 하는 것이 더욱 큰 문제라고 하겠습니다.
무슨 백일장이나 현상 공모에서 상을 받았다고 해도 이런 글에 현혹되지 않으시기 바랍니다. 이런 지도가 잘못되었다는 것을 깨닫지 못하고 오히려 권장하는 어린이 신문이나 간행물 같은 것이 아직도 많아서 걱정스럽습니다.
삶에서 떠난 빈말로 쓰는 글이 되지 않도록, 참된 삶의 모습을 보여 주는 글을 쓰도록 지도해야 할 것입니다.
새벽일을 나가시는 어머니를 생각하면서 쓴 다른 아이 글을 하나 들어 볼게요.

어머니

한경화(3학년)

우리 어머니는
새벽에 일어나서 밥도 안 먹고
장화를 신고 바다에 간다.
옷을 적새 가면서 미역도 쫏고
자갈도 쫏는다.
손이 퉁퉁 뿔어 가면서도
자갈을 쫏는다.
바다야, 우리 엄마
옷 젖게 하지 마라.

(적새 가면서 – 적셔 가면서, 쫏고 – 쪼고)

특별히 근사하게 보이려고 했거나 말을 꾸며 내지 않았지만 이 글에서는 어머니를 걱정하는 간절한 아이의 마음이 그대로 전달되어 옵니다.

삶이 있는 글이란, 진실을 말하는 데에서 시작하고 또 거기서 결실을 맺는 것입니다.

어머니의 머리카락

(5학년)

일요일 아침 부스스한 얼굴로 아침을 맞이하였다. 아침에 늦잠을 잔 터이라 정신이 매우 얼떨떨하였다. 그런데 아버지와 어머니께서 장식장에서 사진첩을 꺼내어 정리하고 계셨다. 나는 부모님을 도와드리고 싶은 마음에 세수를 하고 나와서

"어머니! 제가 도와드릴게요."

하고 어서 어머니 옆으로 달려가서 사진들을 모아서 사진첩에 끼웠다. 저

기 저 구석에 있는 사진은 지난여름에 가족들과 해수욕장에 가서 찍은 사진, 저기에 끼워져 있는 사진은 유치원 졸업식 때, 저기에 껴져있는 사진은 동생이 초등학교에 입학했을 때 사진……

옛 사진들을 보니 사진 속에 담겨져 있는 추억들이 다시 머릿속에 들어왔다.

계속 사진들을 뒤적거리다가 엎어져 있는 큰 사진 한 장을 내가 발견하였다. 나는 이 사진이 누구의 모습이 담겨있는 사진일까? 하며 뒤집어져 있는 사진을 살며시 내 눈을 향해 놓았다. 아! 이것은 어머니의 처녀 시절의 사진이었다.

어머니의 처녀 때 사진은 머리도 길고 매우 예뻤다. 근데 지금의 엄마는 머리도 짧고 주름살도 많다. 나는 엄마가 나 때문에, 나를 기르느라고 머리를 잘랐다고 생각하니 눈에는 눈물이 글썽거렸다. 나는 어머니와 아버지께 눈물을 보이기가 싫어서 얼른 화장실로 달려가 눈물을 닦았다. 어머니는 내가 운 것을 아셨는지 나를 안방으로 불러들여서

"남희야, 슬퍼하지 마. 엄마는 엄마로서의 도리를 다 한 거니까. 이건 여자로 태어나서 여자의 도리고, 여자가 애를 낳으면 그 아이를 사랑하지? 그런 것 같이 아이를 기를 때는 내 자신의 미모보다는 내 자식의 편안함과 사랑을 생각해야 하는 것이야."

"그래도 나는 아직 내가 애를 낳지 않아서는 모르지만……"

엄마는 내 말을 끊으시고 내 말의 끝을 계속 이으셨다.

"그래, 남희는 아직 모르겠지만 나중에 크면 이런 일은 여자로써 누구나 모두 겪어야 할 관문이야."

나는 이 말을 듣고 눈물이 나서 어머니 앞에 서있기가 민망했다.

> 그리고 나는 어머니의 말씀을 들으면서 어머니의 사랑을 나중에 내가 내 자식에게도 베풀 것이라고 난 마음속으로 다짐하고 또 다짐하였다.

　사진을 정리하다가 어머니의 젊었을 때 사진을 보았는데 그 사진 속에는 머리도 길고 예쁜 처녀 시절의 어머니가 있었어요. 그러나 어머니는 '나'를 기르느라고 머리도 짧고 주름살이 많아진 지금의 모습이 되었고, 그것을 보고 이 아이는 눈물을 흘렸다고 하고 있습니다. 게다가 자기가 그렇게 눈물 흘리는 것을 어머니께 보이기 싫어 화장실에 가서 눈물을 닦았고, 그런 '나'를 보고 어머니는 '여자로 태어나서 여자의 도리를 다 하느라 그런 거니 슬퍼하지 말라.'고 말했다는 것이지요. 그러면서 자식을 사랑하려면 '자신의 미모보다는 자식의 편안함을 생각해야 하는 것'이라고 합니다. 그러니 5학년짜리 아이가 "그래도 나는 아직 내가 애를 낳지 않아서는 모르지만……" 이렇게 답을 했다고 쓰고 있습니다. 이게 실제로 5학년 딸아이와 어머니가 주고받은 말이라고 생각되시나요? 실제로 이런 말을 주고받았다 하더라고 '여자로 태어나서……' '여자의 도리……' 운운하지는 않았을 것 같습니다.

　사실대로 쓴다는 것은 있는 것은 있다고 하고 없는 것은 없다고 하는 것입니다. 어머니를 생각하고 어머니의 사랑을 느끼고 생각하는 것은 좋은 일이지만 그것을 전달하려고 이렇게 '없는' 일을 '있는' 일로 적어서야 되겠습니까? 이런 글을 보면 아이들에게 진정한 글쓰기를 제대로 가르쳐야 하는 일이 얼마나 중요한 것인지 다시 한 번 생각하게 됩니다.

　아이들이 꾸며 쓰는 것을 상상력과 혼동하는 사람들이 많습니다. 그러나 그것은 서로 아주 다른 것이지요. 아이들이 '내가 교장 선생님이 된다면……' '내가 수퍼맨이 된다면……' 하는 상상은 얼마든지 할 수 있어요. 하지만 글을 근사하게 보이기 위해서 꾸며 쓰는 일은 거짓글을 쓰는 것과 다르지 않답니다.

자세히 쓰기

아이들에게 글쓰기 지도를 하면서 우리들이 가장 많이 들려 주는 이야기가 아마도 "자세히 써라, 차분하게 정성껏 써라." 하는 말일 것입니다. 그리고 아이들이 써 온 글을 읽으면서도 먼저 '자세히 썼는가?' 하는 잣대를 들고 재 보려고 하지요. 그런데 이상하게도 결과는 '자기가 쓰려고 하는 것을 환하게 쓰지도 못' 하고 '자기 뜻이 아닌 어떤 것에 끌려가듯이 글을 쓰' 게 만들어 버리는 것 같다는 생각을 하게 됩니다.

아이들도 선생님도 자세히 쓰기 강박증에 걸려 있다고 하는 사람도 보았습니다. 그러니 정말 자세히 쓰기를 해야 하는지, 해야 한다면 어떻게 해야 하는지 궁금해하는 일도 있었어요. 자세히 쓰기 지도는 꼭 해야 할 부분입니다. 자세히 쓰기 지도 자체에 의문을 가질 일이 아니라 자세히 쓰기 지도를 '제대로' 하고 있는지를 의심해 볼 일이지요.

글쓰기의 목적이 표현과 전달이라면 그 때 '상황'을 자세히 써야만 자기가 하고자 하는 이야기를 제대로 전달할 수 있겠지요.

아이의 관심과 선생님의 관심

그런데 왜 자세히 쓰게 한 것이 오히려 글의 흐름을 방해하고 잘 알 수 없는 글이 되게 만드는 것일까요? 1학년 아이가 쓴 글을 보면서 생각해 봅니다.

> **놀이터** (1학년, 남)
>
> 107동 놀이터에서 동생과 놀러가다 문경이네 들러서 문필이를 데리고 놀이터에 갔다. 거기에서 기어오르기를 했다. 처음에는 올라가다가 미끄러졌다. 자꾸 올라가다가 구멍이 뚫여(려) 있어서 구멍에 손가락을 집어너(넣어)서 올라갔다. 그것보다 더 잘 올라가는 것은 벽을 잡고 올라가는 거다.

자기 동생이랑 친구 동생(문필이)이랑 놀이터에서 기어오르기놀이를 했다는 이야기입니다. 기어오르기놀이는 경사진 나무 널판을 줄을 잡고 올라가는 것인데, 처음에는 아무것도 잡지 않고 올라가다 나무 널판에 구멍이 난 것을 발견하고 거기에다 손가락을 집어 넣어서 올라갔다는 것이지요. 또 벽을 잡고 올라가니 더 잘 올라갈 수 있었다고 했습니다.

이렇게 해설이 필요한 것을 보면 이 글은 읽고 나서 궁금한 부분이 많은 글, 자세하게 쓰지 못한 글입니다. 이 글을 읽은 선생님은 아이에게 궁금한 부분을 물어보았는데, 그것은 '기어오르는 방법'이었습니다. 선생님과 이야기를 나눈 아이는 선생님의 권유에 따라 글을 다시 썼습니다.

> **기어오르기 놀이**
>
> 107동 놀이터에 동생과 가다가 문경이네 들러서 문필이를 데리고 갔다. 거기에서 기어오르기 놀이를 했다. 기어오르기 놀이는 나무판이 많은 미끄럼틀 같은 곳을 줄을 잡고 올라가야 하는데 줄을 잡지 않고 손과 발을 이용해서 올라가는 놀이이다. 처음에는 자꾸 미끄러졌다. 그런데 몇 번 올라가다 보니까 나무에 구멍이 뚫려 있어서 구멍에 손가락을 집어넣어서 올라갔다. 그것보다 더 잘 올라가는 방법을 손에 힘을 꽉 주고 발로 중심을 잡으면서 올라가는 거다. 그랬더니 잘 올라갈 수 있었다. 동생과 문필이는 자꾸 미끄러지니까 그냥 미끄럼틀로 올라갔다. 나중에 딱 한 번 올라갔는데 그 모습이 원숭이가 나무를 기어오르는 것 같아서 웃겼다.

아이가 하고 싶은 이야기는 기어오르기를 하면서 즐겁게 놀았다는 것 아닐까요? 그런데 이 글은 그만 아이의 뜻과는 상관없이 기어오르기 방법을 설명하는 글이 되고 말았습니다. 앞의 글보다 자세히 쓰느라고 애쓰기는 했지만, 도리어 산만하고 재미가 덜한 글이 되었지요. 아이의 마음자리를 선생님이 정확하게 짚어 내지 못한 채 이야기를 이끌어 갔고, 그 이야기 후에 글을 쓰게 되니 아이는 자신이 하고자 했던 말이 아닌 것을 늘어놓았지 않나 싶습니다.

그래서 이런 글을 읽으면 무엇에 끌려가는 느낌을 받게 되는 것입니다. 물론 놀이하는 과정을 자세히 풀어 쓰면 읽는 사람에게 그 모습을 환히 보여 줄 수도 있겠지만 아직 1학년인 이 아이에게는 어려운 일이지요.

아이의 수준을 살펴서

친구와 싸운 일 안정근(중앙1)

학교에서 친구랑 싸웠다. 선생님께서 안 보셔서 다행이었다. 그런데 싸움이 커졌다. 그런데 구경꾼이 많이 와서 조금은 웃겼다. 그런데 내가 웃어서 졌다.

자세히 쓰지 못한 부분이 많은 글이지요. 그렇지만 아이다운 표현이 느껴지고 글이 살아 있는 느낌이 듭니다. 친구랑 언제 무엇 때문에 싸웠는지, 어떻게 싸웠는지, 구경꾼들이 어떻게 모여들었는지 자세히 쓰기를 '요구'하자면 한없이 긴 이야기가 더해져야 하겠지만 이 아이가 하고 싶은 이야기는 그게 아니라 '친구랑 싸우다 내가 웃어서 졌다'는 말이 아닐까요? 글 쓴 아이의 마음이 '웃어서 졌다'는 그 부분에 와 있는 것입니다.

그리고 아직 1학년 아이니까 이렇게 써도 충분합니다.

내가 이 글을 만났다면?

콩나물 김가슬(삼전2)

며칠 전에 목욕탕에다 콩나물을 기르기 시작했는데 오늘 아침 살짝 보자기를 들춰보니 콩나물이 조금 자랐다. 조금 자란 콩나물을 보니 악보에 나오는 음표들이 쌓여 있는 것 같았다. 콩나물이 빨리 자라서 내가 제일 좋아하는 콩나물국과 콩나물 무침을 먹었으면 좋겠다.

이 글을 읽고 어떤 생각이 드나요? 실제로 지도하는 아이가 이렇게 썼다면 어떻게 지도하겠습니까?

1. 자세히 쓰지 못했다. 콩나물이 어디에 담겨 있었나, 무슨 색깔이었나, 콩나물을 보고 나는 뭐라고 말했나 따위를 더 보태서 좀 더 자세하게 썼으면 좋겠다.
2. 어느 순간 본 것을 2학년답게 썼다.

어떤 것을 고르셨나요?

이 글에 대해 이오덕 선생님은 "이 글은 콩나물이 자라는 것을 잘 보고 썼습니다. '살짝 보자기를 들춰 보니'라고 한 것도 잘 썼고, '악보에 나오는 음표' 같다고 본 것도 잘 되었습니다. 또 어머니가 집에서 콩나물을 길러 반찬을 해 주니까 이 아이도 콩나물국과 콩나물 무침을 좋아하고 있습니다. 참 좋은 교육을 하고 있습니다."라고 평하십니다.

자세히 쓰기는 아이의 학년과 수준에 따라서 그 요구하는 정도가 분명 달라져야 하는 것인데도 가끔씩 교사의 욕심이 지나쳐서 아이에게 버거운 정도를 요구하고 있는 것이 아닐까 생각합니다. 또 아이와 어떤 교감도 없이 이런 상투적인 질문으로 자세히 쓰게 한다면 아이의 마음과 합치점을 찾아 내긴 어렵습니다.

'어디를 갔냐면' '무슨 심부름을 했냐면' 식으로 이어지는 답답한 글

심부름하기 (1학년, 남)

내가 어제 집에서 엄마 심부름을 했다. 엄마가 떡볶이를 해준다고 했다. 엄마가 오뎅을 사 갖고 오라고 했다. 첫 번째는 한빛유통 수퍼에 가라 2번째는 오뎅을 사다. 3번째는 계산을 하다. 네 번째는 아줌마한테 돈을 주었다. 거스름돈을 남았다. 내가 아줌마한테 인사를 하고 갔다. 내가 무슨 인사를 했냐면 '안녕히 가(계)세요.'라고 했다. 집으로 와서 엄마가 칭찬을

> 했다. (무슨 칭찬을 했냐면 심부름을 했다. 무슨 심부름을 했냐면 한빛유통에서 엄마가 오뎅을 사오라고 했는데 오뎅을 샀다. 엄마가 칭찬을 해 주었다.)

1학년 아이가 자세히 쓰려고 애를 쓰고 있습니다. 그러다 보니 자꾸 '무슨 인사를 했냐면……' '무슨 칭찬을 했냐면……' 하는 식으로 설명을 덧붙이고 있지요.

이런 일은 1학년 아이들 글에서 어느 시기 자주 나타나는 일이기는 하지만, 간혹 '인사를 했다.' 하면 "어떻게 했는데?", '칭찬을 받았다.' 하면 "뭐라고 칭찬해 주셨는데?" 하는 질문을 끊임없이 받은 아이들 글에서 더 심하게 드러나는 현상이기도 합니다. 이 글은 뒤에 자꾸만 설명을 덧붙여 놓은 데다 심부름하는 과정도 첫 번째, 두 번째 하는 식으로 분석해서 쓰고 있어 글의 흐름이 탁탁 막히는 듯한 느낌이 듭니다.

> **어머니를 도와주었다**
> 김정승(대구 금포1)
>
> 나는 오후에 어머니께서 깨를 터시는데 힘들 것 같아서 나는 재미있는 것 같아서 깨를 털어보았다. 깨 터는 소리가 재미있었다. 그런데 어머니 이마에는 땀이 나셨다.
> 어머니 일을 도와 주니 어머니께서 고맙다고 하셨다. 그래도 나는 일을 도와 주고 나니 기분이 좋았다. 옥상에서 깨를 갖고 내려오니 힘이 들었다.

어머니를 도와 깨를 터는 일을 했다는 내용인데 글의 흐름이 부드럽습니다. 억지로 자세히 쓰려고 한 부분은 보이지 않습니다. '깨 터는 소리가 재미있었다.' '어머니 이마에는 땀이 나셨다.' 하는 식으로 그 일을 하면서 보고 들은 일도 자연스럽게 나타내고 있습니다.

마음이 있으면 보지 말라고 해도 본다

글을 쓰기 이전에, 내가 그 일을 겪던 그 자리에서 본 것을 놓치지 않고 쓰는 것이 글을 잘 쓰는 첫 번째 요건입니다.

다섯 가지 감각을 통해 들어온 모든 경험을 잘 떠올리고, 그 가운데 마음이 가는 그 일을 생생하게 써야 하는 것이지요. 그런데 잘 떠올려 내지 못한 상태에서 자세히 써 보려고 하니 자꾸 그 상황을 분석하듯이 조각을 내어 설명하게 되고, 그러다 보니 글이 지루해지는 것입니다. 잘 보았어야 그 때 그 일이 머릿속에 남아 제대로 떠올릴 수 있을 텐데 그렇지 못했기 때문입니다. 잘 본다는 일은 우선 '관찰'을 통해 그 목적한 바를 이룰 수 있습니다. 그러나 그보다 더욱 중요한 것은 '관심'입니다.

관찰이 전혀 효과가 없는 것은 아니지만, 관심과 노력을 기울인 정도에 견주어 그다지 좋은 성과가 나타나지 않는 경우를 많이 봅니다. 관찰이란 결국 제삼자로서 보는 것이지요. 자세히 보라, 깊이 보라, 속으로 들어가 보라, 대상이 되어 보라, 마음으로 보라…… 무슨 말로 보는 태도를 가르치려고 애쓰든 결국 제삼자로서 보게 하는 것입니다.

관찰 교육, 관찰 지도의 한계가 여기에 있습니다. 관심이 처음부터 없다면 아무리 자세히 보라고 해도, 그리고 자세히 보려고 애써도 진짜 속알맹이는 볼 수 없습니다. 물론 억지로 보려고 하면 그렇게 보려고도 하지 않는 것보다는 낫겠지만, 그래 가지고야 대상이 살아 들어올 수가 없습니다. 마음이 없으니 보아도 보이지 않는 것이지요.

마음이 거기 가 있으면 보지 말라고 해도 봅니다. 관심이 거기 쏠려 있으면 관찰이고 뭐고 말할 필요도 없이 저절로 보게 되고, 가르치는 사람이 짐작도 못하고 상상도 못한 것을 발견합니다.

여기서 우리는 관찰보다 더 소중한 것이 있음을 알게 됩니다. 그것은 '마음을 어디에다 두고 있는가?' 하는 것입니다. 곧 자연과 인간에 대한 관심이요, 애정을 말하는 것이지요.

아이들의 마음이 가 있는 자리를 어떻게 알아 낼까?

우리는 아이들이 자신이 겪은 일 가운데 마음이 가는 그 일을 생생하고 정확하게 쓰도록 도와 주려고 합니다. 생생하고 정확하게 쓰기 위해서는 자연 자세히 쓰게 될 것이지만 이 '자세히'라는 말에 집착해서 모든 장면의 모든 것을 낱낱이 드러낼 필요는 없습니다. 글 쓰는 사람의 마음이 가 있는 곳, 관심이 쏠려 있는 그 부분이 또렷하게 드러나면 되는 것이지요.

그러면 아이의 마음이 가 있는 부분을 어떻게 알아 낼까요? 이 물음에 정답은 없습니다. 아이와 나눈 이야기를 통해, 관심을 갖고 지켜본 바에 의해, 다른 친구의 글을 통해……. 글다듬기에 들이는 정성 못지않게 아이에 대한 관심을 바탕으로 한 마음 열기와 쓰기 전 지도에 관심을 가질 일입니다.

다음은 2학년 어린이가 겨울 방학 동안 '자유학교'라는 캠프를 다녀와서 쓴 글입니다.

> **보기글 1**
>
> **나쁜형 얄미운형 똥돼지 꿀돼지 또는 멧돼지 빼빼로형도 정말 얄미워 자유학교3모둠**
>
> 정한별(옥련2)
>
> 자유학교는 재래식 폐교를 빌렸는데 거기서 어린이가 집에서 못하는 일을 하는 거다. 이 장용환 형과 신기철 빼빼로형이 나만 미워했다. 이렇게 됐다. 기철 용환-한별 이렇게 밀고 있다. 왜냐면 그 돼지형과 부침을 해 먹는데 설거지 한 번 안 했다고 그런다. 내가 붙인 별명이 '무식이' (똥돼지)(똥돼지)(멧돼지)(꿀돼지)

'자유학교'에 가서 어려웠던 일을 썼는데, 그 일의 경과는 전혀 드러내 보이지 못하고 자신을 미워했던 형들에 대한 주체할 수 없는 감정만을 쏟아 놓고 있습니다. 그러다 보니 제목도 비속어의 조합처럼 되어 버렸지요.

지도하는 사람은 이 아이의 마음을 받아 주면서 "네가 겪은 일을 그대로 써 봐. 그래야 네가 왜 화가 났는지 다른 사람도 이해할 수 있지, 이렇게만 써 놓으면 다른 사람들은 무슨 말인지도 모르고 네가 장난하고 있다고만 생각할 거야. 이 글만 봐 가지고는 나도 잘 모르겠는걸." 하고 말해 주었습니다.

보기글 2는 이렇게 해서 아이가 다시 쓴 글입니다.(읽는 사람의 이해를 돕기 위해 맞춤법, 문장 부호 따위를 바로잡았습니다.)

보기글 2

나쁜 형 둘, 용환이 형과 기철이 형

자유학교는 폐교를 빌려 쓰고 있다. 자유학교에 간 첫날 밤 김치전을 해 먹었다. 그 때 밤이 너무 추워 내가

"오늘은 너무 춥다. 내일 설거지하자."

"먹은 사람은 다 하는 거잖아."

"그래, 한다구. 누가 안 한대? 내일 한다구." 그랬더니 용환이 형이

"너 내일부터 왕따인 줄 알아. 왕따가 얼마나 무서운 건데."

나는 속으로 '치, 왕따 시켜라. 집에 가고 (가면 그만이고) 오래 살면 되지 뭐.' 하고 생각했다.

다음날 용환이 형이 어떤 애한테

"야, 쟤하고 놀지 마."

"왜?"

"쟤 어제 김치전 했거든. 그런데 설거지 안 했어."

'발 없는 말이 천리를 간다. 이 속담 진짜 맞는 말이네.'

그날 오후 내가 전날 안 했던 설거지를 다 했다. 그래도 (용환이 형은)

"난 더 어려운 후라이팬 닦았다."면서 그래도 계속 왕따시켰다.

'치, 그러면 후라이팬 내가 할 것 남겨 놨으면 내가 했을 것 아니야. 지가 다 해놓고선 나보고 어떻게 하란 말이야.'
기차 타고 오는 날에도 용환이 형은 내 볼을 잡아당기고 허벅지를 찼다.

- 기철이 형 -

내가 설거지 안 했다는 이야기는 멀리 퍼져 기철이 형도 날 미워하게 됐다. 그 형은 자기 뜻대로 안 되면 막 화를 낸다. 내가 그 형이랑 풍선 배구를 하는데 내가 모르고 그 형 얼굴을 긁었다. 나는 미안하다고 했다. 그 때 갑자기 내 배를 때렸다. 잡식 축구를 할 때도 나를 밟고 지나간 기철이 형 아무리 생각해도 나쁘다. 그 때 맞은 배가 지금도 아프다.

이쯤 되면 읽는 사람도 이 아이가 왜 형들을 미워하는 감정을 갖게 되었는지 이해할 수 있게 됩니다. 물론 '지난 1월 5일부터 10일까지 자유학교에 다녀왔다.' 하는 식으로 언제 있었던 일이었는지 밝혀 놓았더라면 더 알아보기 쉬웠겠지요. 또 뒷부분에 따로 쓴 '기철이 형' 부분도 글 가운데 어디쯤 들어가서 글의 흐름을 좀 더 매끄럽게 할 수도 있었겠지만, 이 아이는 두 가지 일이 모두 선명하게 살아 있는지 이렇게 '한 지붕 두 가족' 형태로 글을 써 놓았습니다.

이렇게 아이 스스로 꼭 쓰고 싶은 말을 풀어 내놓지 못할 때 그 아이가 하려는 말을 제대로 찾고 그것을 생생하게 쓰도록 도와 주는 일이 자세히 쓰기 지도입니다.

별로 하고 싶은 이야기도 없지만 쓰라니 할 수 없이 썼는데 거기다 보태어 자꾸 자세히 쓰기만을 요구하고 있는 것은 아닌지 살펴볼 일입니다.

여러 가지 가운데 제일 마음에 남는 대목

> 친척들과 영정도에 갔다. 처음에는 차를 타고 가다가 배를 탔다. 위층에 올라갔는데 너무 더웠다. 영정도에 도착해서 강 같은 곳에서 발을 담그고 놀았다. 양말을 벗고 친척 선희와 달리기 시합을 했다. 내가 져서 신경질이 났지만 재미있었다. 그런데 내가 넘어져서 옷이 다 젖었다. 그래서 어머니께서 준비해 오신 옷으로 입었다. 바다에는 갯벌이 있었다. 꽃게들이 아주 많았다. 그래서 물릴까 봐 선희와 뛰어 다녔다. 정말 신나고 재미있었다. 또 이렇게 좋은 곳에 왔으면 좋겠다. 오늘은 정말정말 즐거운 날이다.

이 글에는 영정도에 가는 여정, 선희와 달리기 시합한 일, 개펄에서 꽃게를 본 일 따위의 이야기가 들어 있어요. 그러나 그런 일들을 너무 간단하게 대강대강 적어 놓았습니다. 우리가 흔하게 만날 수 있는 유형의 글이지요.

또 이 글은 처음부터 끝까지 행을 바꾸지 않고 하나의 문단으로 쓴 것으로 보아 문단에 대한 의식이 없이 썼다는 것을 알 수 있습니다. 어느 한 대목이라도 힘들여 자세히 써야 하는데, 글의 중심도 없고 처음부터 끝까지 스쳐 지나가듯 적어 놓아서 재미가 없는 글이 된 것입니다.

4학년 정도 되었으면 문단이 '어떤 하나의 이야기 덩어리'라는 정도는 알고 있어야 합니다. 얼거리 짜기가 제대로 되면 어느 정도 문단에 대한 의식을 가질 수 있습니다. 얼거리를 짜고 글을 쓰게 하면 오히려 글이 딱딱해지는 경우가 많아서 마땅하지 않다면, 거꾸로 자기가 쓴 글을 놓고 스스로 문단을 나누어 보게 하는 방법도 괜찮습니다.

그러면서 자신의 관심이 가장 큰 어떤 문단(이야기) 하나라도 자세하고 정확하게 써 보도록 하는 것이 좋겠습니다. 자세히 쓰기 지도가 제대로 이루어지지 않는다면 언제까지고 이렇게 뼈대만 앙상한 글을 쓰게 될 거예요.

하고 싶은 말을 생생하게

자세히 쓰기 지도는 시시콜콜 모든 것을 자세히 쓰게 하는 일이 아닙니다. 아이의 관심이 어느 부분에 가장 많이 쏠려 있는지를 잘 파악하고, 그 아이가 꼭 하고 싶은 말을 정확하고 생생하게 표현하도록 이끌어 주는 꼭 필요한 지도입니다. 모든 아이에게 모든 시간에 '자세히 써라!' 하고 말할 일이 아니라 그 아이에 맞게 다가가는 방법도 각각 달라져야 하겠지요.

섬세하게 붙잡아 표현하기

한때 '대장금'이라는 드라마가 한창 인기를 얻은 적이 있지요. 곱고 아름다운 색채를 띤 음식들을 구경해 보는 것도 즐거운 일이었고, 무엇보다도 음식 하나하나의 맛을 아주 섬세하게 표현하고 있는 말을 듣는 것도 즐거웠습니다. 같은 새우젓이라고 해도 어떤 것은 '짠 맛이 있되 달근한 맛이 돌고', 어떤 것은 '짜고 고소하다.'고 합니다. 신맛을 나타내는 말도 '쌉쌀하면서도 새콤하다', '매칼하면서 새콤하다'는 식으로 맛을 나타냈습니다. 저는 이 드라마가 음식의 맛을 나타내는 말의 보물 창고구나 하는 생각으로 즐겼습니다.

아이들 글쓰기 지도 이야기를 하면서 왜 난데없이 '대장금' 이야기를 꺼내는가 하면 요즈음 아이들이 음식을 먹고도 그 맛을 제대로 말할 줄을 모르기 때문입니다. 한 아이가 쓴 글을 보겠습니다.

급식 시간

(2학년, 남)

급식 시간에 오이무침과 감자조림, 북어국이 나왔다. 너무너무 맛있었다. 나는 오이 무침을 먹어 보았다. 너무너무 맛있었다. 감자조림도 너무너무 맛있었다. 북어국도 너무너무 맛있었다. 나는 밥을 두 번이나 먹었다. 너무너무 맛있었다.

이 아이는 급식으로 나온 점심을 아주 맛있게 먹은 것 같습니다만 그 맛을 나타내기가 어려웠는지 모든 것을 그냥 뭉뚱그려서 '맛있다'고만 표현하고 있습니다. 그 글을 쓴 친구에게 물어보았어요.

맛을 나타내는 우리말 1

간간하다: 짭짤하여, 먹기에 알맞을 정도로 간이 배어 있다.
감칠맛: 음식을 먹은 뒤에까지도 혀에 감기듯이 남는 맛깔스러운 뒷맛
건건하다: 감칠맛이 없고 싱겁지나 않을 정도로 간이 배어 있다.
달곰쌉쌀하다: 달면서 쌉쌀한 맛이 있다.
들척지근하다: 들큼한 맛이 있다.
들큼하다: 조금 단 맛이 있다.
떨떠름하다: 몹시 떫은 맛이다.
배리다: 생선이나 동물의 피 또는 날콩을 씹을 때에 나는 냄새나 맛이 난다.

"오이무침은 맛이 어땠는데?"
"아주아주 맛있었어요."
웃음이 픽 나왔습니다.
"하하하 그래? 네 글을 보면 오이무침도 감자조림도 다 모두 아주아주 맛있었다고 썼는데, 그럼 그 맛이 다 똑같았어?" 하고 물었더니 저도 멋쩍은지 픽 웃습니다. 그래서 아이들과 함께 실제로 평소에 잘 맛보지 않던 것을 맛보기로 했습니다. 떫은 맛이 강한 감을 시침 뚝 떼고 먹어 보라고 했지요. 아이들은 아무 생각 없이 한 입 베어 먹더니 여기저기서 욱욱 소리를 지르고 아주 야단이 났습니다.

'떫다'라는 말을 책에서 읽은 적이 있지만 실제 그 맛이 어떤 것인가를 아는 아이는 별로 없거든요. 어떤 어휘의 글자만 해득해서 안다고 그 말을 아는 것은 아니잖아요? 어휘력의 확장은 생활 경험의 확충과 함께 이루어져야만 진정한 자기 말이 되는 것이지요.

감을 한 입 베어 먹고 어찌할 줄 모르던 아이 하나가 제게 오더니

"선생님, 혓바닥이요 이렇게 이렇게 되는 것 같아요." 하면서 양 손으로 삼각형 꼭지점을 그리면서 말합니다. 아마도 떫은 맛 때문에 혀가 좀 응축되는 느낌이 드는 것을 표현하려다 보니 그런 모양입니다. 그 모습이 우스워서 한바탕 웃었습니다.

실제로 떫은 맛을 보고 나서 한 아이는 이런 글을 썼습니다.

감이 내 입을 꽉 쥐었다
김미나(2학년)

선생님이 우리를 속이고 감을 주셨다. 감을 먹어보니 아주 맛이 없었다. 떫고 짜고 이상했다. 감이 내 입을 꽉 쥐고 있는 것 같았다.

먹는 일은 우리 삶의 중요한 부분입니다. 그러기에 아이들도 먹은 이야기를 즐겨 쓰고 있기도 합니다. 그런데 실제로 그 맛을 느끼거나 즐기면서 글을 쓰는 경우는 아주 드물어요. 하지만 자기 미각으로 느낀 맛을 그대로 표현해 보는 일, 쉬우면서도 글쓰는 재미를 쑥 올려 주는 것이랍니다. 다른 아이가 쓴 글을 볼까요?

톡톡이 사탕
김사랑(햇당1)

톡톡이 사탕을 입에 넣으면
입 속에서
호하아아 톡톡 톡톡
호아아아 톡톡 톡톡
전쟁이 나요.

맛을 나타내는 우리말2

삼삼하다: 음식이 좀 싱거운 듯하면서도 맛있다.
새곰하다: 조금 시다.
시금털털하다: 맛이 시금하고도 상당히 떫다.
시지근하다: 음식이 쉬어서 맛이 좀 시다.
쌉쌀하다: 조금 쓴 맛이 있다.
얼큰하다: (매워서) 입 안이 얼얼하다.
짐짐하다: 음식이 아무 맛도 없이 찝찔하기만 하다.
찝찔하다: 감칠맛이 없이 좀 짜다.

입 속에서 마구 터지는 사탕을 먹으면서 느꼈던 것을 자기 말로 쓰고 있어, 읽는 사람에게도 마치 그 사탕을 먹고 있는 느낌을 줍니다. 이 사탕에 대해서 아는 아이라면 이 글을 읽으면서 '어어? 나도 그랬는데.' 하는 생각을 하게 하겠지요.

자, 간단한 요령 하나!
어떤 음식을 먹으면 그 맛을 어머니가 먼저 말해 보세요.

"동치미국이 아주 상큼하고 시원해."
"야, 이 떡이 참 쫄깃쫄깃하고 달콤하니 맛있구나." 하는 식으로 말입니다.
그것을 보고 아이들도 맛을 표현하는 방법을 배웁니다. 그렇다고 해서 무엇을 먹기만 해도 "무슨 맛이니? 말해 봐." 하고 요구한다면 그건 아이에게 고문을 하는 것이나 다름이 없겠지요. 자연스럽고 즐겁게 표현하도록 해 주세요. 작은 것도 그냥 넘기지 않고 섬세하게 붙잡아 표현해 보는 일, 글쓰기 지도의 중요한 첫걸음이랍니다.

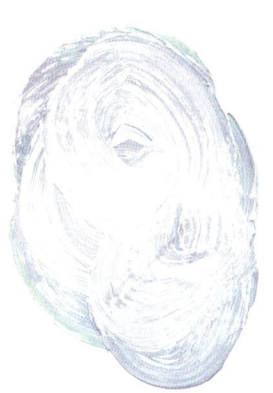

한·걸·음·더
단락 나누기 지도를 어떻게 할까?

　먼저 이 이야기를 하려고 하니 본질은 놔 두고 너무 방법적인 면에 치우치는 건 아닐까 걱정이 앞섭니다. 그러나 문집 같은 데 실린 아이들의 글을 보면, 단락에 대한 의식이 너무 없이 글을 썼구나 싶은 글들이 많아 한 번쯤은 짚어 보면 좋겠다고 생각했습니다.
　가르치는 사람의 입장에서도 사실 문단을 크게 중요하게 생각하지 않고 적당히 앞 뒤 문맥으로 보아 붙여야 될 것 같으면 화살표로 올려붙여 주고, 줄을 바꾸어야 할 것 같은 부분에서는 층계그림을 그려 주는 정도에 머무는 때가 많았어요. 물론 이런 방법이 아주 잘못 되었거나 틀렸다는 말은 아닙니다. 그러나 늘 그런 정도에서 머뭇거려서는 안 되지 않을까요?
　글은 형식보다는 그 안에 담긴 내용이 알차고 가치 있어야 합니다. 물론 형식도 잘 갖추어 놓는다면 글이 훨씬 살아나게 되겠지요. 짜임새 있는 글을 쓰기 위한 기본이 단락을 잘 짜는 일입니다. 단락은 문장들이 모여서 만든 '글 속의 글'로, 대체로 한 단락에는 하나의 중심 내용을 담게 되지요. 이런 단락들이 모여 글이 이루어지는 것이고요.
　옛날에는 글을 쓸 때 띄어쓰기도 하지 않았고, 단락 구분도 하지 않았습니다. 글자들이 다닥다닥 붙어 있어서 무슨 말인지 한참을 들여다보아야 낱말이나 문장의 뜻을 알 수 있는 것도 많았지요. 그러다가 점차 낱말을 띄어 쓰게 되고 문장을 구분해서 쓰기 시작했습니다. 나아가 문장들이 모여서 이르는 단락을 표시하는 방법도 생겨났지요.
　우리는 보통 들여쓰기를 해서 단락을 구분합니다. 그러나 들여쓰기만 자주 해 놓고 그 안에 마땅한 내용을 갖추지 못해서는 충실한 단락이라고 할 수 없겠지요. 또 내용은 이미 충실히 들어차서 다른 이야기로 넘어가고 있는데 계속 이어 써서도 안 될 것입니다. 단락의 구분을 야무지게 하지 않고 대충 지나치면 허술한 글이 되기 십상입니다.

보기글

다친 일

이상해(일원5)

① 내가 3학년 때 일어난 일이다.
② 내 친구 우철이가 본부를 찾았다며 우성아파트 101동 경비실(오래 되어서 쓰지 않는 것)을 가리켰다. 헐었긴 하지만 꽤 쓸만한 것 같았다. 이 때 경비 아저씨가 오시더니

"야, 임마! 거긴 왜 들어갔어? 경찰서 좀 같이 가자."

하시며 아저씨께서는 우리에게 겁을 주시고 문을 잠가버리셨다. 하지만 창문으로 나갈 수 있어서 안심이 됐다.

"좋아, 한 번만 봐 줄 테니 또 이러지 말아라."

하시고 우리를 돌려 보내셨다. 그리고 나는 그 옆에 자전거가 세워진 곳으로 아이들을 따라갔다. 자전거 세워진 곳을 보니 저 번에 아이들이 노는 것을 보고 나도 높은 철봉에 매달리고 싶어서 한 번 해봤다. 그리고 힘껏 매달렸다.
③ 내 손은 아슬아슬하게 철봉 끝에 붙었다가 중심을 갑자기 잃으면서 한 쪽으로 쏠리더니 땅으로 곧바로 떨어졌다. 그 때는 그리 아프지 않았다.
④ 그리고 나는 황정형외과에 갔다.

"뼈가 휘었군."

⑤ 아저씨께서는 뼈를 맞추셨는데 너무 아팠다.
⑥ 또 기부스도 했다.
⑦ 두 달 후 '애애앵, 이이잉.' 하고 시끄러운 전기톱으로 기부스한 것을 잘랐다. 나는 몹시 떨렸다.
⑧ 결국 다 자르고 물리치료를 했다. 수건을 넣고 뜨거운 것을 참고 있는 것이다. 또 깡통도 쥐게 했다. 나는 다른 아이들보다 훨씬 오래했다. 살이 잘 안 붙어서 그런다고 설명해주셨다.

⑨ 그 때 난 이런 위험한 장난을 다시는 하지 않아 이처럼 고생하는 일이 없어져야겠다고 생각했다.

①과 같이 아무 뜻이 없이 한 문장을 따로 떼어 놓는 것은 좋은 단락이 못 됩니다. 낱낱으로 흩어져 있는 문장들은 글의 조직을 이루지 못하지요. 어떤 한 문장을 눈에 잘 띄게 따로 놓는 것은 얼핏 보기에는 강조 효과가 있는 것 같지만 오히려 더 빨리 잊혀진다고 합니다. 따라서 강조하고자 하는 부분이 있을 때에는 눈으로 봐서 잠깐 도드라지는 것 같은 효과를 노리기보다는 충분한 설명이나 논증으로 뒷받침해 주어 독자를 이해시키는 것이 훨씬 효과적이지요. 그러므로 ②는 ①과 붙어 있어야 하겠습니다.

③은 앞 문장에 붙어야 한다고 보는데, 이런 경우는 사람에 따라 관점의 차이가 있을 수 있을 것입니다. 왜냐하면 앞 문장은 매달리기가 하고 싶어 매달려 보았다는 내용이고, ③은 매달렸다가 떨어졌다는 내용이기 때문에 그것을 따로따로 생각할 수도 있고 같은 내용이 이어지는 것으로 볼 수도 있기 때문이지요.

④에서는 '그리고' 라는 말로 분명치 못하게 표현하고 있지만 문맥으로 보면 시간이 좀 흘렀고, 장소도 황정형외과로 바뀝니다. 그러므로 ④에서 단락을 나누어 놓은 것은 잘한 일입니다.

⑤는 지금의 원고지 쓰기 규정에는 맞는 방법입니다. 직접 인용문이 있는 경우 그 뒷 문장이 앞 문장에 이어지면 들여쓰기를 하지 않고, 문장이 새로 시작되면 들여쓰기를 해야 하지요. 그러나 인용문 뒤에서 문장이 새롭게 시작된다 하더라도 내용이 바뀌는 것이 아닌 한 들여쓰기를 해서는 안 된다고 생각해요. 하지만 어쨌든 현행 규정으로는 맞는 들여쓰기 방식입니다.

⑥은 앞 문장에 올려붙여야 합니다. 뼈를 맞추고 깁스를 한 이야기가 이어지고 있는데, 깁스를 할 때의 형편이 좀 더 잘 드러나게 쓰지 못해 허술한 단락이 되고 말았어요.

⑦은 두 달 후 일이니 단락을 바꾼 것이 잘 되었습니다. 서사문을 쓸 때 단락이 바뀌는 큰 기준은 시간의 흐름, 공간의 이동, 등장 인물의 변화, 이야기의 전환 따위가 있습니다.

⑧은 앞 문장에 이어 써야 합니다. 깁스 붕대를 자르고 물리 치료를 했다는 내용이 이어지고 있으니까요. 글의 단락에 대한 뚜렷한 의식 없이 그저 적당히 들여쓰기를 하는 버릇은 어른들이 쓴 글에서도 많이 발견되는 현상이지요.

사실 아이들이 글을 쓸 때마다 단락을 가지고 씨름을 할 일은 아닙니다. 그러나 고학년 정도 된 아이라면 단락에 대한 의식을 일깨워 주는 일이 필요하다고 생각해요. 단락을 형성해 나가는 방식을 잘 익히게 되면, 앞으로 긴 글을 쓸 때도 힘있는 글을 쓸 수 있게 됩니다.

간혹 아이가 쓴 글이 나름대로는 열심히 썼는데 어떤 핵심이 잘 드러나지 않는 경우가 있습니다. 그것은 글을 쓴 사람이 정확하고 또렷하게 전달하지 못한 때문인데, 무언가 관심을 불러일으키는 것을 제대로 붙잡지 못한 것이지요. 이런 때는 그 일을 좀 더 정성껏 써야 할 곳은 없는가도 살펴보고, 단락의 연결도 살펴보면 좋겠습니다. 또 그 일을 통해서 내가 말하고자 하는 어떤 뜻(느낌이나 생각, 깨우침 등)을 정리해서 그것을 글의 핵심으로 삼아도 좋겠고요. 그러나 느낌이나 생각을 자꾸 단정적으로 쓰는 것보다는 그 사실을 환하게 밝혀 써서 읽는 사람이 '아, 참 슬펐겠구나.' 하도록 쓰는 것이 더욱 좋은 방법이라는 것을 이미 이성인 선생님이 글쓰기 교육 제58호(2~6쪽, 1993. 10월호)를 통해서 밝혀 놓았습니다. 찾아서 읽어 보면 좋겠습니다.

단락을 구분하는 일은 사람에 따라서 관점이 다를 수 있습니다. 그러나 '한 단락 안에는 하나의 소주제가 들어 있어야 한다.'는 큰 기준은 다르지 않을 것입니다. 단락을 생각하면서 글을 쓴다든가 고친다든가 하는 일은 적어도 고학년 정도에서 가르치기 시작해도 늦지 않습니다. 저학년 아이들은 글과 친해지고 그저 즐겁게 글을 쓰면 되는 것이지요.

또한 학교 밖에서 아이들과 만나는 경우 몇 달 글쓰기 공부를 하다가 그만 두어 버리는 일이 많기 때문에 미처 '단락' 공부는 하지도 못한 채 끝나기도 합니다. 그럴 때는 지금과 똑같이 아이들의 감각과 감성을 살려 주고, 아이들이 마음을 열고 신나게 쓰도록 도와주는 일에 중심을 두면 됩니다. 단락이니 뭐니 하는 부분은 그 다음 문제니까요.

3 학년별 글쓰기 지도

학년별 글쓰기 지도는 학년에 따라 그 시기의 아이들이 대략 그 정도 쓰고 있더라는 것을 말씀드리는 것뿐입니다. 이것이 정답도 아니고 여기에 따라오지 못한다고 해서 큰일나는 것도 아닙니다. 다만 가르치는 사람이 아이들의 발달 단계와 심리적 특성을 안다면 아이들 글을 좀 더 잘 이해할 수 있고, 시기에 알맞은 글쓰기 지도를 할 수 있으리라 생각합니다.

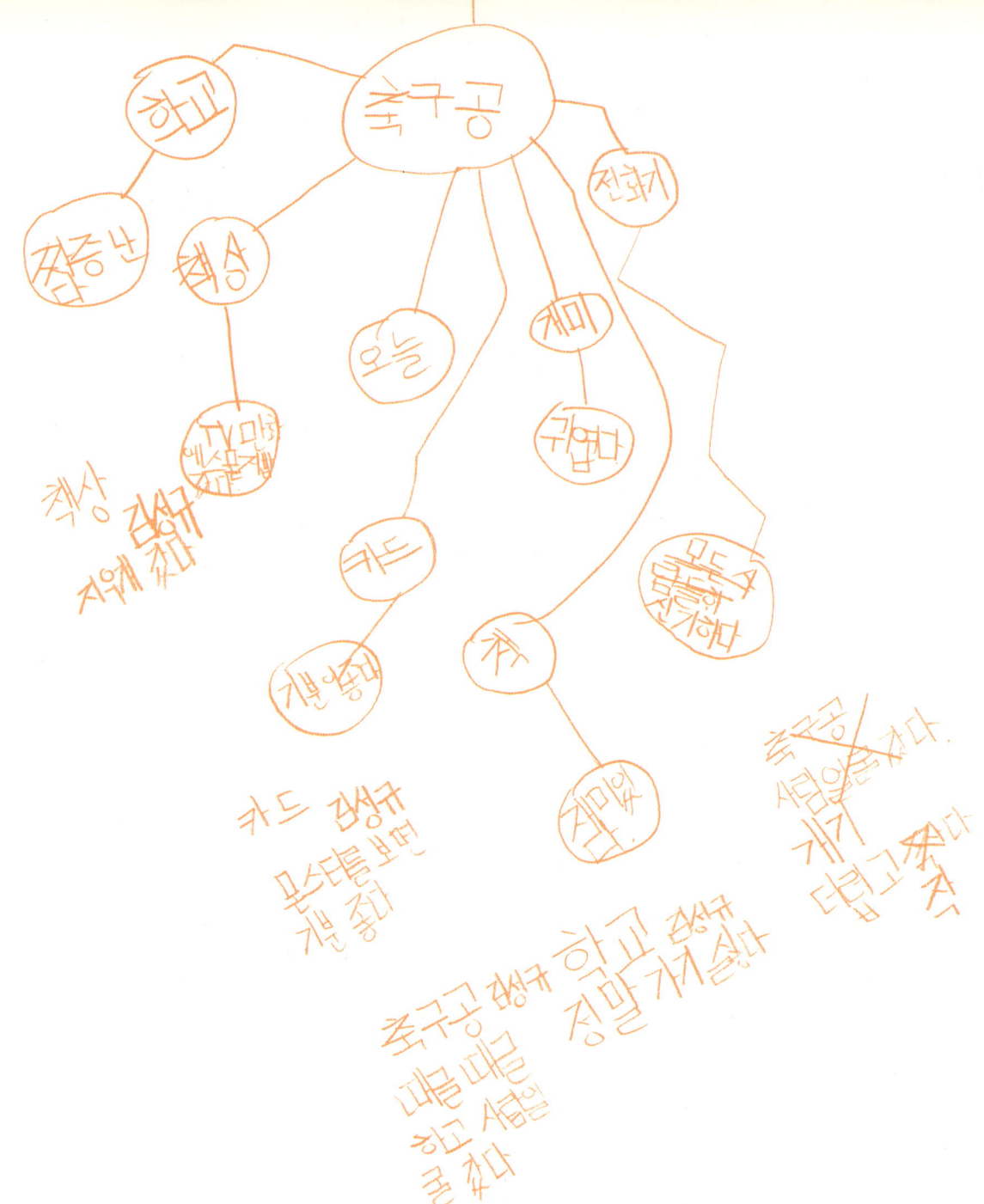

학년별 글쓰기 지도*

　이 장에서는 아이들의 일반적인 특성을 먼저 말씀드리고 글의 특성을 살펴보려고 합니다. 다만, 여기서 말씀드리는 것은 대체로 그렇다는 것입니다. 같은 1학년이라도 아이마다 특성이나 학업 성취도 같은 것이 다 다릅니다. 그리고 도시와 시골이 다르겠고, 같은 서울이라 해도 지역에 따라 약간씩 차이가 있을 수도 있습니다.

　1학년 처음 들어와서는 학생으로 생활하는 것을 아주 낯설어하던 아이들도 2학기 정도가 되면 철자법이 틀리기는 하지만 글자를 몰라서 글을 못 쓰는 일은 드뭅니다. 이런 보편성을 바탕으로 이 글을 진행하고자 합니다. 학령에 따른 일반적 특성을 말하는 것일 뿐, 아이에 따라서는 그 차이가 있을 수 있음을 먼저 말씀드립니다.

＊학년에 따라 그 시기의 아이들이 대략 그 정도 쓰고 있더라는 것을 말씀드리는 것뿐입니다. 이것이 정답도 아니고 여기에 따라오지 못한다고 해서 큰일나는 것도 아닙니다. 다만 가르치는 사람이 아이들의 발달 단계와 심리적 특성을 안다면 아이들 글을 좀 더 잘 이해할 수 있고, 시기에 알맞은 글쓰기 지도를 할 수 있으리라 생각합니다. 특히 학교 밖에서 아이들을 가르치는 경우에는 학부모의 요구가 알게 모르게 부담으로 작용하게 되고, 그러다 보니 눈에 보이는 성과가 없으면 교사가 불안해하고 불편해하는 경우가 많습니다. 넉넉한 마음으로 아이들을 만나시길 바라면서 이 꼭지를 만들었습니다.

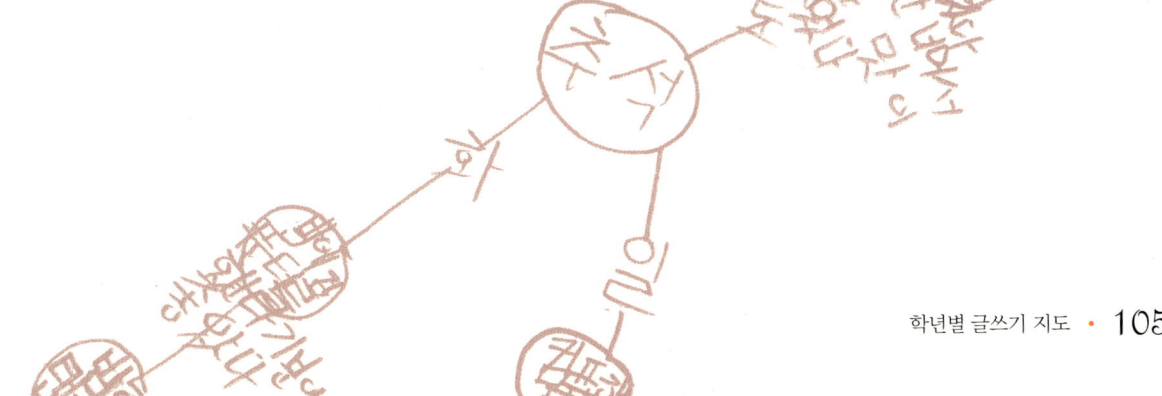

취학 전_마주이야기 지도

마주이야기란?

마주이야기 교육은 아이들의 말을 잘 들어 주고 그 말을 그대로 받아 적어 기록해 주는 것을 말합니다. 이것은 취학 전 아이들에게 말이 곧 글이 된다는 것을 가르쳐 주고, 말하는 대로 적으면 글이 된다는 것을 알려 주는 것이기도 합니다.

아이들은 쓸데없는 말을 하지 않습니다. 어른들이 보기에 쓸데없어 보일 뿐이지요. 아이들의 말에는 삶이 들어 있어요. 우리는 아이들의 몸이 자라는 모습은 사진으로 찍어 잘 기록을 해 놓으면서 아이들의 인식 능력이 자라는 것은 쉽게 지나쳐요.

제 아이가 어려서 날마다 위층의 준우라는 친구에게 매를 맞고 왔어요. 하루는 화가 나서 "너도 때리고 와!"라고 했더니, 아이가 "엄마, 때리면 준우가 아프잖아." 하더라고요. 그 말을 듣고 너무 부끄러웠어요. 그래서 다음에는 맞고 서 있지 말고 도망가라고 가르쳤어요. 그런데 하루는 또 맞고 울면서 들어오는 거예요. 너무 화가 나서 "도망가라니까 왜 또 맞고 서 있었어?" 했더니 "엘리베이터에서 때리는 데 어디로 도망 가?" 하더라고요.

지금 그 아이가 17살이에요. 10년 전의 이야기를 기억할 수 있는 것은 받아 적어 놓았기 때문입니다. 아이들은 자기 앨범 보는 것을 아주 흥미 있어 합니다. 그것은 그 안에 '나(아이)'가 있기 때문이지요. 마찬가지로 자기 말을 받아 적어 놓은 것이 있으면 얼마나 재미있겠어요? 그리고 그것을 보면서 '어, 말하는 대로 적으니까 글이 되는구나.' 라는 것을 알게 되고 '저런 거라면 나도 쓸 수 있어.' 하는 자신감을 갖습니다. 이것이 글쓰기가 되는 거예요.

이 무렵의 아이들은 자기 스스로 하고 싶어서 그림을 그리고 몇 줄 쓰기도 하고 쓰지 않기도 합니다. 그저 즐겁게 자기가 하고 싶은 대로 하도록 격려해 주세요. 아이들 말을 잘 들어 주고 마음껏 말하게 해 주는 것, 이것이 취학 전 아이들에 대한 글쓰기 지도의 모든 것입니다.

마주이야기 지도할 때 준비물

1 '열린 마음, 열린 귀'
   - 아이 말을 잘 들어 줘야 하니까요.
2 부지런함
   - 아이가 하는 말을 듣고 재빨리, 혹은 잊지 않고 있다가 적어야 하므로 부지런하지 않으면 하루 이틀 지나다 흐지부지됩니다.
3 마주이야기 공책
4 받아쓰기 능력
   - 이 말은 좀 우습지요? 글자를 모르는 분은 안 계실 테니까요. 그런데 이렇게 써 놓은 이유는 이렇습니다. 마주이야기는 아이와 주고받은 말을 가능한 한 그대로 적어 주는 것입니다. 그러니 글자만 알면 다 할 수 있겠지요. 그런데 '글을 쓴다'는 생각으로, 주고받은 말의 어투나 어미 따위를 바꾸어서 적어 놓으면 의미가 반감됩니다. 글을 쓴다고 생각하지 마시고 '글자를 쓴다(받아쓰기)'고 생각해 주세요.
5 소중히 보관하기
   - 아이의 몸이 자라나는 것을 찍은 사진은 앨범에 정리해 놓지요. 그리고 그것을 자꾸자꾸 들여다보면서 즐거워합니다. 마주이야기는 '아이들의 인식이 자라나는 것을 찍은 사진'이라고 할 수 있습니다. 아이들의 말을 받아 적은 공책을 잘 보관해 두고 자꾸자꾸 보여 주세요. 훗날 무엇과도 바꿀 수 없는 보물이 된답니다.

입말이 글로 나오는 1학년

1학년 아이들의 특성

우리 나이로 일곱 살 또는 여덟 살 되는 시기로, 넓은 세상에 대한 강한 호기심을 나타내며 학교에 가는 것에 큰 기대를 합니다.

아직 자기중심적인 사고에서 벗어나진 못해서 친구들하고 이야기할 때 친구의 말을 들으려 하기보다는 자기 이야기만 하는 일이 많습니다.

상대를 배려할 줄 아는 마음이 아직 부족해서 싸움이 일어나기도 하고, 선생님의 질문에 빨리 대답을 못하는 친구를 기다려 주지 못하는 일도 많습니다.

상상한 것과 현실을 혼동하기 때문에 자기도 모르게 거짓말을 하는 수도 있고요.

사람은 누구나 그렇겠지만, 자기에게 잘해 주고 친절한 아이와 친구를 하려고 합니다. 가까이 있는 친구이면 아무하고나 잘 어울립니다. 예를 들어 유치원을 다닐 때 아주 친했던 친구랑 한 반이 되었는데, 그 친구와 떨어져 앉게 되면 금방 다른 친구들과 더 잘 어울리게 되는 것이지요.

좋고 나쁨, 옳고 그름의 분별에 대한 어떤 기준이 아직 세워져 있지 않아서 나에게 친절한 사람은 좋은 사람이라고 생각하는 일이 많습니다. 그래서 낯선 사람도 친절하게 대해 주면 다 좋은 사람이라고 생각하기 쉽습니다.

말을 하면서 생각을 전개하고 진행시키는 나이입니다. 글을 쓸 때도 입으로 불러 가면서 쓰고, 놀이를 하면서도 혼자 '피이잉 슈우웅' 하는 식으로 놀이 속의 상황을 입으로 연출하기도 합니다. 그러니 1학년 교실이 시끄러운 것은 당연하겠지요.

그림책을 좋아하고 판타지 요소가 들어 있는 것에 관심이 큽니다. 그러나 아직 알고 있는 어휘가 부족하고 집중할 수 있는 시간이 짧기 때문에 읽기에 어려움을 겪기도 합니다.

글자를 줄줄 다 읽어도 책을 읽고 나서 그 내용을 기억하지 못하는 수가 많습니다.

문장을 읽다가 모르는 낱말이 나오면 앞뒤 문맥으로 그 뜻을 추측해서 알아 내기 시작합니다.

글의 특징
여러 가지 사물이나 행동을 나열한다

> 신정훈(1학년)
> 나는 학교에 갔습니다. 신예은을 보았습니다. 나는 뛰어갔습니다. 신예은하고 같이 갔습니다.

"나는 학교에 가다가 신예은을 보았습니다. 뛰어가서 신예은하고 같이 갔습니다." 할 것을 이렇게 쓰는 것이 보통입니다. 시간의 흐름이나 공간의 이동 따위를 죽 나열하기만 하지요. 아직 이어 주는 말이나 부사, 동사의 접속형을 써서 그것의 앞뒤 관계를 나타낼 줄 모릅니다. 이것은 나이가 많이 들었더라도 글자를 익혀서 글을 처음 쓰는 사람들이 보이는 공통점이기도 합니다.

글 끝에 '참 재미있었다. 즐거운 하루였다.' 는 말이 붙는다.

1학년 아이들의 글에는 끝에 재미있었다, 즐거웠다는 말이 많이 나옵니다. 아이들은 어디서 배운 것이 아니라 스스로 그렇게 씁니다. 그리고 그렇게 해야 글이 끝나는 것 같은 후련함을 느끼기도 합니다.

> 감기 백수진(1학년)
> 나는 너무 아팠다. 나는 학교에 가서도 기침이 꼴락꼴락 났다. 나는 친

> 구와 달리기를 해도 안되고 놀아도 안되었다. 저녁때 엄마가 죽을 해주셨는데 나는 먹기가 싫었다. 어머니께서 한 스푼 먹여 주셨다. 나는 밥을 먹어 보고 싶어 먹어 보니 먹기가 싫었다. 나는 감기가 빨리 나았으면 좋겠다. 즐거운 하루였다.

실제로 이 어린이는 감기를 심하게 앓아서 고생을 많이 했습니다. 그러니 밥도 죽도 다 먹기 싫은 지경이 되었지요. 감기가 빨리 나았으면 좋겠다고 생각은 하면서도 '즐거운 하루' 였다고 적고 있습니다.

어른들은 이해하기 힘든 일이지만 여러 가지 감정 가운데서도 즐겁고 기쁜 일을 더 잘 더 오래 기억해 내는 아이들의 특성과 맞물려서 이렇게 쓰는 것은 아닌지 모르겠습니다. 상황에 맞지 않는 표현이라고 어른 마음대로 고치지 말고 '진짜 즐겁다는 생각이 들었을 때만 쓰도록 하면 더 좋다.' 고 말해 주세요.

제목과 다른 말을 하거나 처음 하던 말과 다른 말을 한다

> **구름**
> 정진관(1학년, 남)
> 나는 아빠 차 타고 바다를 갔었다. 꽃게랑 집꽃게랑 고동, 소라, 새우를 삶아 먹었다. 점심 저녁을 바다에서 해먹었다.

이 글은 어디에도 구름에 대한 이야기가 나오지 않습니다. 아마도 바다에 가서 구름을 본 이야기를 쓰려다가 갑자기 먹은 이야기가 더 생각이 나서 그걸 쓰게 된 것 같아요. 글을 읽어 보게 한 뒤 제목을 마땅한 것으로 바꾸게 해 봐도 좋습니다. 자기 스스로 바꾸지 못한다면 구름, 바다, 꽃게 같이 여러 개 제목을 보기로 주어서 그 가운데 가장 이 글과 맞는 것을 골라 보게 해도 좋답니다.

미술학원

권선희(1학년, 여)

미술학원 갔더니 바닥이 노랑색이 됐다. 그래서 나는 선생님한테 물어 봤다. 그런데 우리 엄마가 시장 갔다와서 떡볶이를 해주었다. 참 맛있었다.

이렇게 처음 하던 이야기와 다른 이야기가 불쑥 나옵니다. 처음 하던 이야기가 채 다 끝나기도 전에 다른 이야기가 생각나면 곧 그것을 씁니다. 1학년 어린이들은 어떤 한 가지 일을 오래 생각하거나 거기에 매달려 있지 않는다는 것을 알 수 있습니다. 이런 일들은 시간이 지나면 자연히 줄어들지요.

이야기가 한없이 길다

학교

김선민(백산)

나는 초등학교 운동장에 가서 놀았다. 순하랑 나랑 학교에 너무 빨리 와서 철봉을 타고 놀았다. 나는 재미있는걸 고르려고 했다. 그런데 벌써 재미있는것 골라 가지고 철봉을 타고 있었다. 이때 기수가 와서 나는 빨리 도망을 치고 순하하고 도망을 가자고 했다. 내가 순하한테 흩어지자고 했다. 그래서 기수가 안보였다. 내가 안심을 했다. 나는 줄을 타는 걸 타고 싶어서 타보니 동생 밀어 줘서 계속 올라가 보니 못 올라가서 다시 타 보니 또 못 탔다. 계속 타보니 이번에 돼서 또 다른 걸 타 봐서 선생님이 벌써 오셔서 나는 빨리 줄을 서고 선생님 말을 하고 곧장 선생님의 말도 듣고 있었다. 그리고 7반 선생님, 9반 선생님이 어제 무용을 못했는데 오늘은 잘한다고 했다. 그래서 선생님이 줄을 서고 똑바로 서서 선생님이 줄을 다 섰다고 말을 했다. 이제 무용을 한다고 선생님이 먼저 '냄새' 5번

하고 '솜사탕' 노래를 5번하고 오늘 처음 하는 '아빠손'을 하고 집에 왔다. 참 재미있었다. 나는 오늘 4번이 됐다.

입학한 지 얼마 안 돼 학교가 새롭고 신기하기도 해서 그날 겪었던 일을 글로 쓰고 싶어졌어요. 그런데 어떤 이야기를 쓰고 어떤 이야기를 빼야 하는지 가늠하지 못하니까 한없이 길게 쓰게 됩니다. 글이란 길게 쓸 때도 있지만 짧아도 좋은 글이 된다는 것을 보기 글을 읽어 주며 알려 주세요. '글감을 한 가지로' 하는 식의 설명은 아직 어려워합니다.

입말이 그래도 살아 있다

학교 최선영(1학년, 여)

마수경 선생님이 우리 선생님이었다. 나는 1학년이 되었다. 학교에서는 무용을 했다. 학교는 디게 추웠다. 학교에서는 날씨가 좋았다. 접때는 비가 왔다.

우리 동생과 나 신정훈(1학년, 남)

나는 슬픈 날이 있었다. 슬픈 날의 이유가 뭐냐면 엄마가 예은일 때려서 나는 슬펐다. 예은이가 나를 때려서 엄마한테 일렀더니 예은이를 뒤지게 때려서 나는 슬펐다. 엄마가 나를 때렸는데도 예은이는 상관도 안했다.

찍어 보기 정혜수(1학년, 여)

오늘은 학교에서 재미있는 놀이를 하였다. 야채에 물감을 찍어서 종이에 찍어내는 신나는 놀이였다. 우와 재미있네. 신기하다.

이 무렵 아이들은 글을 쓰면서도 입으로 중얼거리면서 쓰는 일이 많습니다. 그러다 보니 자연스럽게 입말이 글로 나옵니다. 생각이 막힌 데가 없기 때문이지요. 이런 점은 계속 길러 주고 싶은 부분이지만 아쉽게도 2학년만 돼도 많이 없어집니다. 표준어 교육과 부모님들의 간섭 따위에 영향을 받기 때문입니다. 입말이 살아 있는 글, 함부로 고치지 마세요.

문장을 적당히 끊어 쓰지 못한다

재수 있는 날 김선민(1학년, 남)
오늘 이모가 로봇을 사주었는데 이름은 씩스맨이라고 해서 나는 문구점에서 그랑조를 살라다가 없어서 이것을 샀는데 기분이 좋았다.

문장을 나누어 쓰면 글의 뜻이 분명해질 텐데 이렇게 한 문장으로 썼습니다. 나열하는 시기가 조금 지나면 이렇게 기차 같은 글을 쓰는 일이 종종 있습니다. 이것도 자연스러운 현상이지요. 늘 그런 식으로 쓰는 것이 아니라면 그냥 받아들여 주세요. 차츰 스스로의 힘으로 문장도 끊어 쓰고 그러는 순간이 금방 옵니다.

일기를 쓸 때 '나는 오늘'로 시작하는 경우가 많다

거의 모든 아이들이 일기를 쓸 때는 '나는 오늘'로 시작하는 경우가 많습니다. 또 글 속에서도 '나는'이라는 말이 많이 들어가는데, 그것은 글 안에서 자기를 강조하기 때문이기도 하고 모든 이야기의 중심이 자기로부터 나오기 때문입니다. '나는 학교에 갈 때 비가 왔습니다.' 같은 표현도 자주 등장하는데, 이것이 어법에 맞는 문장이 되려면 '내가 학교에 갈 때 비가 왔습니다.' 혹은 '학교에 갈 때 비가 왔습니다.' 하는 식으로 써야 하겠지요. 그렇다고 해서 이 문장의 '나는'을 '내가'로 고쳐 놓는 것은 아이를 이해하지 못하고 고정된 잣대로만 글을 보는 잘못된 일입니다.

'나는 오늘'로 글을 시작한다고 해서 쓰지 말라고 할 것까지는 없습니다. 1학년 수준에서는 자연스러운 표현이고 또 아이들이 거기에 기대서 글을 써 내려가기 때문이지요. 어느 정도 지나면 저절로 첫머리가 바뀌는 경우도 많습니다. 일기를 쓰기 시작하고 두세 달쯤 흐른 뒤에 슬쩍 이야기를 꺼내도 아이들은 잘 알아듣습니다.

이어 주는 말을 알맞게 쓰지 못한다

혜영이네
이예슬(1학년, 여)

오늘 혜영이네 갔다. 그런데 꽃이 예뻤다. 그리고 목련을 봤다. 그런데 참으로 예뻤다. 그리고 하얀 송이로 예쁘게 피어 있었다. 그래서 봄 같았다. 그리고 장미꽃도 피었다. 그리고 그 모습이 예뻤다.

처음에는 이어 주는 말을 몰라서 문장을 죽 늘어놓다가 '그래서' 같은 말을 알고 난 뒤부터는 많이 쓰게 됩니다. 안 써도 될 곳에도 쓰고 틀리게도 씁니다. 위에 보기로 든 글에는 이어 주는 말이 꼭 필요한 곳에 쓰인 데가 한 군데밖에 없습니다. 이런 예는 1학년 글에서 쉽게 만날 수 있습니다. 이어 주는 말을 제대로 익히기는 1학년 단계에서는 어려워요. 기회를 봐 가면서 이어 주는 말의 쓰임이 다 다르고, 잘못 쓰면 말이 이상해지는 것이구나 하는 것을 느끼게 하는 정도로 지도를 하는 것이 좋겠습니다.

독특한 아이들의 어법

씽씽카 시합
정진관(1학년)

주현이가 다 이기고 나는 혜수만 없으면 한 번 이길 수 있었다. 그리고 선정이도 없으면 된다.

씽씽카 시합에서 1등을 하고 싶은 마음을 글로 썼습니다. 1등을 하고 싶다는 생각에 쐐기를 박으면서 제일 먼저 떠오른 친구는 주현입니다. 주현이만 아니라 혜수도, 선정이도 자기보다 실력이 월등합니다. 그저 머리에 떠오르는 대로 글을 쓰는 아이들만의 독특한 어법입니다.

아이들은 누구나 자기 일을 자기처럼 알고 있다고 생각하거나, 내가 내키는 대로만 써도 사람들이 모두 알고 있으리라고 믿는 것 같습니다.

시간을 나타내는 말을 잘 쓸 줄 모른다

> 해
> 김선우(1학년)
> 오늘은 엄마가 데리러 오는 날이다. 오늘은 철인 28호 뽑기를 했다. 라인 공룡 로보트가 나왔다. 어제 마스크맨 빌려 와서 어제 밤에 늦게 오라고 전화했다. 왜냐하면 내일 마스크맨 보고 싶어서 그랬다.

이 글도 처음 읽는 사람은 무엇을 말하는지 모르게 되어 있습니다. 읽는 사람을 가장 헷갈리게 하는 부분은 '내일'이라는 말입니다.

이 아이는 이모 집에 놀러 가서 한 이틀 묵었습니다. 어제는 마스크맨이라는 비디오테이프를 빌려 왔는데, 시간이 너무 늦어서 다음 날 보기로 했습니다. 그래서 엄마한테 "엄마, 나 데리러 내일 늦게 오세요. 마스크맨 봐야 하거든요." 하고 전화를 했어요.

오늘은 엄마가 나를 데리러 오는 날입니다. 엄마를 기다리면서 철인 28호 뽑기도 하고 이 글도 썼습니다. 그렇다면 밑줄 친 내일은 글 쓰는 시점에서는 '오늘'이 되는 것이지요. 이 말을 헷갈려 버린 것이지요.

아이들은 과거 시점의 일을 쓰면서도 다음 날의 일을 말할 때는 '내일'이라는 표현을 쓰곤 합니다. 이런 특징을 이해하고, 시간을 나타내는 말을 정확하게 알려 주면 좋겠습니다.

나도 모르게 쓴 거짓글

'글은 솔직하게 써야 한다.' 물론입니다. 하지만 1학년 어린이 중에서는 솔직하게 쓴다고 썼는데 나도 모르게 거짓을 써 놓는 경우가 있습니다. 자기가 겪은 일과 책에서 읽은 일, 또는 상상 속의 일들이 막 뒤섞여 버려서 그런 일이 나타납니다.

> **죽은 새**   박예나(1학년, 여)
>
> 나는 오늘 아침에 죽은 새를 보았다. 강미와 배중석이 우리 집에 오자 죽은 새가 있다고 말했다. 나는 옷을 입고 나가 보았다. 정말 죽은 새가 있었다. 보이지 않는 곳에 숨어 있었다. 죽은 새가 5동에 많이 있는 거예요. 몇 마리 죽어 있는 줄 모르지만 가시덤불 풀숲에 있었어요. 누가 총으로 쐈어요. 피가 나고 있었어요. 나는 집에서 휴지를 가져다 깨끗이 닦아 줬어요. 나는 그 근처에 흙을 파서 까치를 묻어 줬어요.

이 어린이가 본 죽은 새는 한 마리였고, 5동 앞에는 가시덤불 풀숲이 없답니다. 그리고 '총에 맞아' 죽은 것은 더욱 아니었지요. 죽은 새를 보다가 며칠 전에 읽은 동화 내용이 떠올랐고, 그래서 이 어린이는 그것을 사실처럼 써 놓고 있습니다.

> **유관순 TV**   윤상원(1학년, 남)
>
> 전에 삼일절 TV를 보았다. 개막식을 열고 노래를 불렀다. '동해물과 백두산이 마르고 닳도록…….' 이렇게 불렀다.
> 그리고 그림이 천장에서 유관순 할머니라도 너무 늙은 할머니 그림이 내려왔다. 나는 그것을 보고 눈이 커지면서 눈알이 튀어나오려고 했다.

삼일절 기념 행사에서 열일곱에 죽은 유관순 열사의 사진을 할머니 모습으로 내보낼 리 없습니다. 그런데 이 어린이는 이 글을 쓰기 바로 전에 제 친구들하고 "유관순 누나가 아니라 할머니다 할머니." 하는 이야기를 주고받았습니다. 그러고는 글을 쓰면서 친구들과 한 말과 자기 나름의 상상이 떠올라 그 속으로 글이 들어가 버렸습니다. 현실과 상상을 계속 넘나들면서 글을 쓰는 아이에게는 '진짜로 있었던 일을 쓰면 더 좋다.' 는 식으로 말해 주어도 좋습니다. 늦어도 2학년 무렵이면 이렇게 상상과 현실을 혼동하는 일은 거의 없어집니다.

아쉬워서 자꾸 설명을 한다

1학년 어린이는 글을 쓸 때 우선 생각나는 대로 씁니다. 머릿속에서 떠오르는 대로 씁니다. 그러다 보니 글 쓴 자신도 아쉽다고 생각하는지 무슨 말을 써 놓고 '왜냐하면' '그게 뭐냐 하면' 하는 식으로 자꾸 설명을 덧붙여 씁니다. 이런 표현은 논리적으로 말하는 훈련을 시킨다고 '왜 그렇게 생각하는지 그 까닭을 말해 봐.' 하는 주문을 많이 받은 아이들일수록 즐겨서 씁니다.

줄긋기
조수민(1학년, 남)
나는 선생님한테 칭찬을 받았다. 왜냐하면 줄긋기를 잘해서다. 내 친구는 내가 칭찬을 받았다고 섭섭해 했다.

책
남상은(1학년, 여)
오늘은 송윤미랑 같이 갔다. 그리고 학교에 와서 신문을 했다. 그런데 책을 안하고 그림 그리는 것부터 했다. 그리고 책을 줬다. 무슨 책을 줬냐면 2학년 책을 줬다.

다친 거
채희명(1학년)
오늘은 다쳤다. 그거 어디에다가 부닥쳤냐면 벽에 다쳤다. 나는 피가 많이 흘렀다.

이런 모습은 글쓰기를 처음 시작했을 때보다는 한두 달쯤 흐른 뒤부터 더 많이 보이기 시작합니다. 적당한 시기에 '왜냐하면'이 없어도 글이 된다는 것을 가볍게 말해 주면 좋겠습니다.

1학년, 이 정도는 알게 해 주세요

1 문장이 끝나면 온점을 찍는다.
2 입말로 써도 좋은 글이라는 것을 안다.
3 우리글은 띄어쓰기를 한다.
4 자기가 겪은 일을 말하는 대로 쓰면 글이 된다는 것을 알고, 겪은 일을 간단히 적을 수 있다.
5 자신의 글에 제목을 달 수 있다.
6 자신의 그림을 설명하는 글을 쓸 수 있다.
7 간단한 감사의 편지나 쪽지를 쓸 수 있다.
8 알맞은 갈래: 서사문, 시, 일기

이렇게 지도하세요

● **칭찬으로 시작하라**

아이들이 써 온 글을 읽으면 먼저 칭찬할 준비를 하고 읽어 주면 좋겠습니다. 나도 모르게 어디를 고쳐야 할까 어디가 잘못되었을까 생각하면서 읽지는 않는지요. 일단 칭찬을 받고 나면 그 다음 약간의 잔소리를 들어도 그다지 기분 나쁘지 않은 것이 사람 심리랍니다. 아주 작은 발전이라도 있으면 그것을 아낌없이 칭찬해 주세요.

● **지도하지 않는 것처럼 지도하라**

저 아이가 즐겁게 글을 쓸 수 있는 마당만 만들어 주면 되는 것이지요. 다만 조금 도와 줄 일이 있다면 넌지시 이야기를 해서 운을 떼는 정도로 그쳐도 괜찮습니다.

● **지시가 아니라 스스로 선택할 수 있게**

어떤 것에 대한 제약을 받게 되면 글을 편히 쓰기가 어렵습니다. 1학년 아이들은 더욱 그렇습니다. 아이 글에서 무엇인가 고쳤으면 좋겠다고 생각되는 버릇이 보인다면, 그렇게 하지 말라고 주문하기보다는 그렇게 해도 좋지만 안 해도 좋다는 식으로 말을 하여 아이가 스스로 선택한다는 느낌이 들도록 해 주면 좋겠습니다. 가령 '그리고'라는 말을 아주 많이 써서 그것을 조금 줄이도록 가르쳐 주려면 "쓸데없이 '그리고'를 쓰지 마라." 하는 것보다는 "'그리고'는 써도 좋지만 안 써도 괜찮아." 하고 말을 해 주어서 아이가 스스로 선택할 수 있도록 여유를 주자는 것이지요. 또 시간이 지나면 많은 부분 아이들이 스스로 깨치기도 하고 다른 글을 읽으면서 깨치기도 한답니다. 넉넉하게 기다려 주고 감동해 주면서 즐겁게 글쓰기 공부를 했으면 좋겠습니다.

글에 조리가 생기기 시작하는 2학년

2학년 아이들의 특성

학교 생활에 제법 익숙해집니다.

대부분 읽고 쓰는 것이 비교적 자유로워지면서 안정감을 느끼기도 합니다.

또 이 때부터는 경쟁심이 강해집니다. 그래서 또래에서 최고가 되려고 하는 욕구가 강해지는데, 이것에 자신이 없는 아이는 도전하기도 전에 미리 포기해 버리는 경우도 있습니다.

자신의 욕구가 투영된 거짓말을 하기도 하고 서서히 만화 캐릭터나 유행 상품에 관심을 보이기 시작합니다.

묵독을 하면서 책의 장면을 상상하는 것이 가능해지기도 하는 시기이지요.

복선이 깔린 구성의 이야기에 흥미를 보입니다. 그러나 다 이해하는 것은 아니에요.

아직 '내 편'인 친구를 만들지 못했습니다. 특별한 누구를 찾기보다는 가까이 있는 아이와 친하게 지냅니다.

주변 상황에 대해 예민하게 반응하고 주의를 기울이는 경향을 보입니다.

좋고 나쁜 것의 기준도 아직 자기에게 친절한 것이면 좋은 것이라고 가치 판단을 하기도 합니다.

서서히 학습 습관이 생기는 시기입니다. 일정한 시간만큼(30분 정도) 진득하게 연습을 해 두는 것이 좋습니다. 적어도 앞으로 20년 가까이 학생의 신분으로 살아가야 하기 때문이기도 하고, 그런 훈련이 밑받침되지 않으면 집중력을 키우는 데 어려움을 겪기도 합니다.

글의 특징

어느 정도 조리가 생긴다

한 학년의 차이가 1학년 때와 2학년 때처럼 뚜렷하게 나타나는 때는 없습니다. 그만큼 아이들은 1학년 일 년 간 쑥 자라납니다. 2학년이 되면 글에도 어느 정도 조리가 생기고 나름대로 어디서부터 어디까지 써야겠다고 하는 장면을 정할 줄도 압니다.

> **내 짝**
> 김남준 (광남2.)
>
> 개학한지 며칠이 지났다. 그런데 나는 아직도 짝 이름을 몰라서 엄마가 숙제를 짝 이름 알아오기를 내주셨다. 학교에 가서 짝 이름을 물어보았다. 집에 와서 엄마에게 말하려고 하는데 한 글자가 기억이 안 났다. 그런데 내 짝 언니도 내 누나와 반이 같다고 했다. 그래서 누나한테 내 짝 이름을 알아오라고 해야겠다. 누나가 꼭 알아왔으면 좋겠다.

이 어린이는 그날 하루의 일 가운데서 자기가 쓰고자 한 부분과 관련이 있는 것을 시간의 순서대로 잘 생각해 냈습니다. 짝 이름을 알아 오라고 엄마가 숙제를 내 준 일, 짝에게 이름을 물어본 일, 엄마에게 말하고자 했지만 생각이 안 난 일, 그 아이 언니와 자기 누나가 한 반이라는 것을 알아 낸 일을 차근차근 일이 일어난 순서대로 적고 있습니다. 시간의 흐름에 따라 순차적으로 일을 정리해서 떠올릴 수 있다는 것은 생각하는 힘이 높아졌음을 의미합니다. 그것을 글로 나타낼 수 있습니다.

겪은 일을 쓰면서도 자기 생각이나 느낌으로 쓰는 일이 많다

2학년 어린이들은 자기가 겪은 일을 쓰면서도 자기 생각이나 느낌으로 쓰는 일이 많습니다. 그것은 감상문과는 조금 다르지요. 아직 자기가 한 일을 자세히 쓰지 못하기 때문이기도 하고, 또 무엇을 했다는 것이 중요한 것이 아니라 거기서 내가 받은 느낌이 중요해서 그렇게 쓸 수도 있습니다.

서운했던 기억

박보린(광남2)

글쓰기에 와서 이야기를 나누다가 갑자기 지난 일요일 아빠가 서운하게 했던 기억을 말했다.

무슨 이야기냐 하면 교회를 갔다가 내가 뭘 좀 잘못해서 돌아올 때 아빠한테 혼이 날 때였다. 아빠는 내가 공부하는 것을 못 보셨다고 사회는 분명히 학교에서 30점일 테고, 수학은 0점일 것이라고 하셨다. 난 그 때 아빠가 미워서 눈물이 펑펑 쏟아졌다.

그래도 아빠가 잘 해줄 때는 싹 풀린다. 그러나 이렇게 하실 때에는 나도 내 마음 속에 화산이 쿵! 하고 폭발하는 것 같다.

그런데 솔직히 아빠와 내 성격은 '쌍둥이 성격'이라고 할 정도로 비슷하고 생김새도 아빠를 닮아서 그냥 참는다.

아버지와 이야기를 주고받은 일을 전달하다가 그만 다시 그 때의 억울한 일이 떠올라서 이렇게 글을 썼습니다. 사실을 자세히 적지 않았다고 해서 이 글이 말하고자 하는 바가 전달되지 않은 것은 아니지요? 저학년 어린이 글에서 흔히 볼 수 있는 일입니다. 이런 글을 놓고 자세히 쓰기 지도를 걱정할 필요는 없습니다.

쓰고자 하는 그 부분을 떼어 낼 수 있다

오리

김경주(백산2)

오늘은 오리와 함께 놀았다. 오리가 졸졸 따라와서 힘껏 달렸다. 오리는 "꽥꽥." 하면서 따라오다가 날개를 푸드드 거리면서 점프를 했다. 눈 깜박할 사이에 30cm 쯤 날았다.

> "히야." 나는 깜짝 놀랐다.
> "또 한번 해 봐."
> 그랬더니 한 번 더 안 했다.

그림의 한 장면을 보는 듯합니다. 자기가 쓰고자 하는 장면의 처음과 끝을 스스로 결정했는데 꼭 필요한 부분만 도려 냈습니다. 1학년 후반 또는 2학년 정도 되면 이런 능력이 보이기 시작합니다.

나름대로 비판 의식이 생긴다

> **토끼**
> 김시현(2학년)
>
> 나는 집에 오는 길에 토끼를 파는 아줌마를 보았다. 나는 구경을 하러 토끼를 파는 데로 갔다. 아주 큰 상자에 토끼를 넣고 있었다.
> 거기에는 고학년이 아주 많았다. 저학년은 나하고 황의선 밖에 없었다. 그리고 고학년들이 토끼를 만지려고 할때 토끼 파는 아줌마가 회초리로 엉덩이를 때렸다. 그랬더니 고학년 누나들 3명이 갔다. 토끼는 4마리가 뭉쳐서 잠을 자고 있었다. 또 한마리는 깡충깡충 뛰면서 놀고 있었다. 아주머니가 또 한 여학생을 때렸다. 아까처럼 만지려고 하니까 때린거다. 나와 황의선은 때리는 것을 보기 싫어서 토끼를 보다 말고 집으로 왔다. 왜 때리냐?

이 아이는, 아이들이 토끼를 만지지 못하게 하려면 말로 할 일이지 왜 때리는가? 하면서 나름대로 잘못된 것에 대한 비판을 하고 있습니다. 자기와 아주 밀접한 일인 경우에는 이렇게 나름대로 비판을 해 보는 능력도 생기기 시작합니다.

절실한 자기 문제를 이야기할 수 있다

> **슬플 때** 서진화(광남2.)
>
> 가장 슬플 때가요. 주말에 할머니 집에 갔다 오면 구몬 안 했죠, 구몬 한자 안 했죠, 피아노 숙제 안 했죠, 용은 수학도 안 했죠, 영어 스펠링 외우기 하나도 안 했죠. 아주 눈 앞이 깜깜해져요.
>
> 그래서 요즈음 학교에서 살아버릴까, 이런 생각도 해요. 아예 학교에서 집에 가기가 싫어져요.

자기의 절실한 문제를 다른 사람도 인정할 수 있게 적었습니다. 차근차근 생각하고 차근차근 글로 적었기 때문입니다. 글에서 이런 힘이 보이기 시작합니다.

아직은 어휘가 부족하기도

> **치과** 최선호(2학년)
>
> 어제 치과에 갔다. 간호사 누나가 하얀 것을 이빨 안에 꽂았다. 거기 한 번만 만지면 안 된다고 했다. 냄새는 지독했다. 그리고 이빨 안에 있는 병균들을 어떤 무기로 죽였다. 찌~~~찍 소리가 났다. 끝난 뒤 아주 아프지 않았다. 치과에 가니 기분이 좋았다.

이 글은 치과를 다녀온 일을 쓰고 있습니다. 치과에서 벌레 먹은 이를 치료하고 온 일을 말하고 있는데, 그 때 사용된 의료 기구를 '무기'라고 표현하고 있습니다. 아직은 어휘가 부족해서 자기가 아는 단어를 차용해서 쓰는 경우도 있지요. 어린아이들의 자연스런 현상입니다.

다른 내용의 같은 제목

학교에서 있었던 일
김선미(백산2)

오늘 학교에서 선생님이 칭찬을 해 주셨다. 즐거운 시간에 꽃만들기를 했는데 내 꽃이 잘 만들었다고 선생님이 들고 애들한테 보여 주셨다. 선생님이 선미처럼 만들면 된다고 그러셨다.

나는 좋아서 입이 막 벌어졌다. 애들한테는 입 벌어지는 거를 안 보여 줄라고 책상에 엎드려 있었다.

학교에서 있었던 일
김선미(백산2)

오늘 백창선이랑 주희재가 싸웠다. 백창선이 주희재보고 바보 똥개라고 놀렸다고 애들이 그랬다. 주희재는 내가 왜 바보 똥개야 하고 말했는데 백창선은 그냥 그랬다. 그러자 주희재가 백창선을 퍽하고 때렸다. 선생님이 와셔 가지고 주희재는 혼이 났다.

학교에서 있었던 일
김선미(백산2)

오늘 황정언이 공부시간에 오줌이 마려워서 화장실에 갔다 와도 되냐고 선생님한테 물어봤다. 그랬더니 선생님은 정언이가 뭘 먹어서 그렇게 화장실에 잘 가? 그랬다. 황정언은 아무것도 안 먹었는데요. 그렇게 말했다. 그러자 선생님은 빨리 갔다 오라고 그러셨다.

우리는 공부를 했다.

다 다른 내용의 글인데 이 아이는 모두 제목을 '학교에서 있었던 일'이라고 붙여 놓았습니다. 아직 제목 붙이는 데에 익숙하지 못한 저학년 어린이들의 글에서 흔히 볼 수 있는 일이지요. 이럴 땐 넌지시 제목을 바꾸어도 좋겠다는 말을 해 주면 좋습니다. 그래도 아이가 스스로 찾지 못할 경우에는 지도하는 사람이 몇 가지의 예제를 한 번쯤 보여 주는 것도 괜찮겠지요.

그 밖에 식구나 동무, 선생님에 관련된 글감이 많다는 것도 특징으로 꼽아 볼 수 있습니다. 자기의 체험 세계 안에서 글을 쓰는 것은 아주 당연한 일이겠지요.

2학년, 이 정도는 알게 해 주세요

1 어느 때 어느 곳에서 있었던 일과 언제나 있는 일을 구별한다.
2 " "와 ' '의 쓰임을 알고, 주요한 문장 부호의 모양과 위치를 안다.
3 모든 낱말은 띄어 쓰며, 말하는 것처럼(말의 단위로) 띈다는 것을 안다.
4 놀이한 것, 공부한 것도 아주 좋은 글감이라는 것을 안다.
5 읽거나 들은 내용을 글감으로 삼아 간단한 글을 쓸 수 있다.
6 친숙한 일을 글감으로 해서 겪은 일을 쓸 수 있다.
7 가족이나 친구를 소개하는 글 같은 기초적인 설명글을 쓸 수 있다.
8 그림을 보고 몇 개의 문장으로 그림을 설명해 볼 수 있다.
9 자신의 글을 소리내어 읽으면서 점검해 볼 수 있다.
10 알맞은 갈래: 서사문, 일기, 시, 편지

이렇게 지도하세요

- 다른 친구들이 쓴 글을 보기글로 많이 보여 주는 것도 좋은 방법입니다.
- 문장 부호는 따로따로 익히게 하는 것보다는 글을 쓰는 가운데 자연스럽게 익히도록 하는 것이 좋습니다.
- 원고지에 직접 쓰도록 해도 괜찮습니다.
- 띄어쓰기를 어려워하는 경우, 강요하지 마세요. 자연스럽게 익히게 된답니다.
- 글 전체를 자세히 쓰기는 어렵습니다. 자신이 가장 재미있어하는 부분, 가장 말하고 싶은 부분만 자세히 적어 보도록 격려해 주세요.
- 놀이한 것, 먹은 일 따위로 친숙한 글감을 찾도록 도와 줍니다. 글감이 편중되는 경우 글감의 확장만을 요구할 것이 아니라 생활을 짚어 봐 주는 지도가 필요하지요.
- 아이들이 쓴 재미있고 감동이 있는 시를 읽고 즐길 수 있도록 도와 주세요. 생각날 때 한 번에 그치지 말고 '시 하나 읽고 시작할까?' 하는 식으로 생활화되면 좋겠습니다.

관찰 기록문을 쓸 수 있는 3,4학년

3,4학년 아이들의 특성

3학년

보통 언어학자들은 사람들이 모국어를 완성시키는 시기를 10세 정도로 보고 있습니다. 우리 나이로 3,4학년 시기가 되겠지요. 보통 이 시기가 되면 자기 나름대로의 언어 체계를 갖게 됩니다. 일상 용어 사용에 어려움을 느끼지 않기 시작하는 때입니다.

그리고 대부분의 아이들이 적극적이고 명랑한 성격을 띠게 됩니다. 아이다운 특성을 보이는 것이지요. 아이들은 슬프고 우울한 것보다는 기쁘고 즐거운 것을 훨씬 빨리, 그리고 오래 기억합니다.

이 무렵부터는 상상과 현실의 구분을 정확하게 할 수 있습니다. 그래서 동화의 세계에서 벗어나 실제에 적응하게 되고 소박하게나마 현실 인식이 싹트기도 합니다. 그러다 보니 자기 표현에 훨씬 적극적이 되어서 부모나 선생님을 당황하게도 하고, 자기만의 장소나 자기만의 비밀 노트 같은 것을 갖고 싶어하기도 합니다.

이 때부터는 친구를 사귀는 일도 훨씬 적극적이 되고 소위 '내 편'이 생기기도 합니다. 아래 학년에서 가까운 데 있는 동무들과 친하게 지냈다면, 이 때부터는 멀리 있어도 나랑 잘 맞는 아이와 친하게 지내려고 합니다. 그래서 먼 곳에 있는 친구 집에도 놀러 가고 친구 집에서 이것저것을 해 보기도 합니다. 친구들과 어울리다 보면 자칫 생활의 리듬이 깨질 수도 있지만 늘 짝을 지어서 행동하려고 하지요. 힘센 친구가 동무들 사이에서 존경을 받기도 합니다.

책을 좋아하는 아이와 그렇지 못한 아이가 서서히 구별되기도 합니다. 책을 좋아하는 아이는 책만 끼고 지내려고 하는가 하면, 책을 좋아하지 않는 아이는 몇 줄도 못 읽고 지루해하기도 합니다. 아이의 특성을 잘 살펴 책 읽기 지도를 해 주는 것이 좋겠습니다. 남자 어린이의 경우는 과학에 대한 책에 아주 흥미를 보여서 편독을 하는 경향이 나타나는 경우도 있습니다.

신화나 전설을 좋아하기도 하지만 한편으로는 실제의 사건을 다룬 이야기도 좋아합니다. 위인들의 행적을 담은 이야기에 관심을 보이며 모험을 그린 이야기도 좋아합니다.

정의감이 싹트기 시작하는 때이며, 선악의 구별도 어떤 기준에 의거해서 판단하려고 하고 자기 행동도 그 기준에 따라 판단할 수 있는 능력이 생기기 시작합니다. 대체로 인생이 즐거운 시기, 의욕이 넘쳐서 뜻하지 않은 사고를 치기도 하지요.

4학년

4학년부터는 각 개인의 차이가 두드러지기 시작합니다. 지도에 특별한 관심을 기울여야 할 때입니다. 이제부터 보이는 성격은 아이의 고유한 성격으로 자리잡기 쉽습니다. 예를 들어 이 때 지각을 자주 하는 아이는 앞으로도 지각을 예사로 할 가능성이 높습니다. 좋은 생활 습관을 가지도록 해 주어야 합니다.

자아가 확실하게 생기면서 자기가 좋아하는 스타일의 옷을 입으려고 하고, 유행이나 패션에 민감한 반응을 보이기도 합니다. 그리고 자기 합리화를 위한 거짓말도 능청스럽게 할 수 있습니다.

자기하고 맞는 아이들과는 아주 친하게 지냅니다. 이 때 친했던 아이들과 헤어지는 것에 상처를 받기도 합니다. 친했던 친구가 전학을 가게 되면 대단히 낙심하기도 하지요.

교과의 내용이 확 어려워지기 때문에 노력하지 않으면 안 되는 시기입니다. 공부방을 따로 마련해 주는 것이 좋겠습니다. 그리고 일정한 시간만큼 학습을 하는 습관을 들이도록 해 주어야 합니다.

한편 체력이 증가하고 수직 분화가 생기는 시기입니다. 그래서 서로의 역량을 인정하면서 지배, 복종의 관계가 생깁니다. 지위에 따른 책임을 완수할 수 있고 자기 말에 대한 책임도 질 줄 압니다.

자기가 아는 것에 대한 자기 주장을 쉽게 철회하지 않으려고 하지요. 이런 특성을 좀 인정해 주었으면 좋겠습니다.

글의 특징

실제로 써 놓은 것보다 훨씬 더 잘 표현할 수 있는 능력이 있으면서도 귀찮아서 대충 빨리 쓰고 놀고 싶어합니다. 괜히 멋부리는 문장을 써 보고 싶어하고, 겪은 일을 쓰는 것을 시시하게 여기는 생각도 갖게 되지요.

아직 자기 주장을 논리적으로 펴내지는 못하지만 추리력이 발달해 이야기의 뒷부분을 상상해서 쓰는 일 따위를 즐거워합니다. 화제도 넓어지고 이야기의 내용도 풍부해집니다.

반면에 말을 하거나 글을 쓸 때 의성어 의태어에 의지하는 일이 조금 줄어듭니다.

또 추상화하는 능력이 생기며, 추상적인 것의 의미를 파악할 수 있습니다.

하고 싶은 이야기를 차분하게 써 내려간다

여전히 꼭 할 말만 직감으로 짤막하게 쓰는 아이들도 있지만, 대체로 하고 싶은 이야기를 차근차근 써 내려갑니다.

이뺀 것
한상은(영도4)

나는 어제 아빠 병원에 가서 이를 뺐다. 나는 주사로 마취를 할 것 같아서 무서웠다. 병원에 들어가서 나와 상아는 TV를 보았다. 어린이날이라 원래 병원은 안하는 날이다. 그런데 우리 식구들 치료하러 병원을 간거다.
  TV를 보고 있는데 아빠가
"자, 어디든 누워. 이쪽이든 저쪽이든." 하고 말씀하셨다.
  나는 가운데에 앉았다. 그 이유는 TV가 잘 보일 것 같아서이다. 아빠는 먼저 이부터 빼지 않고 무슨 치료를 해 주셨다. 그런데 이를 마구 헤집는

> 것 같았다. 윙윙 소리도 나서 무서웠다. 잇몸이 너무 아파서
> "음, 음" 하는 소리를 내었다.
> 이를 닦는 방법도 정식으로 가르쳐 주셨다.
> "이럴 땐 45도로 해서 이렇게 하는 거야. 그리고 이 사이사이에 있는 것들은 이렇게 빼는 거야."
> 치료가 끝나고 TV를 보았다. MBC에서 창작동요제를 했다. 부채춤, 네잎클로버 봄비 같은 노래들은 다 배운 것이라서 더욱 재미있었다.
> TV를 보고 있는데 아빠가
> "이 빼자." 하고 말씀하셔서 의자에 누웠다. 이번에는 주사로 마취를 안 하고 칙칙이로 마취를 시켜 주셨다. 나는
> '휴! 다행이네 주사로 하지 않으니깐 하나도 안 아프다.' 하고 생각했다.
> 마취가 되자 쇠로 된 집게를 드셨다. 나는
> '으윽, 주사기가 없더니 더 무서운 거 나왔네.' 하고 생각하고 각오를 했다.
> 아빠가 왼쪽 위 송곳니를 쑤욱 뺐다. 굉장히 아팠다. 나는 울것 같았다.
> 집에 올 때 아빨이 조금 헛전했다. 그래서 이상했다.

이제 어느 정도 자기가 하고 싶은 말을 차근차근 써 내려가는 것을 알 수 있습니다. 글 쓰는 방법을 제법 잘 알고 있기 때문이지요. 하지만 무거운 일과에 시달리다 보니 글이고 뭐고 쉬고 싶은 생각만 가득한 아이들이 많습니다. 빨리 쓰고 놀거나 쉬려고 하는 일이 많은 시기이기도 합니다.

글이 밋밋해지기 시작하기도

생활이 차츰 더 바빠지고, 또 너무나 반듯해서 재미없는(?) 교과서 문장에 익숙해지면서 아이들의 글도 밋밋해지는 경향이 많이 나타납니다.

남한산성 간 일
(4학년, 남)

나는 가족과 함께 남한산성을 갔다. 나는 빨리 가족과 함께 올라갔다. 산 중턱에 올라가니 조그만 집이 있었다. 이상한 물건만 잔뜩 있었다. 조금 더 가니 약수터가 나왔다. 사람들이 약수를 마셨다. 나도 목이 말라서 바가지로 받아서 마셨다. 거기서 좀 쉬었다 갔다. 다 올라갔다. 나무가 무척이나 많았다. 집으로 돌아갔다. 오늘도 보람 있고, 즐거운 하루였다.

분명히 자기가 겪은 일을 썼는데도 마치 남의 이야기를 성의 없게 하듯이 적고 있습니다. 자기 마음이 드러나는 곳도 없고 자기가 본 것을 정확히 적어 놓은 부분도 없습니다. 이런 경우 짧더라도 생생한 글을 보여 주어 글의 재미를 느끼게 해 주는 것이 중요하겠지요.

환경을 사랑하자!
(4학년, 남)

우리들이 조상들에게 물려받은 아름다운 환경을 우리들은 너무도 많이 훼손, 파괴하고 있다. 이제부터라도 깨끗하고 아름다운 환경을 지켜나가서 우리 후손들에게 물려주어야 할 것이다. 그렇다면 우리가 환경을 보호하기 위해 해야 할 일을 몇 가지 찾아보자.

첫째, 합성세제를 쓰지 말자! 우리들이 흔히 쓰고 있는 샴푸나 세제를 쓰면 공장의 폐수와 섞여 물이 오염된다.

둘째, 쓰레기를 함부로 버리지 말자! 쓰레기를 아무 곳에나 버리게 되면 땅이 오염된다. 또 쓰레기의 양이 너무 많아서 처리하는 일도 문제라고 한다. 아무 곳에나 버리는 자세도 문제지만 많은 쓰레기의 양을 줄이는 것도 필요하다. (줄임)

형식을 갖추어서 쓴 글이지만 어떤 울림 같은 것은 별로 없는 글입니다. 시켜서 쓰는 글을 쓰다 보니 그렇게 되었습니다. 글도 자기가 쓰고 싶어서 써야 울림이 있고 감동을 줄 수 있는 것이겠지요. 사실 어른들은 자신들이 해야 할 말을 어린이들에게 대신해서 하라고 하는 경우가 많습니다. '환경 보호', 이것은 어른이 어른에게 더 하고 싶은 말이겠지요. 이렇게 시킴을 받아서 쓰는 글은 그 절실함이 떨어져서 글이 아주 밋밋하게 느껴지는 경우가 많습니다.

남의 처지 생각할 줄도 알고

저학년 때의 자기 중심성에서 차츰 벗어나는 시기로, 다른 사람의 처지나 형편을 헤아려 줄 줄도 알게 됩니다. 물론 이런 심성이 선을 긋듯 어느 날 불쑥 나타나는 것은 아니지요.

고모 힘내세요!

장현정(대화4)

나에게 항상 잘 해주신 큰 고모가 암에 걸리셨다. 친척들은 모두 걱정을 하면 왔다갔다 했다. 고모는 겨우 병원에 가서 입원을 하셨는데 상태가 점점 나빠진다고 하였다. 수술을 하기로 했는데 돈이 없나 보다. 그런데 고모부는 부자이지만 한 푼도 내지 않고 작은 아버지께 돈을 꿨다. 부모님 말씀을 들어보니 옛날부터 고모부는 작은 아버지를 만만하게 여기며 많은 돈을 꾸었다고 한다. 작은아버지는 거리낌 없이 돈을 꿔 주다가 지금은 그것이 버릇이 되어 버린 것이다. 친척들이 아무리 말려도 작은 아버지는
"내 집을 다 팔아서라도 누나를 도와줄 거다."
하고 말씀하신다. 모두 이해할 수 있을 것 같다.
아무튼 고모가 하루 빨리 나았으면 좋겠다.

이 글에서는 여러 유형의 어른이 나타납니다. 자기 아내가 병에 걸렸는데 '한 푼도 내지 않는' 남편과 그런 형편의 누나가 안타까워 '내 집을 팔아서라도 누나를 도와 줄 거'

라고 하는 동생. 보통은 자기 부인이 아파 누워 있는데도 돈을 내지 않으려는 남편을 이해하기 어려운 일이겠지요. 그런데 어찌 된 일인지 아이는 모두 이해할 수 있다고 하고 있습니다. 아마 그간의 말 못할 사정이 더 있었던 것은 아닌지 추측해 볼 따름입니다.

시간을 거슬러 올라가서 다시 생각해 쓰기도 한다

서사문을 쓸 때는 일이 일어난 차례대로 써야 생각하기도 쉽고 쓰기도 쉽지요. 그러나 간혹 글감에 따라서는 지금 있었던 일을 말하면서 다시 과거의 일로 거슬러 올라가 쓰기도 하는데, 이런 것을 특별히 어떤 기법으로 지도하지 않아도 아이들은 글감에 따라 자기 스스로 그러한 방법을 찾아 내어 쓰기도 합니다.

보고 들은 일도 제대로 표현하고

멍게가 안 팔려서
이경석(부산 반여3)

철물점 가게 앞에서 멍게 장사 아줌마가 멍게를 팔고 있다. 아줌마는 혼자서 중얼거리고 있었다.
"큰일 났데이. 오늘 멍게 너무 많이 받아서 다 못 팔면 우짜노?"
그 때 목욕 바구니를 들은 아줌마와 여자 아이가 왔다.
"멍게 많이 팔았는교? 우리 아가 멍게 멍고 싶다는데 일 키로에 얼만교?"
"예, 이천원밖에 안 하는데요."
"그라문 일키로만 주소."
"예, 장사도 안 되는데 많이 드리겠심더."
멍게 장사 아줌마는 재빠른 솜씨로 멍게를 까서 손님에게 주면서
"맛있게 잡수이소." 하니까 손님이
"많이 파이소." 한다.

자기가 보고 들은 것을 잘 떠올려서 썼지요. 보고 들은 것을 동시에 떠올려 글을 쓰는 것은 쉽지 않은 일입니다. 그만큼 아이들의 기억력이나 순간 포착력이 좋아졌다고 할 수 있습니다. 자기가 마음이 끌리는 것이면 집중해서 아주 잘 보는 시기이지요. 마음이 내켜서 쓰면 썩 잘된 글을 쓰윽 써 내기도 합니다.

관찰 기록문을 쓸 수 있다

개나리꽃 관찰　　　　　　　　　　　　　　　　김대훈(경기 광성3)

날짜: 4월 8일 월요일
날씨: 대체로 맑음. 바람은 동쪽에서 서쪽으로 붐
관찰 시간: 낮 2시 10분
관찰한 곳: 동쪽 뜰
관찰한 것: 개나리 봉오리가 전등처럼 나 있다. 새눈 껍질은 아직도 붙어 있다. 이제 꽃이 피겠지.

날짜: 4월 10일 수요일
날씨: 바람이 가지가 휘어지도록 분다. 해도 떴다.
관찰한 것: 개나리들이 꽃을 피웠다. 속에는 수술들이 있다. 꽃들은 완전히 못 폈다.

날짜: 4월 15일 월요일
날씨: 햇볕이 잘 안 비치고 바람이 솔솔 분다.
관찰한 것: 지금 별처럼 꽃이 폈지.
그런데 아직도 피지 않은 것도 있다.

날짜: 4월 17일 수요일
날씨: 비가 조금씩 옴.
관찰한 것: 개나리를 만져 보았다. 비가 묻어서 축축하였다. 잎도 나오려고 한다.

날짜: 4월 22일 월요일
날씨: 바람이 잎들이 산들거릴 정도로 분다.
관찰한 것: 잎이 난다. 잎을 만져 보았다. 보들보들거렸다.

 어떤 한 대상에 대해서 이렇게 끈질기게 물고 늘어질 수 있다는 것은 그만큼 집중력이 생겼다는 것을 의미하기도 합니다.
 또 자기 글을 입으로 중얼중얼 읽다가 매끄럽게 넘어가지 않는 부분은 어딘가 잘못 되었다는 것을 눈치채기도 합니다. 그런데 그것을 바로잡는 일은 아직 어려워하기도 하지요.

즐겨 쓰기는 하지만 재미없게 쓰고 마는 글감들

컴퓨터 게임,
명절 지낸 일,
콘도 여행,
백화점 다녀온 일 따위

이런 일을 글감으로 해서 쓴 글들은 참 재미없게 쓴 것이 많습니다. 아이는 재미있는 경험이라고 말하지만 글로써 그 경험이 풍성하게 표현되는 일이 드물지요.

이런 글감들은 컴퓨터 게임만 빼고는 아이들이 주체로 움직인 것이 아니라 어른들을 따라서 다니거나 막연히 구경한 경우가 많습니다. 컴퓨터 게임의 경우는 아이가 몰두해서 하는 일이기는 하지만, 자신의 사고와 판단에 의해서 움직인다기보다는 컴퓨터에 이끌리어 가는 수가 많습니다. 그러저러한 까닭으로 이런 글감으로 쓴 글들은 아이들 마음을 제대로 담아 내지 못하는 경우가 대부분이지요.

또 이런 글들은 글다듬기를 해도 항상 그 자리에서 맴도는 수가 많아요. 물론 글다듬기가 글쓰기 지도의 모든 것이 아니고 그것만 중요한 것도 아니지만, 이런 글감으로 쓴 글은 다듬기 지도까지 나아가기 어려운 경우가 많답니다.

3학년, 이 정도는 알게 해 주세요

1 쓸 거리를 정해서 그것을 쓰는 차례를 한 번쯤 생각해 본다.
2 겪은 일을 구체적으로 나타낸다.
3 일의 차례가 드러나게 글을 쓸 수 있다.
4 장소의 이동에 따라 글을 쓸 수 있다.
5 대화체를 활용해서 글을 쓸 수 있다.
6 자기가 잘 아는 것을 대상으로 설명하는 글을 쓸 수 있다.
7 초보적인 논설문을 전개한다.
8 주장을 뒷받침하는 문장을 드러낸다.
9 간단한 글을 읽고 주요 내용을 간추려 적을 수 있다.
10 온점, 반점, 따옴표 등의 문장 부호를 바르게 쓴다.
11 자기가 쓴 글을 읽으면서 점검할 수 있다. 틀린 글자를 찾아 고친다.
12 이어 주는 말의 쓰임이 다르다는 것을 안다.
13 알맞은 갈래: 서사문, 시, 일기, 설명문, 감상문, 편지글

이렇게 지도하세요

- 쓰는 차례를 생각해 본다고 해서 격식을 따를 필요는 없습니다. 자연스럽게 일이 일어난 순서를 간단하게 적어 보는 정도도 괜찮아요.
- 한 일만 적지 말고 보고 들은 일, 말한 일 따위를 다 적도록 하면 글이 풍성해진다는 것을 설명해 주세요.
- 특별히 가르치고자 하는 부분(예를 들어 '본 일을 글로 쓴다')은 살아 있는 보기글을 보여 주는 것이 열 마디 설명보다 훨씬 좋은 효과를 내는 경우가 많습니다.
- 주장을 뒷받침하는 근거를 '겪은 일(일화)'로 나타내는 것도 좋은 방법입니다. 이야기로 근거를 제시하는 것은 권장할 만한 일이거든요.
- 즐거운 낱말 놀이를 많이 하게 해서 자연스럽게 어휘를 익히도록 해 주면 좋겠습니다.
- 아이들의 글을 문법이나 논리의 층위에서만 보지 않도록 해 주세요. 삶의 문제를 놓치지 않도록 주의하는 것은 중요한 일이랍니다.
- 주장하는 글이지만 감상문과 별반 다르지 않은 형태로 나타날 수도 있습니다. 다만 다른 사람에게 무엇인가를 요구하는 적극적인 면이 간단하게나마 나타날 수 있는 것이지요.

4학년, 이 정도는 알게 해 주세요

1 경험을 구체적으로 써 본다.
2 실제 체험의 중요성을 알고 개념으로 쓰는 글을 조심한다.
3 자기의 말로 쓰는 것에 대한 중요성을 안다.
4 문장 부호의 바른 쓰임을 안다.
5 자신이 쓴 글이나 읽은 글의 가장 중요한 데를 파악해 본다.
6 단락에 대해 안다.
7 주장에 대해 뒷받침하는 내용이 있다.
8 시간이나 공간 순서에 따라 글을 쓸 수 있다.
9 글에 따라서는 처음, 가운데, 끝이 분명히 나뉘어야 하는 것이 있다는 것을 안다.
10 높임법을 바르게 쓴다.
11 글감을 조금씩 넓혀 간다.(가정→학교→사회)
12 알맞은 갈래: 서사문, 시, 일기, 설명문, 감상문, 편지글, 주장하는 글, 관찰하는 글, 조사해서 알리는 글, 생활극 대본

이렇게 지도하세요

- 스치듯 보고 지나치는 일이 많기 때문에 글도 구체로 적지 못하는 경우가 많습니다. 빽빽한 일정들이 아이를 너무 압박하지 않는지 살펴볼 필요가 있답니다.
- 차근차근 '사실' 대로 적은 글을 보여 주면서 재미있는 점을 각자 말하게 합니다. 아이들의 반응은 적극 수용하되, 교사의 차례가 되었을 때 그 글에서 사실을 구체로 적은 부분을 확인해 봅니다.
- 단락은 논리의 기본입니다. 단락을 구분하면서 글을 쓰도록 해 주세요. 하지만 처음부터 단락을 구분해서 쓰도록 지도하기보다는 우선 자기가 쓴 글에서 같은 이야기끼리 묶어 보게 한 뒤, 왜 그렇게 묶었는지 설명하게 합니다. 이러한 과정을 통해 자연스럽게 단락의 개념을 배우도록 해 주세요. 단락 쓰기 지도는 빠뜨려서는 안 될 요소랍니다.
- 문장에서 고쳐야 할 부분이 있을 때는 스스로 소리내어 읽어 보면서 고쳐야 할 곳을 찾아보도록 지도하는 것이 중요합니다. 지도하는 사람이 지적해 주는 것도 방법이지만, 자신의 글에서 부족한 부분을 인식하는 능력을 키우는 것도 중요한 포인트이지요. 술술 읽히지 않는 부분은 문장 표현이 어긋나 있거나 비문일 가능성이 높습니다.
- 처음, 가운데, 끝의 구분이 필요한 글도 먼저 가운데만 쓰는 것으로 시작할 수 있습니다. 글의 가운데 부분을 먼저 적고 처음과 끝을 나중에 붙여 넣으면서 글의 구조를 알게 하는 것도 아이들이 쉽게 글쓰기 형식을 익힐 수 있는 방법이지요.

자기 주장을 또렷하게 담는 5,6학년

5,6학년 아이들의 특성

5학년

5학년은, 피아제의 구분에 따르면 형식적 조작기에 들어서는 시기입니다. 논리적인 사고를 할 수 있는 때이며, 논리적인 의견 전개가 가능합니다. 실제로 주장하는 글이나 논설문 공부를 시작할 수 있습니다.

정신 생활의 범위도 넓어집니다. 도덕 의식이나 책임감이 높아져서 개인 감정을 억누를 줄도 알게 됩니다. 어른의 권위를 인정하기 시작하고, 공부 잘하는 사람에 대해서 존경 의식을 갖기도 합니다.

지적 호기심이 높아져서 자신의 관심 분야에 깊이 들어가 보려고 합니다. 또 자신의 질문에 대해서 정확한 지식이나 설명을 곁들여서 해 주는 답변을 좋아합니다.

자기 의견을 정확하게 표현할 수 있는 반면에 남을 조롱하거나 빈정거리는 일을 즐기기도 합니다. 이성에 대한 관심이 싹트면서 상대에 대한 관심을 정반대의 말이나 행동으로 표현하기도 하지요. 남자 아이들은 여자 아이들보다 힘이 센 것에 대해서 우쭐해하며 여자들을 무능하다고 생각하기도 합니다. 반면 여자 아이들은 그런 남자 아이들을 난폭하고 야만

  피아제와 형식적 조작기

스위스의 생물학자, 발달심리학자인 장 피아제(Jean Piaget, 1896~1980)는 사람의 인지 발달은 감각 운동기(0~2세), 전조작기(2~7세), 구체적 조작기(7~11세), 그리고 형식적 조작기(11세 이후)의 네 개의 단계를 거쳐서 발달한다고 하였습니다. 형식적 조작기는 논리적 사고의 시대로 추상적인 사고가 가능하며, 이 시기에 처음으로 도덕적, 정치적, 철학적인 생각과 가치 문제 등을 이해하기 시작한다고 하였지요. 또 다른 사람들은 문제를 어떻게 보고 어떻게 생각할까 등에도 관심을 갖게 된다고 하였습니다.

적이라고 생각합니다. 보통 제 1의 사춘기라고 보는 사람들이 많습니다.

마음이 담긴 칭찬인지 아닌지 확실히 알게 됩니다. 칭찬을 위한 칭찬에 이제는 속지 않습니다.

6학년

6학년은 지적 능력이 많이 향상되어 있습니다. 주관을 떠나 객관적으로 사고하는 힘이 생겼습니다. 객관적인 자료를 모아 각 자료들 간의 상호 관계에서 필연적이라고 생각되는 것을 결론으로 삼을 줄 압니다. 귀납 추리가 가능하다는 이야기지요. 이치를 따지는 것을 좋아하기 때문에 어른들에게도 꼬치꼬치 묻고 따지고 싶어합니다. 어른의 권위는 인정합니다.

기억력이 최고조에 올라 있는 시기입니다. 자신에 대해서 어느 정도 파악하고 있기 때문에 힘으로든 다른 것으로든 무리한 상대에게는 대들지 않는 특성이 있습니다.

규범이나 규칙에 흥미를 느끼면 놀이를 하면서도 새로운 규칙을 만들어 내는 것을 즐거워합니다. 자기에게 시킨 일을 동생에게 다시 시키기도 합니다.

자립심이 많이 생겼으므로 친구들과 어울려 쇼핑을 가거나 놀이 공원 같은 곳을 다녀오기도 합니다.

자신만의 공부 방식이 거의 정해졌고 사회에 대한 관심도 높아집니다. 신문 읽는 것에 흥미를 느끼며 관심을 끄는 사회적 문제에 자신의 의견을 내놓기도 합니다.

글의 특징

5,6학년 아이들은 아래 학년 아이들보다 세상에 대한 관심이 부쩍 커지고 보는 눈이나 생각도 훨씬 넓고 깊어집니다. 옳고 그름에 대한 판단도 더욱 선명해지지요.

현실 사회에 조금씩 눈을 뜨고 자기 나름의 이해도 생기며 비판의 눈, 자기 주장을 내세울 수 있습니다.

글감의 범위도 넓어져서 우리 집, 우리 식구, 내 동무, 우리 학교에서 좀 벗어나 사회적인 일에 눈을 돌리기도 합니다. 마음문을 열기가 어려워지고 속내를 잘 드러내지 않으려고 하는 경우도 있습니다.

　어른들이 싫어할 것 같은 글은 쓰지 않으려고도 하지요. 어려운 말이나 어디서 들은 멋진 표현으로 글에다가 멋을 부려 보고 싶어하기도 합니다.

　사물을 보는 아이들의 눈을 밝혀 주고 의식을 일깨워 주는 지도가 더욱 절실한 시기입니다.

자기 삶은 담지 않고, 관념으로 글을 쓰게 된다

> **김홍도 특별전을 다녀와서**　　　　　(6학년, 남)
>
> 동생과 국립 중앙 박물관에서 열리고 있는 김홍도 특별전에 갔다.
> 처음 국립 중앙 박물관의 문 위에는 커다란 규장각도가 있었다.
> 드디어 도착, 김홍도 전시회를 관람하게 되었다. 김홍도는 역시 특별전을 열 만큼 대단했다. 김홍도의 그림은 진짜 사람이 그렸나? 하는 의문도 생길 정도로 잘 그렸다. 또 풍경화는 사진과 비교해 보아도 전혀 손색이 없을 정도로 흡사했다.
> 난 김홍도의 예술성을 배워서 그림을 잘 그리고 싶다.

　아주 흔하게 볼 수 있는 글쓰기 형태입니다. 자기가 겪은 일이면서도 또렷하게 무엇을 그려 보여 주지 못하고 머릿속의 생각으로만 써 놓은 것이지요. 관심 있게 대상을 보지 못했기 때문에 이렇게밖에 글을 쓸 수가 없겠지요. 글을 자꾸 이렇게만 쓰면 글 쓰는 힘이 붙지 않습니다. 또 어디어디를 다녀와서 하는 주제로 쓰는 글이 이런 형태가 되기가 쉽습니다. 너무 여러 가지를 한꺼번에 우르르 보고 지나쳐 왔기 때문에 그런 경우가 많습니다. 한 가지를 보더라도 제대로 보도록 지도하면 좋겠습니다.

쓸데없는 멋부리기나 대충 건성건성 쓰는 일이 많다

잊지 못할 봉사활동

이은경(상수5)

가을인데도 살을 에는 듯한 추운 날씨다.

얼음처럼 차가워진 집게를 들고 학교를 돌며, 휴지와 쓰레기를 줍는 봉사활동 시간이다. 우리 학교는 아침 자습 시간마다 일주일 기간을 두어 반끼리 돌아가며 학교주변의 쓰레기를 줍는다. 이러한 일을 우리 반 친구들은 '봉사활동'이라고 한다.

그렇다, 그야말로 학교를 위해, 이웃을 위해 열심히 봉사하는 나에게 생각지도 못한 시련이 오고야 말았다.

오늘 봉사활동은 첫 시작이 참 좋았다. 깨지지 않은 맥주병을 연못에서 6개나 주웠기 때문이다. 더구나 '쓰레기를 누가 더 많이 주웠는가?'로 사탕을 상품으로 걸고 시작한 봉사활동이었기 때문에 나는 어느 상대보다도 유리한 조건에서 시작하여 우승을 할 가능성이 많은 기회였다.

연못에 가라앉지 않은 맥주병을 벽과 벽 사이에 몸을 걸쳐 줍는 아슬아슬한 순간에서 성공하자 나는 자신만만해져 다리를 아무렇게나 걸치고 대수롭지 않다는 듯, 마구 연못에 빠진 쓰레기를 주워댔다. 정말이지 쓰레기 하나하나를 주울 때마다 신이 났다. 그러나 결국 난 까불다가 한 순간에 다리 한쪽이 연못에 빠지고 말았다.

(줄임)

'살을 에는 듯한 추위' 라는 말이 우선 너무 어른들이 쓰는 상투적인 말입니다. 게다가 글 전반으로 문장을 너무 많이 꾸며 쓰고 있어 오히려 진실성을 의심하게 만들고 있습니다. 밑줄 친 부분 같은 데는 '봉사 활동을 하다가 뜻하지 않은 일을 겪었다.' 하고 써도 좋을 것인데, 자꾸자꾸 말을 만들고 꾸며서 글을 쓰고 있습니다.

가끔 고학년 어린이들의 글을 보면 이렇게 문장에 멋을 부리려 드는 경우를 만날 수 있습니다. 그럴 때는 "말하는 것처럼 편안하게 쓰도록 하자."는 식으로 일러 주면 좋겠습니다.

또렷한 자기 생각을 드러낸다

진정한 환경보호

김겨레(5학년)

지난 수요일 보이 스카우트에서 환경보호 한답시구 시 전체 스카우트들이 ○○초등 학교로 다 모였다. 그 때도 생각했듯이 그것은 환경보호가 아니었다. 무려 두 시간 동안 그 지겨운 연설을 듣고 있자니 내가 진정한 환경보호를 하러왔는지 의심이 갔다.

무슨 무슨 자모회 위원장이니 회장이라는 분들이 차례로 구령대로 올라가서 연설을 했다.

"우리는 자연을 사랑해야 합니다. 자연이 파괴되면 인간이 살 수 없습니다. 어쩌구 저쩌구" 하는데 다 똑같은 내용의 말을 했다. 나말고 다른 스카우트 대원들도 어른들에 대한 비판이 쏟아져 나왔다.

"다음은 누구누구의 연설이 있겠습니다." 하고 사회자가 또 다음 연설하는 사람 소개를 할 때는 우리 5학년들과 6학년 형들 모두 "○○ 죽여버려" 이런 심한 욕들을 해댔다.

그리고 선생님들은 그늘 아래서 편히 쉬면서, 우리들은 뙤약볕 아래서 땀을 찔찔 흘리며 서 있었다. 게다가 더 기가 막힌 것은 뻔뻔스럽게 사이다, 사과, 빵을 먹어가며 쉬고 있었다는 것이다. 쓰레기는 우리가 줍는 건데 그런 걸 줄라면 우리한테 주지 무하러 선생님들이 먹는지 모르겠다.

연설이 끝난 다음에는 보이스카웃 총보장, 걸스카웃트 총보장이 차례로 구호를 외쳤다. "우리는 자연을 사랑한다."고 외치면 아래에 있는 우리 대원들도 끝에 "사랑한다."만 따라서 외쳤다. 이번에도 형들과 우리 5학년들은 "아이 저 ○○ 뭐야 저 ○○" 하면서 욕설을 쏟아 부었다.

그리고 안양천에 가서 쓰레기를 줍는다고 했는데, 연설이 끝나니까 선생님들이 각자 학교로 돌아가라고 했다. 내가 이 연설을 들으러 여기까지 왔나 싶어서 허탈했다. 내 생각에는 정말 깨끗한 자연과 환경을 바라는 사람이라면 쓸데없이 긴 연설보다는 그 긴 시간 동안 쓰레기 하나라도 더 줍는 게 옳다고 생각한다.

어른들의 고개를 푹 떨구게 하는 글이지요? '자연과 환경을 사랑하는 사람이라면 쓸데없는 긴 연설보다 그 긴 시간동안 쓰레기를 줍는 게 옳다.'고 자기 주장을 또렷이 하고 있습니다. 아이들이 모르는 것 같아도 다 알고 있다는 말이 정말 맞구나 싶습니다.

자세하게는 썼는데 마음이 전해지지 않는 글이 되기도

땅속 보물 캐기
박지영(5학년)

가을은 수확의 계절, 결실의 계절이다. 나는 엄마랑 인영이네 가족과 함께 가을의 결실을 캐러 고구마 밭으로 향한다.
"엄마, 빨리 와. 고구마가 우리를 기다리잖아."
오늘은 무척이나 화창한 일요일. 엄마는 요즘 아침, 저녁으로 기온차가 심해 감기로 며칠째 고생이다. 그래서 고구마 캐러가는 것을 힘들어 하셨지만 농촌 체험에 도움이 될 거라는 딸의 성화에 못 이겨 마지못해 따라 나서셨다.

집에서 인영이네 고구마 밭까지는 그리 멀지 않았다. 고구마 밭에 도착해 인영이와 난 각자 호미를 하나씩 들고 한 고랑을 책임졌다. 고구마가 상처가 나지 않게 캐기 위해 우리는 땅 파는 요령도 배웠다. 그렇지만 서툰 솜씨라 우리는 연신 고구마의 허리를 싹둑 잘라 상품의 가치를 떨어뜨렸다.

호미로 땅을 열심히 파헤쳐 보물을 하나씩 찾아낸다. 그리고 그 보물에 하나씩 이름을 붙였다.

"이건 꽈배기처럼 생겼다. 꽈배기 고구마라 하자."

"우와 네 다리처럼 날씬하다. 인영이 고구마."

"이건 우리 엄마 허벅지처럼 생겼다. 허벅지 고구마."

하하 호호 우리들은 어른들의 눈총도 아랑곳하지 않고 고구마에 이름 붙이기 열중이다. 땅속에서 우리의 손길을 애타게 기다리는 고구마들도 빨리 세상 밖 구경을 시켜달라고 아우성을 부리는데 말이다.

이렇게 우리들이 게으름을 피우는 사이 어른들은 벌써 고구마를 다 캤다. 우리들은 별로 밭고랑 사이마다 널린 고구마를 자루에 담아 옮기는 일을 했다.

힘이 센 인영이는 별로 힘들어하지 않았는데 난 몹시 힘이 들었다.

고구마 캐는 일을 끝내고 인영이 할머니가 준비해 오신 점심을 가을 들녘에서 먹었다.

"시장이 반찬이라고 했던가." 배가 고프기도 해서 그 맛이 꿀맛이기도 했지만 열심히 일을 하고 나서 먹는 점심이기도하고, 자연과 벗하면서 먹어서 더욱 맛있는 것 같았다. 점심을 먹으며

"지영아 힘들었지? 무엇이든 쉬운 일이란 없고 노력 없이 되는 일은 없

> 단다. 항상 그 때그 때 주어진 일에 최선을 다해라"고 아저씨께서 말씀하셨다.
> 어디에 숨었다가 나타났는지 가을바람이 이마에 송글송글 맺힌 땀방울을 닦아 주었다.
> 열심히 잘 했다고 칭찬이라도 하듯이……

꽤 긴 분량인데 5학년 어린이가 열심히 썼구나 싶습니다. 그런데 열심히 쓰기도 했고, 못쓴 글은 아닌데도 글 쓴 아이의 얼굴이나 마음이 환하게 느껴지진 않습니다. 이런 투가 고학년 어린이들이 글을 쓰면서 빠지기 쉬운 또 하나의 함정입니다. 분명히 겪어 본 일을 쓴 것인데 그 때 그 자리에 있었던 사람만이 들려 줄 수 있는 말이나 느낌, 감동으로 전달되어 오는 부분이 없습니다. 이런 글을 만났을 때 그냥 '잘 썼네.' 하고 넘어가는 선생님도 있겠고, 어떻게 지도해야 할지 막막해하는 경우도 있겠습니다.

글쓰기를 가르치는 사람에게 요구되는 것은 뛰어난 글쓰기 능력보다는 글을 정확하게 보는 것과 글쓰기 방법에 대한 정확한 인식입니다. 글쓰기의 방법을 제시하지 못하면 교육이 아니라 지시이고 명령일 뿐입니다.

이 글은 고구마밭에 가는 데까지 있었던 일, 고구마밭에서 인영이와 이야기를 주고받으며 고구마를 캔 일, 할머니가 준비해 오신 점심을 먹으면서 아저씨의 이야기를 들은 일로 크게 나누어 볼 수 있습니다.

이 글을 조금 꼼꼼히 살펴봅니다.

> 가을은 수확의 계절, 결실의 계절이다. (너무 상투적인 표현) 나는 엄마랑 인영이네 가족과 함께 가을의 결실을 캐러 고구마 밭으로 향한다.
> (줄임)

집에서 인영이네 고구마 밭까지는 그리 멀지 않았다. 고구마 밭에 도착해 인영이와 난 각자 호미를 하나씩 들고 한 고랑을 책임졌다. 고구마가 상처가 나지 않게 캐기 위해 우리는 땅 파는 요령도 배웠다. 그렇지만 서툰 솜씨라 우리는 연신 고구마의 허리를 싹둑 잘라 상품의 가치를 떨어뜨렸다. (구체로 어떤 모습이 드러나면 더 좋겠습니다.)

호미로 땅을 열심히 파헤쳐 보물을 하나씩 찾아낸다. 그리고 그 보물에 하나씩 이름을 붙였다.

(줄임)

하하 호호 우리들은 어른들의 눈총도 아랑곳하지 않고 (아이들이 고구마 캐다가 장난을 친다고 눈총을 줄 어른은 없었을 것 같은 분위기) 고구마에 이름 붙이기 열중이다. 땅 속에서 우리의 손길을 애타게 기다리는 고구마들도 빨리 세상 밖 구경을 시켜달라고 아우성을 부리는데 (대단히 기교를 부린 표현) 말이다.

이렇게 우리들이 게으름을 피우는 사이 어른들은 벌써 고구마를 다 캤다. 우리들은 별로 밭고랑 사이마다 널린 고구마를 자루에 담아 옮기는 일을 했다.

힘이 센 인영이는 별로 힘들어하지 않았는데 난 몹시 힘이 들었다.

고구마 캐는 일을 끝내고 인영이 할머니가 준비해 오신 점심을 가을 들녘에서 먹었다. (가을 들녘이라니? 어딜까? 차라리 밭 언덕, 밭둑 같이 실제로 밥을 먹은 곳을 나타내면 더욱 좋겠네요.)

"시장이 반찬이라고 했던가." ('' 가 잘못 붙었어요.) 배가 고프기도 해서 그 맛이 꿀맛이기도 했지만 열심히 일을 하고 나서 먹는 점심이기도 하고, 자연과 벗하면서 (5학년이 쓰는 말은 아니네요. 흔히 쓰는 상투적인 말) 먹어서 더욱 맛있는 것 같았다. 점심을 먹으며

> "지영아 힘들었지? 무엇이든 쉬운 일이란 없고 노력 없이 되는 일은 없단다. 항상 그때 그때 주어진 일에 최선을 다해라."(너무나 교훈적인 아저씨 말씀. 실제로 이렇게 말했다 하더라도 앞뒤 말이 모두 드러나지 않은 상황이라 너무 가식적으로 느껴집니다.) 고 아저씨께서 말씀 하셨다.
> 어디에 숨었다가 나타났는지 가을바람이 이마에 송글송글 맺힌 땀방울을 닦아 주었다.
> 열심히 잘 했다고 칭찬이라도 하듯이……. (한껏 멋을 부린 문장)

이렇게 살펴보니 이 글은 길게는 썼지만 어떤 사실을 구체로 적은 부분이 거의 없다는 것을 알 수 있습니다. 일단 글 쓰는 힘이 있으니 그것을 살려 주면서 자기만이 쓸 수 있는 글, 아이다움이 살아 있는 글을 쓰도록 지도해 주는 것이 좋겠습니다.

잘라 말하기는 어렵지만, 이 아이는 글을 많이 써 본 것 같은데 글에 대한 어떤 고정관념을 갖고 있는 듯합니다. '이렇게 시작해서 적절하게 대화글도 넣고, 교훈도 좀 담고, 비유하는 말도 좀 넣고, 이렇게 마무리하면 되지.' 하는 나름의 틀을 갖고 있는 것이 아닌가 모르겠습니다.

물론 글 한 편을 갖고 아이가 쓰는 글의 전반을 논하기는 어려운 일이지만, 이 글만 보고는 그런 느낌이 듭니다. 형식이 내용을 규정해 버린 글이 된 것이지요. 그래서 꾸며 썼다는 느낌이 드는 것입니다.

글은 솔직하게 쓰는 것이 좋습니다. 물론 솔직함 그 자체가 능사가 아니라 '솔직하게 쓴 글이 읽는 사람에게 감동을 주는' 글로 이끌어 주려는 것이지요. 사람들은 진정성에 감동하게 됩니다. 꾸며 쓰는 글에 감동을 받는 일은 거의 없어요.

이런 아이는 사실 지도하기가 더 어려울 수도 있습니다. 왜냐하면 이런 글에 칭찬을 많이 받아 왔고 나름대로 글을 잘 쓴다는 자신감에 차 있기 때문에 선생님의 이야기가 귀에 잘 안 들어올 수도 있으니까요.

하지만 있는 일을 그대로 써서 재미있게 읽히는 글을 보여 주면서 그 글의 장점을 이야기해 주는 식으로 지도를 해 보면 좋겠습니다.

또 비유적 표현도 그렇습니다. 말을 잘하거나 글을 잘 쓰는 사람은 적절한 때 적절한 비유법을 잘 쓰는 특징이 있습니다. 하지만 아이들이 글을 쓰는 경우에는 그 순간 자연스럽게 터져 나온 비유의 말을 잘 붙잡아 쓰도록 하는 것이 중요하지, 어른들의 글쓰기처럼 억지로 이 순간에 어떤 비유를 적어 보면 좋을까 고민하며 글을 쓸 필요는 없습니다.

> **우리 어머니**　　　　　　　　　　　　　　김순남(부산 동신4)
>
> 우리 어머니는
> 날마다 시장에 가십니다.
> 오늘도 새벽에 나갔습니다.
> 우리 어머니는 쇳덩어리입니다.

이 글에는 '어머니는 쇳덩어리'라는 은유적 표현이 나옵니다. 그러나 이것은 흉내낸 말, 꾸면서 쓴 말이 아닙니다. 마음 속에서 터져 나온 진정의 말이지요. 그래서 읽는 사람들에게 직설적 표현이 주지 못하는 더 큰 감동을 전달하고 있는 것입니다.

비유법은 정말 그렇게 느꼈을 때 마음 속에서 저절로 우러나오는 것을 쓰도록 해야지 너무 남발하면 글이 가식적으로 보이게 된다는 것을 알려 주면 좋겠습니다.

다른 사람에 대한 이해의 폭이 넓어지고 그것이 글에 나타난다

> **외로우신 선생님**　　　　　　　　　　　　이승재(와부5)
>
> 어제 6교시에 뜻밖의 일이 있었다.
> 수업 중에 갑자기 뒷문이 열리면서 쾅! 하는 소리가 났다. 그러자 우리

반 아이들이

"어떤 요다가 저러냐?"

"봉신."

"아. 누구야?"

우리 반 아이들은 다른 반 아이가 뒷문을 차고 간 걸로 알았다. 얼마 뒤에는 다시 쾅! 하는 소리가 났다. 그러자 우리 반 애 한 명이

"어떤 쉐끼야!"

하고 크게 소리쳤다. 그러자 밖에서

"언놈이 선생님보고 ○○래? 아이구, 5반. 기가 막혀서……."

8반 선생님이 우리 반 대걸레가 문밖으로 나와 있어서 걸려 넘어진 것이었다. 우리 반 선생님은 연구실에 가셔서 사과를 하셨다. 그러자 8반 선생님이 "애들 교육 좀 잘 시켜요." 하자 다른 선생님들도 거들었다. 우리 반 애들은 연구실 문에 귀를 대고 몰래 다 들었다.

"애들이 정말 어떻게 된 거야. 한두 번도 아니고."

"맞아요. 어학실 문도 모자라서……."

우리 선생님 편은 거의 없었다. 실과 선생님하고 과학 선생님 밖에. 과학 선생님은

"너무 그러지 말아요."

하시며 우리 선생님 편을 들어주셨다. 과학 선생님은 평소에 우리 반 선생님을 존경한다고 하신다. 우리에게 놀이도 많이 해주시고 매로 다스리지 않으신다고…….

선생님이 맥이 풀려서 들어오셨다. 몇몇 킬킬대며 웃는 애들과 걔들에게 욕설을 퍼붓는 애들이 있었다.

이윽고 끝나는 종이 쳤다. 그러자 아이들이 우르르 막 나갔다. 그러자 선생님이 "청소들 좀 하라니깐!" 하고 소리쳤는데 못 듣고 다 나가 버렸다. 선생님이 소리를 지르셔서 몇 명 불러 모았지만 8명밖에 안된다. (그 중에 나도 있다.) 선생님은 한숨을 내쉬며 가라고 했다.
선생님이 많이 우울하신 것 같다. 앞으로 잘해드려야겠다.

늘 어리기만 한 줄 알았는데 어느 새 아이들은 이렇게 부쩍 자라 있습니다. 5,6학년이 되면 세상을 보는 눈도 넓어지고 다른 사람을 이해하는 마음도 넓어집니다.

5학년, 이 정도는 알게 해 주세요

1. 문단의 연결로 글이 구성된다는 것을 알고, 글을 쓸 때 문단에 유의해서 쓴다.
2. 여러 문장 부호의 바른 쓰임을 안다.
3. 글이 관념으로 흐르지 않도록 한다. 겪은 일을 구체로 쓴다.
4. 사실을 정확하게 써서 자기의 느낌을 효과적으로 전달하는 방법을 안다.
5. 서사문의 경우 사건이 분명하게 드러나게 쓴다.
6. 자기가 쓰고자 하는 바가 잘 드러났는지 점검해 본다.
7. 조사나 관찰을 통해 사건이나 사물의 정보를 찾아 글로 쓸 수 있다.
8. 주장이 분명하게 드러나도록 글을 쓸 수 있다.
9. 설명문의 경우 처음, 가운데, 끝 정도로 글을 구성해 본다.
10. 이어 주는 말을 효과적으로 사용한다.
11. 알맞은 갈래: 서사문, 시, 일기, 설명문, 감상문, 주장하는 글, 논술문, 관찰하는 글, 조사해서 알리는 글, 생활극 대본

이렇게 지도하세요

- 이 때부터는 글을 힘있게 쓰는 연습을 하는 것이 중요합니다. 자신이 겪은 일로 글을 쓰는 경우는 '들어가기'(그 상황을 다시 떠올리기) 과정을 거쳐 보는 것이 좋아요. 서사문 쓰기의 중요성은 아무리 강조해도 지나치지 않습니다. 설명문을 써야 하는 경우는 자신이 알고 있는 지식으로만 쓰지 말고 책이나 자료 같은 것을 통해 충분히 알아보고 글을 쓰면 더 충실하게 쓸 수 있다는 것을 알게 해 줍니다. 또 실제로 발품을 팔아 조사를 해서 어떤 대상에 대해 좀 더 정확히 안다면 훨씬 생생한 글을 쓸 수 있다는 것도 알게 합니다.
- 어휘를 좀 더 민감하게 쓰도록 해 주세요. 예를 들면 "친구를 만나 기분이 좋았다."의 경우, '기분이 좋았다'보다 더 정확한 말은 무엇이 있을지 물어보고 '반가웠다' '기뻤다' 하는 식으로 느낌을 섬세하게 표현하도록 도와 줍니다. '기분 좋다' 혹은 '기분 나쁘다' 같은 표현은 잘못된 것은 아니지만, 아이들의 섬세한 표현을 잡아먹는 황소개구리 같은 존재가 되는 경우가 많다는 것을 기억해야 할 것입니다.
- 주장이 오면 반드시 근거가 따라와야 힘있는 주장이 된다는 것을 알게 해 주세요.
- 첫째, 둘째, 셋째 하는 식으로 쓰는 글은 일면 진부해 보이기는 하지만 글쓰기의 실패를 줄이는 방법입니다. 아이들이 그런 방법을 즐겨 쓰는 것도 바로 그런 까닭이지요.
- 주장하는 글이 불평에 머무르지 않도록 지도해 주세요. 그러려면 자신의 생각의 범위를 좀 더 넓혀 볼 수 있도록 자극을 주는 것도 좋겠습니다.

6학년, 이 정도는 알게 해 주세요

1 사물의 모습이 생생하게 드러나도록 글을 쓴다.
2 인물의 특징을 대화글과 묘사글로 나타낼 수 있다.
3 글의 구성이 명확하고, 내용을 묶어 문단으로 나눌 수 있도록 쓴다.
4 문장 부호의 바른 쓰임을 알고 정확하게 쓴다.
5 자기 말로 글을 쓴다.
6 자신이 쓴 글에서 가장 중요한 데를 파악해 본다.
7 타당하고 설득력 있는 근거를 제시하며, 상대 주장에 반대하는 글을 쓸 수 있다.
8 비교적 긴 산문체의 글을 쓸 수 있다.
9 보고문, 견학 기록문 따위를 필요에 따라 형식에 맞게 쓸 수 있다.
10 서술문, 의문문, 명령문 등과 같은 다양한 문장으로 글을 쓸 수 있다.
11 인터넷이나 영상 자료에서 필요한 정보를 얻어 글을 쓸 수 있다.
12 사회 문제에 대한 자기 생각을 글로 적어 보는 기회를 자주 갖는다.
13 알맞은 갈래: 서사문, 시, 일기, 설명문, 감상문, 주장하는 글, 논술문, 관찰하는 글, 조사해서 알리는 글, 생활극 대본

이렇게 지도하세요

- 자기 말로 쓰는 것의 소중함을 알게 해 주세요. 자칫 '수염 난 어린이' 같은 글을 쓰게 하는 경우도 많으니 주의하는 것이 좋겠습니다. 6학년이지만 아직 어린이라는 것을 잊지 마세요.
- 고학년이 되었다고 자꾸 생각으로 글을 쓰는 갈래만 쓰도록 해서는 안 됩니다. 글로써 사실을 정확하게 전달하는 힘을 길러야 다른 갈래의 글도 잘 쓸 수 있답니다.
- 형식에 갇힌 글을 쓸 때는 과감히 형식을 버리도록 해 보는 것도 방법입니다. 이를테면 그림을 그리면서 글을 써 보는 일 같은 것이지요. 글은 형식도 중요하지만 그보다 더 중요한 것은 내용입니다. 형식의 틀에 맞추어 내용을 적으면 시들시들한 글밖에 적을 수 없는 경우가 많아요.
- 논술문 같은 글도 아이와 밀접한 문제로 글을 쓰게 합니다. 너무 어려운 논제를 주고 글을 쓰게 하는 것은 아이들에게 위축감을 줄 뿐만 아니라 글쓰기와 멀어지게 하는 지름길이겠지요?
- 책을 읽고 난 뒤 생각을 정리하는 데 도움을 주기 위해 발문을 적게 하는 것이 좋은 지도 방법입니다. 이 때 발문이 사고를 제한하는 것은 아닌지 살펴보아 주세요. 예를 들어 "이 동화에서 뻐꾸기와 꾀꼬리, 따오기는 황새의 기준에 따라 소중한 자기 자신을 평가하게 했습니다. 나를 남이 평가하게 하는 것이 지혜로운 일일까요?" 같은 발문에는 어떤 대답이 나올지 너무 뻔하겠지요. 그리고 나서 글을 쓰면 그 글 역시 뻔한 글이 되기 십상입니다. 지도하는 사람은 이 점을 늘 조심하면 좋겠습니다.

한·걸·음·더

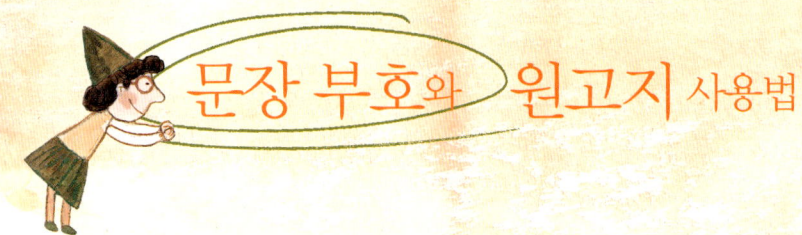
문장 부호와 원고지 사용법

1 문장 부호

문장 부호는 문장 안에서 각 구절의 논리적 관계를 밝히고 문장의 정확한 의미를 전달하기 위해서 사용되지요. 중요한 문장 부호 몇 가지를 소개하면 다음과 같습니다.

1. 마침표〔종지부〕

① 온점(.) – 서술, 명령, 청유 등을 나타내는 문장의 끝에 씁니다.

② 물음표(?) – 의심이나 물음을 나타낼 때 씁니다.

③ 느낌표(!) – 감탄이나 놀람, 부르짖음, 명령 등 강한 느낌을 나타낼 때 씁니다.

2. 쉼표〔휴지부〕

① 반점(,) – 문장 안에서 짧은 휴지를 나타낼 때 씁니다.

② 가운뎃점(·) – 열거된 여러 단위가 대등하거나 밀접한 관계임을 나타낼 때 씁니다.

3. 따옴표〔인용부〕

① 큰따옴표(" ") – 대화, 인용, 특별 어구 따위를 나타냅니다.

② 작은따옴표(' ') – 따온 말 가운데 다시 따온 말이 들어 있을 때, 마음 속으로 한 말을 적을 때 씁니다.

2 원고지 사용법

원고지는 글의 분량을 쉽게 알 수 있을 뿐만 아니라 글의 시작, 문단의 구분, 인용 등을 명확하게 보여 주고, 또 글의 퇴고도 편리하게 할 수 있으며, 편집, 조판, 인쇄 등의 활자화 과정을 쉽게 하는 데도 도움을 줍니다. 원고지를 사용할 때는 다음 사항을 지키도록 하세요.

1. 한 칸에는 반드시 한 자씩 씁니다. 그러나 아라비아 숫자나 알파벳은 한 칸에 두 자씩 써도 좋습니다.

2. 제목은 첫 줄을 비우고 둘째 줄 가운데에 쓰고, 이름과 소속은 셋째 줄에 쓰되 이름의 끝 글자 다음에 세 칸 정도 비우도록 합니다.

3. 본문은 이름 다음의 한 줄을 비우고 쓰기 시작합니다. 본문의 첫 글자는 한 칸을 비우고, 둘째 칸에서부터 쓰기 시작합니다.

4. 문단이 시작될 때는 반드시 한 칸을 비우고 둘째 칸부터 쓰기 시작하여, 문단이 새로 시작됨을 알 수 있게 합니다.

5. 위에서 말한 경우 외에는 어떠한 경우를 막론하고 왼편 첫 칸을 비울 수 없습니다. 줄의 맨 끝에 비울 칸이 없을 때에는 ∨(띄는 표시)표를 하고, 다음 줄의 첫 칸부터 씁니다.

6. 모든 문장 부호는 글자 한 자와 똑같이 처리합니다. 그러나 쉼표와 마침표는 그 다음의 뒷칸을 비우지 않지요. 문장 부호는 원고지의 첫 칸을 차지하지 않도록 합니다.

참고 교정 부호

부호	교정	내용 보기
⌒	사이를 붙임	3년 전 부터 배웠다.
∨	사이를 띔	살기 좋은 우리나라
∨	글을 집어 넣음	협동을 우리는 생활하여야 한다.
⌒	글을 고침	진지를 할머니께서 밥을 잡수신다.
⌐┘	줄을 바꿈	"아! 하늘이 몹시 푸르다." 철수는 손을 들면서 말했다.
⌐┘	왼쪽으로 옮김	외래어를 쓰지 말자.
⌐┘	오른쪽으로 옮김	운동을 하면 몸이 튼튼해진다.
∽	앞과 뒤의 순서를 바꿈	빨리 학교로 뛰어갔다.
↵	줄을 이음	철수는 집을 나섰다. 가방을 휘두르며 학교로 갔다.

4 수업 사례

글이란 자기의 체험과 사상이 함께 어우러졌을 때 더욱 빛을 발할 수 있습니다. 그러나 우리가 어린이들에게 그런 정도까지 바랄 수는 없는 일이고, 단지 자기가 보고 듣고 느낀 것을 사실 그대로 쓸 수만 있다고 해도 성공이 아닐까 생각합니다. 아이들에게는 발로 쓰는 글쓰기가 중요합니다. 머리로 쓰는 글이란 한계가 드러나는 법이고, 발로 쓰는 글로 글쓰기 버릇을 들이면 사물을 살피는 눈을 높일 수가 있답니다.

겨울 밭에는 무슨 일이 있을까?

글이란 자기의 체험과 사상이 함께 어우러졌을 때 더욱 빛을 발할 수 있습니다. 그러나 우리가 아이들에게 그런 정도까지 바랄 수는 없는 일이고, 단지 자기가 보고 듣고 느낀 것을 사실 그대로 쓸 수만 있다고 해도 성공이 아닐까 생각해요. 아이들에게는 발로 쓰는 글쓰기가 중요합니다. 머리로 쓰는 글이란 한계가 드러나는 법이고, 발로 쓰는 글로 글쓰기 버릇을 들이면 사물을 살피는 눈을 높일 수가 있습니다. 이번에는 아이들이 직접 겨울 밭을 누빈 다음에 쓴 글을 보겠습니다.

겨울이라고 하면 모든 것이 정지되어 있는 듯한 느낌이 큽니다. 봄 하면 생동하는 느낌을 주는 것과 마찬가지지요. 그러나 겨울이라고 해서 모든 것이 다 없어진 상태는 아니랍니다.

지금 이 글을 읽으면서 머릿속으로 우리 집 앞 화단의 겨울 모습을 한번 상상해 보세요. 무엇이 있을까요? 쉽게 생각하기로는 그냥 흙만 언 채로 굳어 있거나 아니면 군데군데 눈이 좀 쌓여 있는 모습이 떠오를 수 있습니다. 그러나 실제로 아이가 집 안의 화단을 살펴보니 겨울인데도 이랬다고 합니다.

겨울 화단
조연수(대길4)

글쓰기 선생님이랑 화단을 보러갔다. 겨울에 화단에는 무엇이 있는가 보러 왔다.
우리 현관 들어가는 데 옆에는 화단이 죽 있다. 나는 겨울이니까 아무것도 없을 거야 하고 생각하고 나왔다. 그런데 신기하게도 가을에 피었던 국

> 화가 누렇게 꽃잎만 마른 채로 고개는 꼿꼿이 세우고 있었다. 꽃대도 좀 마르기는 했지만 모습이 그대로였다. 국화꽃이 그대로 서 있는 게 용감했다. 그리고 풀들도 마른 채로 우거져 있었다. 단풍잎들이 그 위에 떨어져서 갈색 손바닥을 오므린 것처럼 하고 여기저기 떨어져 있었다. 누구네에서 버렸는지 화분도 나와 있었는데 화분이 쓰러져 있는 그 위에도 단풍잎이 떨어져 있었다. 땅을 자세히 보니 작은 연두색 풀들도 땅 밑에 가만히 누워 있었다. 나는 풀들이 따뜻하라고 단풍잎을 모아 그 위에 덮어주었다.
> 겨울이라고 해서 화단에 아무것도 없는 것은 아니다.

　도시에 살면서 겨울의 빈 논이나 빈 밭은 보기가 어렵겠지만 집 앞의 작은 화단은 손쉽게 만날 수 있지요? 아이들과 함께 실제로 잘 살펴보고 그것을 본 대로 글로 적어 보세요. 글을 쓰기 위한 목적이다 생각하지 마시고, 평소에 그냥 지나치기 쉬운 둘레에 대해 관심을 갖고 살펴보면서, 스쳐 지나갈 때는 발견하지 못했던 그 안에 숨겨져 있는 진실을 발견해 보세요. 그러면 그 활동이 훨씬 재미있게 느껴진답니다.

우리 가족의 한 해 소망과 다짐

우리 가족의 한 해 소망을 들어 보고 그것을 글로 쓰는 것이에요. 가족 모두에게 돌아가면서 새해 소망을 물어보고, 받아 적거나 직접 써 보도록 부탁을 합니다. 이 때는 가족 모두의 성실한 협조가 필요하지요.

우리 식구들의 새해 소원

진양수(영진4)

1월 1일에 우리 식구들의 새해 소망을 물어 봤다. 아빠도 쉬는 날이라서 집에 계셨다. 나는 주걱을 마이크처럼 들고 다니면서 아나운서 흉내를 내면서 말했다.

"네, 이 가족의 아빠시군요. 반갑습니다."

"네, 반갑습니다." 아빠도 진짜처럼 주걱에다 대고 말했다.

"아빠의 새해 소망은 무엇인가요?"

"네. 담배를 끊는 것입니다. 그리고 돈 많이 버는 거지요."

"아 네, 담배 끊고 돈 많이 버시기 바랍니다." 이번에는 엄마다.

"엄마의 새해 소망을 무엇인가요?" 나는 주걱 마이크를 엄마한테 대 줬다.

"네, 우리 아들이 오락 좀 조금만 하는 것이 엄마 소원입니다."

그래서 나는

"네. 새해 소원이 좀 치사하군요." 그랬다.

그랬더니 식구들이 막막 웃어댔다. 그러자 엄마가

"아니 소망을 말하는데 치사한 것이 어디 있나요? 자기가 원하는 거 말하는 시간 아닙니까?"

그래서 나는

"그거야 맞는 거지만 새해 소원을 말한다 그러면 적어도 '나는 오늘부터 우리아들에게 맨날맨날 맛있는 거만 해주겠습니다.' 이 정도는 되어야 소망이라고 할 수 있겠지요?"

그랬더니 엄마가

"에라이! 영감 같은 놈아."

그러면서 내 머리통을 툭 때렸다.

다음에 우리 가족의 다짐을 적어 보세요.

우리 가족 _____ 가 나에게 하고 싶은 말

우리 가족 _____ 가 우리 가족 _____ 에게 하고 싶은 말

부모님이 아이들에게 말하기 어려워서 또는 말할 기회를 놓쳐서 이야기해 주지 못한 일이 있었다면 이 기회가 솔직하게 말해 줄 수 있는 계기가 될 수도 있습니다.

이런 숙제를 기꺼이 해 주는 가정이 많았으면 좋겠어요. 다들 너무 바쁘고, 점수 따기와 관계 없는 이런 일은 그냥 지나쳐 버리는 경우가 많거든요. 점수와 상관 없을지는 몰라도 이런 분위기, 이런 경험이 아이들에게 얼마나 따뜻하고 아름다운 추억으로 기억될까요?

봄이 왔어요

봄이 오면 따뜻한 햇살에 산도 들도 나무들도 기지개를 켭니다. 움츠렸던 어깨를 좍 펴고 봄을 맞으러 나가 볼까요?

자연과 친해지게 해 주는 좋은 기회를 자꾸자꾸 만들어 주세요. 화창한 봄날 이런 공부는 어떨까요?

저학년

1 봄을 노래한 시 감상하기

새싹 박선향(음성 덕신2.)

양지 쪽에 파릇파릇
새싹 돋았네.
아기처럼 귀여운 새싹
하늘 보고 커 가네.

새눈 김두희(안동 대곡분교2.)

나무에 파란 싹이 올라온다.
나무 속에서 파랗게 물들어 올라온다.

이어지는 공부: 새순을 찾아봅시다

집 앞의 화단이나 공원의 나무에 싹트고 있는 새순을 찾아보세요. 그리고 가만히 들여다 보세요. 그것을 보고 있다가 떠오르는 느낌을 색종이만한 종이에다 짧게 적어 봅니다. 종이가 크면 길게 써야 할 것 같아서 자꾸 설명을 덧붙이려고 하는 일이 많아요. 그런데 종이가 작으면 가장 하고 싶은 말만을 중심으로 적을 수가 있지요. 이 순간 시가 태어나기도 하지요.

2 봄인데 오늘 날씨는 어떤가?

> **날씨**   최은경(문백1)
>
> 오늘은 날씨가 좋을 것 같아서 스타킹을 신었더니 조금은 쌀쌀했지만 그래도 봄이 된것 같았다. 언니 오빠들이 운동장에서 줄넘기와 달리기를 하니 4월이 안되었는데 정말정말 봄이 된것 같았다.

봄이 되어도 쌀쌀할 때가 많습니다. 그래도 봄옷을 입고 싶은 것은 어른이나 아이나 마찬가지인가 봅니다.

이어지는 공부: 날씨 이야기

오늘 날씨를 좀 자세하게 문장으로 써 보세요. 자기가 쓸 수 있을 만큼 길게 써 보세요.
예: 아침에는 많이 흐렸다. 구름이 많이 나왔다. 잠바를 입고 다녀야 할 만큼 쌀쌀하다.
     해님이 나왔어요. 아주 맑아요. 따뜻해서 티셔츠만 입어도 되어요.

3 꽃씨를 구해 보세요

> **봉숭아 꽃씨**   최윤정(난곡2)
>
> 꽃가게에 가서 봉숭아 꽃씨를 사서 집으로 돌아왔다. 화분에다가 봉숭아

꽃씨를 뿌렸다. 봉숭아꽃이 피면 동생과 나는 손톱에다가 예쁘게 물을 들여야지. 봉숭아꽃을 내가 잘 키워야겠다고 생각했다.

이어지는 공부: 꽃씨를 심어 보세요

작은 화분 하나를 준비해서 꽃씨를 심어 보세요. 마당에 심어 보아도 좋겠네요. 화분에는 꽃 이름과 자기 이름을 적어 둡니다. 물도 주고 햇빛도 잘 들도록 해 주면서 한번 길러 보세요. 예쁜 꽃을 피워 보세요.

4 봄꽃은 어디에 어떻게 피어 있을까?

벚꽃

최은경(문백1)

오늘은 집에 오니 눈이 오는것 같았다. 자세히 보니 벚꽃이 바람에 날리고 있었다. 그 꽃은 아름다웠다. 우리 엄마는 그꽃이 아깝다고 했다. 그 꽃은 가지마다 많이많이 붙어 있었다.

벚꽃은 우리집 바로 앞에 있다. 학교에서 오는 길에도 벚꽃이 쌓여 있었다.

이어지는 공부: 봄꽃을 찾아보세요

내가 본 꽃 이름에 ○표 하세요.(혹은 꽃 이름을 써 보세요.)

벚꽃　　　개나리　　　진달래　　　목련
제비꽃　　철쭉　　　　할미꽃　　　민들레 (그 밖에도 많이 있겠지요?)

고학년

고학년이라고 특별히 다를 것은 없습니다. 화분 만들기, 꽃 이름 알아보기 같은 것은 모든 학년의 어린이들과 같이 해 볼 수 있는 활동이랍니다.

1 봄을 찾아봅시다

봄 찾기
박하늘(대방4)

오늘은 글쓰기 선생님이랑 봄 찾기를 하였다. 우리는 방에서 공부 안하고 나간다고 신나서 "야." 하고 소리를 질렀다.

집에서 나와보니 별로 봄 같은 게 없었다. 선생님은 우리를 화단으로 데리고 가시더니 나뭇가지를 잘 살펴보라고 하셨다. 나는 나뭇가지를 잘 살펴보았더니 거기에는 새순이 돋고 있었다. 연두색깔로 조그맣게 몽우리가 나와 있었다. 그리고 멀리 보니 버드나무 가지들이 흐릿한 연두색이 되어 있었다. 물감을 연하게 칠해 놓은 것 같았다. 잔디밭도 보았다. 작은 풀들이 많이 나와 있었다. 나는 선생님한테 그 풀이 이름이 뭐냐고 물어보았더니 선생님은 "야, 나도 잘 모르겠다. 미안하다." 그러셨다. 그래서 내가 "뭐 그럴 수도 있지요." 그랬다 그랬더니 선생님이 내 머리를 툭 치시면서 "고맙다." 그러셨다. 또 성당 담벼락에 있는 개나리에도 눈이 많이 나와 있었다. 이게 다 꽃이 피면 완전 꽃동산이 될 거 같았다.

민들레
양보람(연서3)

민들레가 풀밭에 있다.
노랑색이다.
잎사귀가 있다.
참 예쁘다.
옆에서 새끼가 나오고 있다.
새끼는 아직 초록색이다.
민들레가 좋아하겠다.

이어지는 공부: 봄을 찾아봅시다

밖에 나가서 봄을 찾아봅시다.

내가 찾은 봄, 나는 어디서 봄을 보았을까? 나는 어디서 봄을 느꼈을까? 내가 찾은 봄 이야기를 말해 보세요. 내가 '아, 봄이구나.' 하고 느꼈던 일 가운데 한 가지를 글감으로 정해 차근차근 써 봅니다. 날씨도 자세히 써 보고, 봄바람을 맞는 느낌도 짧게 적어 보세요. 얼굴에 닿는 촉감과 그 때의 기분 같은 것을 잘 떠올려 보면 좋겠네요.

운동장 조회
김재인(상천3)

오늘은 날이 쌀쌀했다. 봄이 오려면 아직 한참 멀었나? 빨리 따뜻해지면 뭐할까?

오늘 운동장 조회를 했다. 난 춥지 않은 것 같아서 잠바도 안 입고 나왔다. 그러나 나오니 후회만 되었다.

'이거 다시 교실로 들어갈 수도 없고 어쩌지?'

난 생각하다가 주머니에 손을 놓고 있었다. 교장선생님이 '열중 셧'이라고 해도 주머니에 손이 들어갔다. 오래 있으니 아이들도 추운지 '아이'라고 그랬다.

봄나물 두릅
윤태현(강하3)

나는 오늘 할머니, 누나와 어떤 할머니와 산에 올라 뾰족한 나뭇가지에 있는 두릅을 땄다. 나도 따는데 가시게 자꾸 찔려서 나는 따지 않고 그냥 할머니를 따라 다녔다. 나는 이렇게 생각을 하였다. '할머니는 따갑지도 않나 보다.'

이어지는 공부: 봄나물을 캐 봅시다

시골에서는 봄이 되면 나물을 캐러 많이 다니지요? 가족 나들이를 갔을 때라던가, 시골을 다녀올 일이 있을 때 아이들과 같이 봄나물을 캐 보세요.

2 바람하고 놀기

먼저 현덕의 동화 '바람하고'(너하고 안 놀아/창비사)를 아이들과 같이 읽어 보세요. 여기에는 아이들이 바람을 맞으며 아주 신나게 뛰어다니면서 놀이하는 모습이 눈에 선하게 그려져 있답니다. 글이 짧고 간명해서 아주 재미있게 읽을 수 있지요. 이 글을 읽고 실제로 바람과 놀기를 해 보았습니다. 그리고 쓴 글입니다. 읽어 보세요.

> **바람 맞기**
> 김준석(영도2)
>
> 옥상에서 바람 맞기를 하였다. 눈을 감으니 빨강색이 보인다. 바람이 살갗을 스쳐 가듯이 지나간다. 바람이 조금 쎄서 몸이 흔들리고 추웠다. 눈을 떠 보니 몸 전체가 차가워진다. 머리카락이 조금씩 움직인다. 눈을 뜨니 해가 산 뒤에 있다.

준석이는 마땅히 뛰어다닐 만한 곳이 없어서 옥상에서 그냥 바람을 맞아 보았습니다. 그 느낌이 선명하게 살아 있지요? 아이들과 함께 동화에 나오는 노마, 기동이, 똘똘이, 영이처럼 바람하고 놀아 보게 하세요. 그리고 아주 짧게 그 느낌을 적어 보게 하세요.

책 읽고 이야기 나누기

1학년_편하게 쓸 수 있는 만큼, 쓰고 싶은 대로

교사: 오늘은 '엄마 마중' 이라는 거를 읽을 거야. 근데 마중이 뭘까?
아이: 몰라요.
교사: 엄마가 어디 갔다 오실 때 있잖아, 그러면 누리는 어떻게 해?
아이: 안녕히 다녀오셨어요 그렇게 인사해요.
교사: 그렇구나. 근데 엄마가 어디 갔다가 좀 늦게 오시면 어떻게 할까?
아이: 울 엄마는 안 늦게 와요.
교사: 하하 그러시구나. 만약에 늦게 오시면……?
아이: 그러면 기다리지요.
교사: 그래, 마중이라는 것은 식구나 누가 어디 갔다 오면 반갑게 맞으러 나가는 것을 마중이라고 해. 알겠지. 근데 이건 제목이 '엄마 마중' 이네. (책 그림 속 아이를 가리키면서) 그럼 얘는 지금 누구를 기다릴까?
아이: 엄마요.
교사: 그래, 엄마를 기다리는 얘기거든, 한번 읽어 보자.
아이: (읽는 도중) 근데요? 차장이 뭐예요? (교사 설명한다.) 그러면 '안 오' 가 뭐예요.
교사: 응, 이건 한 70년 전 쯤 말인데, 요새 식으로 하면 '안 오세요?' 하는 말이야.
아이: 아…….

(읽고 나서)

교사: 재미있었어?

아이: 네. 아주 웃겨요.

교사: 어디가 그렇게 웃겨?

아이: 우리 엄마 안 오? 그러는 거요.

교사: 나도 그 말은 재밌다. 누구누구 나오지?

아이: 여기 어떤 애. 차장, 또 차장, 또 차장.

교사: 차장들이 다 친절했던가? 금방 읽고도 생각이 잘 안 나네.

아이: 아니오, 세 번째 이 사람만 말해 주었어요.

교사: 그렇구나. 그럼 (그림에 있는) 애는 지금 마음이 어떨까?

아이: 걱정해요. 또 추워요(……).

교사: 누리는 1학년인데도 이렇게 책을 잘 읽는구나. 선생님이 놀랐어요. 그러면 이거를 읽고 나는 어떤 마음이었나 아주 짧게 써 봐 짧게. 길게 쓰지 말고.

아이: 줄거리는 안 써요?

교사: 줄거리보다 내가 어떤 마음이었나 그것만 써 봐.

〈엄마 마중〉을 읽고
김주연(1학년)

나는 이게 웃겼다. '우리 엄마 안 오?' 한 거다. 요새 같으면 '우리 엄마 안 와요?' 하는 거다. 그런데 세 번째 차장만 말해줬다. 나는 그 사람이 착하다고 생각했다.

1학년은 줄거리 간추리기를 하기 어렵습니다. 그래서 줄거리를 쓰지 못하고 그 내용을 있는 대로 다 베끼려고 합니다. 줄거리 간추리기를 요구하지 않도록 하세요. 간혹 제 스스로 간추려 놓는 아이도 있기는 합니다. 이런 아이가 앞서 가는 것이지, 모든 어린이가 그런 것은 아닙니다. 1학년 때는 줄거리보다 느낌만을 붙잡아 쓰게 하고, 줄거리를 간추리는 것은 2학년 중후반부터 서서히 해 보면 좋겠습니다. 물론 스스로 알아서 줄거리를 쓰는 아이는 그대로 존중해 주고 칭찬과 격려를 아끼지 말아야 하겠지요.

수업의 주안점
1. 즐겁게 책을 읽는다.
2. 책 읽고 글을 쓸 수 있다는 것을 안다.

2~3학년_ 바보 같은 질문도 때로는 도움이 된다.

책을 읽고 나서 아이가 이 글을 잘 이해하고 있는지 궁금해서 '무슨 이야기야?' 혹은 '참새가 왜 서울로 갔을까?' 하고 묻게 됩니다. 물론 그런 질문으로 아이가 읽은 내용을 다시 한 번 생각해 보게 하는 것도 좋습니다만, 가끔씩 아주 바보 같은 질문을 해 봅니다.

인사를 할 줄 모르는 바보 남편 손목에 아내가 실을 묶어 당기는 횟수에 따라서 인사를 하게 가르쳤다는 〈바보 남편 인사 가르치기〉를 같이 읽었습니다.

교사: 인사하는 거 나는 안 어려운데, 이 남편은 왜 인사를 못 했을까?
아이: 바보니까 그렇지요.
교사: 근데 손목에다 실을 왜 묶었지?
아이: (답답하다는 듯이) 아유, 인사를 못 하니까 가르쳐 주려고 그랬잖아요.
교사: 아, 그러면 인사 잘 안 하는 사람한테는 손목에다 실을 묶어 주기만 하면 인사를 하게 되는 건가 보다.
아이: 그게 아니구요. 남편이 인사를 못 하니까 아내가 실을 묶어서 잡아당겨서…….

답답해서 어쩔 줄 몰라 하며 아이는 자신이 아는 대로 선생님한테 가르쳐 줍니다. 이 방법은 질문에 답을 한다는 마음이 아니라 잘 모르는 선생님을 잘 아는 내가 가르쳐 준다는 마음이 들어 어떻게 해서라도 알게 해 주려는 마음이 들게 하는 것입니다. 때론 바보 같은 선생님이 되어서 아이의 말을 들어 주세요.

교사: 아 그렇구나. 그러면 이 이야기는 바보 같은 아내를 남편이 손목에 실을 묶어서 인사를 가르쳐 준 이야기구나.

아이: 아이고 참, 바보 같은 아내가 아니라 남편이요 남편.

교사: 참 그렇지. 바보 같은 남편을 어떻게 했다구?

아이: 아내가 인사를 가르쳐 준 거라구요.

교사: (받아 적으며) 바.보.같.은…….

아이: (끼어들면서) 남편을 아내가 인사를 가르쳐 준 얘기.

교사: 그렇구나, 너가 지금 말한 것이 이 글의 내용이구나. 그치? 나는 여기 실로 묶는 다고 하는 데가 제일 재밌더라. 너는 어디가 재밌었니?

아이: 거기요. 끝내 혼자서 '안녕하세요. 진지 드세요. 잘 먹었습니다.' 자꾸자꾸 인사 하는데요.

교사: 자, 그래 방금 너가 한 말들이 아주 좋은 말이다. 그걸 한번 글로 써 보자. 나는 무슨 책을 읽었다. 무슨 내용이었다. 어디가 재밌었다. 그걸 읽으니 나는 어떤 생각이 들 더라. 뭐 그렇게 쓰면 돼.

아이: 선생님, 독후감 써요?

교사: 아니, 그런 거 걱정하지 말고 그냥 쉽게 생각나는 대로 쓰면 돼.

김수정(2학년)

나는 글쓰기 선생님이랑 바보남편 인사 배우기를 읽었다. 바보 남편한테 인사를 가르쳐쪘다. 아내가 손목에 실을 묶어서 가르쳐 줬다. 실을 땡기 면 인사를 하는 거다. 남편은 처음에는 잘했다. 근데 끝에는 혼자서 '안녕하 세요. 진지잡수세요. 잘 먹었습니다.' 자꾸자꾸 인사를 했다. 나는 남편이 바보같다고 생각했다. 그래도 그의 아내는 똑똑했다. 그런 생각을 하다니! 나는 인사를 잘할 것이다.

교사: 야, 아까 너가 말한 대로 잘 썼다. 근데 제목을 뭐라고 하면 좋을까?

아이: 에이 선생님, 이거 독후감이잖아요. 그러니까 '바보 남편 인사 배우기를 읽고' 그러면 되겠네요.

교사: 그럼 그렇게 제목에 써 보자. 그래 오늘 쓴 게 독후감이야, 어려웠어?

아이: 아니요.

수업의 주안점

1. 읽고 내용을 이해한다.
2. 내용을 있는 대로 다 말하지 않고 가장 중요한 기둥줄거리로만 말할 수 있다.

고학년 _ 틀맞추기보다는 자기 생각을 정리할 줄 알아야

독서 감상문을, 어느 정도 글을 읽어서 내용을 이해하고 생각을 정리해서 글로 쓸 수 있는 힘이 길러졌을 때부터 쓰는 것이라고 본다면 아무래도 고학년은 되어야 쓸 수 있을 거예요. 사실 그 아래 학년에서는 책을 즐겁게 읽는다는 것으로 만족해도 좋을 것입니다.

고학년은 이미 독후감을 많이 써 보았기 때문에 아주 틀에 박힌 글을 쓰는 경우가 많습니다. 이렇게 해서 쓴 글들은 하나같이 읽을 맛이 없습니다. 어떤 교재에서 독후감의 틀을 보여 주고 있는 저자도 이런 토를 달아 놓았더군요.

'독서 감상문을 쓸 때 무슨 내용을 어떤 차례로 쓰느냐고 묻는다면 그것 자체가 어리석은 질문이다. 독서 감상문이란 일정한 형식이 없다. 그러나 우리는 모든 것을 처음 배우는 처지에 있으므로 독서 감상문 쓰기도 어떤 모형 같은 것을 일러 주는 것이 조금은 도움이 될 것 같아서 다음과 같은 차례로 정리해서 쓰게 한다.'

그런데 딱하게도 그것이 마치 그렇게 써야만 하는 것처럼 되어 버렸습니다. 아주 잘못된 일이지요. 자, 우선 선생님의 머릿속에 틀이 있다면 그것부터 깨 버리세요. 느낌을 적는 글에 쓸 차례라는 것은 없습니다.

교사: '못나도 울엄마' 나는 이 제목을 보고 얼마나 다행이라고 생각했는지 몰라.

아이: 왜요?

교사: 나 못났다고 우리 딸이 울엄마 안 한다면 어떡할 뻔했어? 못나도 울엄마라니까 다행이지……. 자, 같이 읽어 보자.

(단편 동화이므로 30분 안에 읽을 수 있다.)

교사: 이런 글이야. 읽고 나니까 마음이 어때?

아이: 어려워요.

교사: 마음이 어려워?

아이: 그게 아니고요. 그냥 떡장수 할머니가 불쌍하다는 생각은 드는데요. 꿈하고 막 섞여 있어서 좀 어려웠어요.

교사: 그렇구나. 그럼 어디서부터 어디까지가 꿈일까?

아이: 여기 톡톡톡톡 하는 데부터요 은미 우는 소리가 안 들리니? 하는 데까지요.

교사: 잘 찾았다. 그럼 여기서는 꿈 얘기가 더 중요할까? 현실 얘기가 중요할까?

아이: 꿈 얘기요.

교사: 그렇구나. 그럼 꿈이 무슨 내용인지는 알겠지?

아이: 네. 명희가요, 진짜 엄마가 떡장수 할머니라고 해서 막 걱정했는데요, 엄마라고 하는 떡장수 할머니가 너무 못생긴 거예요. 그래서 싫었는데 할머니가 아파서 돌아가시려는 것을 보니까 이 엄마가 엄마가 아니어서는 안 되겠다는 생각이 들어서 엄마 하고 불렀어요. 그러면서 못생긴 엄마가 말짱하게 낫는 것을 보고 자기가 살던 집에 간다고 그랬어요.

교사: 그렇구나. 근데 깨 보니까 꿈이더라는 얘긴가?

아이: 네.

교사: 그렇게 생각하니까 어렵지 않지?

아이: 네.

교사: 그러면 이 작가가 왜 이 글을 썼을까? 아니 이 글을 통해서 무슨 말을 하고 싶었

을까 생각해 봐. 지금 빨리 대답하려고 하지 말고 잘 생각해 봐. 그래서 글로 써 보자.

아이: 선생님, 동기도 써요?

교사: 독후감을 쓸 때마다 동기 그런 거 써야 하는 거 아냐. 정말 읽은 동기가 쓰고 싶은 책이 있다면 그건 써도 좋지만 동기를 만들어 내려고 '숙제라서 읽었다.' '우연히 책상에 있어서 읽었다.' 이런 건 안 써도 돼.

아이: 줄거리도 쓰지 마요?

교사: 아니지. 쓰지 말라는 얘기가 아니고 책 읽고 떠오른 생각, 읽고 난 지금의 내 마음, 그걸 중심으로 써 보자는 거야. 그러면서 자연스럽게 무슨 내용인가 말할 수도 있겠지. 또 작가가 이 글을 통해서 무슨 말을 하고 싶어하는가 하는 것을 더 중점적으로 쓰자는 거지.

〈못나도 울엄마〉를 읽고

권정현(대길6)

나는 이 글을 세 번 읽었다. 처음 읽을 때는 무슨 말인지 이해가 잘 안 갔다. 그러다가 학교 윤독 도서라서 한 번 더 읽고 오늘 또 읽었다.

명희는 식구들에게 주워왔다는 놀림을 받는다. 나도 어렸을 때 식구들이 염천교 다리밑에서 주워왔다고 놀림을 받았다. 그래서 우리 엄마가 진짜 엄마인가 아닌가 속으로 걱정한 적도 있다. 애들이 이렇게 놀리는 것은 나쁘다고 생각한다.

명희는 떡장수 할머니한테 떡을 사먹으려다가 미싱 뚜껑만 망가뜨리고 동생 은미를 재우다가 같이 잠이 든다. 그런데 어떤 할머니가 명희 엄마라고 했다. 명희는 그 할머니가 입도 한 쪽 돌아가고 아주 못 생기고 지저분해서 엄마라는 것이 싫었다. 그래서 자꾸 못골로 가겠다고 했다. 그런데갑자기 떡장수 할머니가 아파서 돌아가시려고 했다. 명희는 할머니가 너무 불쌍해서 자기도 모르게 '엄마, 죽지 말아요.' 하고 소리치게 된다. 못골 어머니랑 이 할머니가 똑같이 엄마가 되었으면 하고 생각하다가 나중에는 이 어머니만큼은 어머니가 안 되어서는 안되겠다고 생각하게 된다. 그리고는 몽골로 간다 해도 이 엄마가 말짱하게 낫는 것을 보고 가려고 마음먹었다. 그런데 갑자기 은미가 우는 소리가 나서 깨 보니 그게 다 꿈이었다.

나는 이 글을 쓴 사람이 무슨 말을 하려고 하는지 잘 모르겠다. 그냥 겉모습만으로 사람을 평가하지 말라는 말을 하는 것 같기도 하다. 아주 못생긴 할머니를 자기 엄마라고 받아들이는 것은 겉모습은 무섭지만 속은 그렇지 않았기 때문이다.

하지만 처음 읽을 때는 어디가 꿈인지 현실인지 분간을 잘 못하겠다. 그것은 작가가 이상하게 썼기 때문이다. 꿈이 시작하자마자 문을 두드리는 소리에 깨는 장면이 나오는데 그것도 꿈이다. 근데 처음 보면 꿈이 아닌 것 같아 헷갈린다. 그런데는 헷갈리지 않게 잘 써주어야 한다. 여러 번 읽으면 재미있는 동화다.

수업의 주안점

1. 글을 읽고 내용을 파악할 수 있다.
2. 줄거리를 요약할 수 있다.
3. 이야기 속의 등장 인물의 심리나 감정을 파악할 수 있다.

신나는 여름 방학, 신나는 우리들 1

신나는 방학이 되었습니다. 그런데 우리 아이들이 정말 신나기만 할까요? 오히려 방학 동안 밀린 공부 해야 한다고 시달리지는 않을런지요. 그렇지는 않았으면 좋겠습니다.

여름에는 많은 사람들이 휴가를 떠나지요. 또 아이들은 나름대로 자기 사정에 알맞은 캠프를 다녀오기도 합니다. 믿을 만한 곳에서 주최하는 좋은 프로그램의 캠프를 다녀오는 것도 좋겠지요.

자, 여름 방학 중에 엄마와 아이, 선생님과 아이가 즐겁게 해 볼 만한 것들을 소개해 드릴게요.

1 각자 해 보고 싶은 것 말하기

이번 방학에는 꼭 해 보고 싶은 게 무엇이 있을까요? 그것을 말로 하거나 글로 써 봅니다. 여기서 주의하실 것, 어른의 기대와 다른 답이 나오더라도 받아들여 주세요.

그냥 잠만 자고 싶다
김사랑(문백4)

나는 방학이 되면 그냥 잠만 자고 싶다. 방학이 아닐때는 날마다 바쁘다. 나는 영어도 배우고 바이올린도 배우고 웅진 공부방도 다니고 수영도 다닌다. 그리고 글쓰기도 하고 마인드맵도 다닌다. 너무나 바쁘다. 그래서 일기쓰는 시간은 졸음과 싸우는 시간이다. 일기라도 안 쓰면 그나마 조금 일찍 잘텐데 우리 선생님은 일기를 꼭 한바닥씩 꽉꽉 채워서 쓰라고 하시니! 나는 아무말이라도 채워 넣느라고 끙끙거리다가 졸기도 한다. 잠이 날

> 마다 부족하다. 그래서 나는 방학동안에는 실컷 잠만자고 싶다. 휴가도 캠프도 다 귀찮다. 엄마는 날더러 방학동안에 외국인하고 하는 회화를 하라고 그러는데 나는 그것도 싫다. 잠만 자고 싶다.

요즈음 우리 아이들의 생활을 단적으로 보여 주는 글입니다. 아이의 하루하루가 이렇게 힘든 줄은 모르고 우리는 자꾸 아이들에게 무엇을 더 가르치려고 하고 있는 것은 아닌지요? 아이에게 만능을 요구하고 있는 것은 아닌가 싶습니다. 정말 이런 생활을 하는 아이들에게는 방학이 쉬는 시간이 되었으면 좋겠습니다.

방학 동안에 해 보고 싶은 일
보기: 라디오 만들기, 한글 간판 조사해 보기, 기차 여행, 실제로 농사일 해 보기, 홈페이지 만들기, 만화 그리기, 할머니 댁 가기 등

2 내가 만드는 '생활 통지표'
생활 통지표는 늘 학교에서만 받지요? 이번에는 내가 내 생활을 생각하면서 스스로의 생활 통지표를 만들어 보세요.

준비물: 16절지
(   )초등 학교 (   )학년 이름(   )

나는 이만큼 컸어요
보기: 키, 몸무게, 앉은키, 그 밖에 내가 컸다고 생각되는 부분 등을 작년과 견주어서 써 보세요.

나는 1학기 때 이런 일이 제일 재미있었어요
보기: 짝을 바꿀 때 내가 친한 현지와 짝이 된 일, 만들기 할 때, 내 것이 뽑힌 일, 내가 만든 모형 비행기가 진짜로 난 일 등

집에서 있었던 일 가운데는 이 일이 가장 기억에 남아요
보기: 아빠가 취직하신 일, 엄마가 안 계신데 동생이 똥을 싸서 내가 치워 준 일, 강아지 키우기 시작한 일 등

부모님께 하고 싶은 말
부모님도 한 말씀 등
(지도하는 분이 아이들의 사정에 따라 적절한 보기를 더 들어 주면 좋겠습니다.)

3 자연 속으로
해보다 먼저 일어나기
여름철은 낮의 길이가 아주 길지요. 해도 아주 일찍 나온답니다. 보통 새벽 5시만 되어도 세상이 훤하게 밝아 와요. 하루쯤 해보다 먼저 일어나서 해님을 맞아보면 어떨까요? 해 뜨는 거 보려고 이름난 곳까지 갈 필요 없이 일찍 일어나 집에서 해 뜨는 것을 한번 보세요. 자꾸 그 보는 행위에 뭔가를 붙이려 하지 말고 그냥 보세요. 이른 시각 해를 만난다는 사실은 그것만으로도 충분히 즐겁고 가치 있는 일이거든요.

그리고 잘 보세요. 가능한 한 오래오래 보았으면 좋겠습니다. 떠오르는 무엇이 있나요? 있다면 짧게 그 마음을 적어 보세요.

비 즐기기
무더운 여름에는 비 오는 날도 많아요. 덥기만 할 때 비가 한 줄 좍 내려 주면 그렇게 시원할 수가 없겠지요.

- 오늘 내리는 비는 어떤 비였을까요?
  - 장맛비
  - 소나기
  - 여우비(하늘에 해님이 있는데도 내리는 비를 말합니다. 이런 비가 오는 날은 호랑이가 장가 들고 여우가 시집 간다고 하지요?)
  - 장대비: 아주 굵게 내리는 비를 말합니다.
  - 가랑비: 소리 없이 내리는 가느다란 비를 말해요.
  - 안개비: 안개가 낀 것처럼 내리는 비예요.

- 비 오는 날 우산을 받고

  생각 같아서는 더운 여름날 쏟아지는 비를 그대로 맞아 보고도 싶지만, 요즈음은 비도 아주 더러워져 있어서 그렇게 하기는 힘들겠지요? 대신 우산을 받고 비를 맞아 보세요. 우산에 떨어지는 빗소리가 어떻게 들리나요?

  아이들이 이렇게 표현했네요.

  해림: 와다다다다다

  준혁: 두두룩 두두룩

  미경: 쏴아 좌라라라락

- 비 오는 날 하면 더 좋은 일 알아보기

여름 풀밭에서

우앵우앵우앵우앵 왜애애앵

매미들이 합창을 합니다. 우리들도 신이 납니다. 여름 풀밭에 놀러 가서 매미 소리도 듣고 시도 써 볼까요?

• 하늘 보며 누워 있기

날아가는 새

노정려(하안남4)

신발과 양말을 벗고
잔디밭에 누웠다.
하늘이 보인다.
새 한 마리가 하늘을 난다.
날개를 퍼덕이며 난다.
또 한 마리가 난다.
날개를 한 번 퍼덕이고
날개를 펴고 난다.
한 번 퍼득이고 한동안 난다.

풀밭에 누워서 하늘을 보다가 날아가는 새를 보았습니다. 그리고 그 모습을 잘 보고 있다가 이런 글을 썼군요.

풀밭에 누워 하늘을 보세요. 구름이 떠 가는 모습도 잘 살펴보아요. 하늘이 다 한 가지 색으로만 보이나요? 지도하는 분도 아주 편안한 자세로 누워 하늘을 보세요. 바람의 손길도 느껴 보고 바람 소리도 들어 보세요.

• 풀밭에서 본 것을 모두 말해 보세요.
　곤충, 식물, 그 밖에…….

신나는 여름 방학, 신나는 우리들 2

자, 방학을 즐겁고 신나게 보낼 수 있는 방법, 이어서 생각해 봅니다.

1 살갗으로 느끼기

술래 잡기 놀이

두 눈을 수건으로 가린 술래가, 잡힌 사람을 손으로 만져서 알아맞히기입니다. 활동할 공간이 넓지 않을 때는 그냥 얼굴을 만져 보고 누구인가 알아맞혀 보는 것도 좋겠습니다. 가족은 누군지 금방 알아보겠지요? 만일 동무들과 모둠으로 같이 공부를 하는 경우라면 동무들의 얼굴을 만져 보고 누군지 맞혀 보는 것도 재미있답니다.

생활용품 알아맞히기 놀이

집안이나 학교에서 흔히 만나는 물품들을 손으로 만져서 알아맞힙니다. 평소에는 눈으로만 보던 물건들을 눈을 가리고 만져서 알아맞혀 보는 것입니다.

밤까기

이와 손톱을 써서 밤을 까는데, 알맹이에 아무런 손톱 자국이나 이빨 자국이 없이 짧은 시간에 가장 빨리 까는 사람이 이깁니다.

(위 놀이는 윤구병 선생님이 쓰신 〈실험 학교 이야기〉에서 자료를 뽑았습니다.)

2 발을 살리는 놀이 그리고 글도 쓰고

늘 양말 속에만 있던 발이 여름에는 그래도 밖으로 나오지요? 이 때에는 가능하면 양

말을 안 신고 지냈으면 좋겠어요.

맨발로 걸어 보세요

신발을 신지 말고 맨발로 걸어 보세요. 계단도 좋지만 맨 땅이면 더 좋겠지요? 놀이터 모래밭을 맨발로 걸어 다니면서 발바닥의 감촉을 느껴 보고 그 느낌을 말해 보세요.

내 발은요

자, 각자 자기의 발을 한번 살펴보세요. 그리고 발 모습을 글로 써 보아요. 저학년 어린이들은 조금 어려워할 수 있으니 3학년 이상 정도 된 아이들과 같이 공부 해 보면 좋겠습니다. 자기 발을 잘 들여다보면서 쓴 글을 한번 볼까요?

발　　　　　　　　　　　　　　구아롬(백산3)

내 발등을 꾹꾹 눌러보면 살이 있다는 느낌이 나지 않는다. 엄지발가락 위쪽에는 손톱깎기로 깎다 잘못 깎은 흉터가 있다. 신기하게도 다른 발가락은 가만히 있고 새끼발가락만 움직일 수 있다. 엄지발가락을 위로 올리면 다리가 있는 것처럼 뼈가 튀어나온다. 발바닥에는 금이 많이 있고 복숭아뼈는 보통 사탕보다 크다. 내 발은 엄지발가락보다 둘째 발가락이 더 키가 크다. 그리고 셋째발가락부터는 키순서 대로 서 있다. 엄지발가락이 시작되는 곳의 안쪽이 불룩 튀어나와 있다.

평소에는 신경을 안 쓰던 발을 잘 살펴보니 조금 이상한 기분도 든다. 그전에는 잘 몰랐는데 오늘 보니까 내 발가락은 엄지와 둘째 발가락 사이는 발톱 있는 데는 서로 붙어있고 발가락이 시작하는 데는 떨어져 있다. 그런데 둘째와 셋째 발가락 사이는 아래 위가 다 떨어져 있다. 연필 하나가 들어갈 만큼 벌어졌다. 셋째, 넷째, 다섯째 발가락은 붙어 있다.

어떤 대상을 자세히 보면서 그것을 그림 그리듯이 써 보는 일은 글 쓰는 힘을 길러 주는 좋은 방법입니다. 보기글을 보여 주면 좀 더 쉽게 접근할 수 있겠지요.

3 말놀이, 글놀이
특별한 준비물 없이 '말'로 하는 놀이입니다.

영어로만 말하기
이것은 자칫 영어 공부를 시키는 프로그램인가 착각하실 수 있겠습니다만 그렇지 않습니다. 사실 우리는 보통 영어를 잘 못하지요. 한국 사람이 영어 못하는 것은 당연한 일 아니겠어요? 얼마나 영어를 잘하느냐를 보려고 하는 것이 아니라, 자기가 익숙하게 쓰는 언어가 아닌 다른 말로 의사 소통을 하려면 뜻하지 않은 일을 저지르기도 하고 입이 안 떨어져서 애를 먹기도 하지요. 그 자체가 아주 우습고 재미있답니다. 3학년 이상 된 어린이들하고 휴가길, 막히는 차 안에서 재미삼아 해 보세요. 그렇다고 이 자리에서까지 아이들에게 영어 공부를 시키려고 하시지는 않겠지요? 틀리면 틀리는 대로, 못하면 못하는 대로……. 이것은 그냥 놀이거든요.

동물 농장
각자 자기가 좋아하는 동물이 되어 봅니다. 그리고 그 동물의 소리로 말을 해야 합니다. 모둠 공부를 할 때는 간단하게 어떤 가상의 상황을 제시하고 말을 해 봐도 좋겠습니다. 아니면 보통 때 하는 말을 동물 소리로 바꾸어 대화를 나누어 보세요. 그리고 각자 자기가 말한 내용과, 상대방은 아마도 이런 말을 한 것 같다는 생각을 글로 써 보세요. 그런 다음 서로 바꾸어 읽어 봅니다.

예: 수영장 가자고 엄마한테 말하는 상황(몸짓으로 의사 표현에 도움을 받을 수 있습니다.)

딸이 된 아름(까치가 되어서): (수영하는 흉내를 내며)깍까깍 깍 까까까깍

엄마가 된 새미(고양이가 되어서): (안 된다고 손을 저으며) 야옹야옹 이야옹 미아옹

아름: 깍까까까까까

새미: 야옹야옹야옹 야옹 야야야야오오옹 야옹

자, 서로 무슨 이야기를 했을까요? 자기가 한 말을 그대로, 다른 사람이 한 말은 이런 말이었을 거라고 추측을 해서 써 보아요. 그러고 나서 서로 하고 싶은 말이 제대로 전달이 되었는지 맞추어 보세요. 아주 다른 이야기가 나올 수도 있겠지요?

소리 찾기

문명이 발달하면 발달할수록 자연의 소리보다는 기계에서 나는 소리를 많이 듣게 됩니다. 기계에서 나는 소리 가운데 음악을 빼놓으면 모두 소음입니다. 그러니 도시 사람 같으면 일 년 내내 소음 속에 살고 있는 셈이지요.

자연의 소리를 찾아봅시다. 사람들은 자연의 진짜 소리를 듣지 못하고 있습니다. 자연의 소리를 너무 틀에 박힌 상태로 듣고 있기 때문이지요. 예를 들어 매미가 꼭 맴맴 하고 울까요? 매미 우는 소리를 듣고 아이들은 이렇게 적었습니다.

흠재: 이이토안 이이토안 이이토안…… 찌찌찌찌

형용: 이이이창 이이이창 이이이창…… 찌찌르르르

무연: 찌이용 찌이용 찌이용…… 찌찌찌찌

똑같은 시간에 똑같은 소리를 들었는데 사람마다 달리 들립니다. 그뿐이 아니지요. 동물들의 소리도 그 동물이 즐거울 때, 화났을 때 모두 소리가 다르답니다. 그런데도 개는 하나같이 '멍멍' 소리를 내고 매미는 '맴맴' 운다고 하는 것은 딱 들어맞는 것이 아니겠지요.

《까마귀 소년》(야시마 타로 글, 윤구병 옮김/비룡소)이라는 그림책이 있습니다. 동무들

에게 따돌림을 당하던 아이가 모두에게 인정받는 까마귀 소년이 되기까지의 과정이 아주 감동적으로 펼쳐져 있답니다. 자연 속에서 자연의 소리을 들으며 자란 아이의 심성과 행동이 잘 나타나 있습니다. 이 책도 같이 읽어 보면 좋겠습니다.)

자, 그럼 오늘은 밖으로 나가서 소리 열 가지를 찾아봅시다. 놀이터의 그네 소리, 매미 소리, 자동차 시동 거는 소리……. 열 가지 찾는 것, 어렵지 않겠지요? 그런 다음 들린 소리를 그대로 흉내내 보아요. 흉내내기가 잘 된다면 그것을 글로 써 보세요.

4 즐거운 글쓰기
더운 것을 꾹 참고 일하는 사람들

여름에는 날이 너무 더워서 사람들이 힘들어합니다. 그렇다고 손을 놓고 쉬고만 있는 것은 아니지요. 찌는 무더위와 싸우면서도 열심히 일하는 사람들이 우리 둘레에는 참 많아요. 더운 것을 꾹 참고 열심히 일하는 사람들을 눈여겨보세요. 그분들이 무슨 일을 어떻게 하는지 그 모습이 잘 나타나도록 글로 써 보세요.

> **고물상 아저씨**　　　　　　　　　　나연주(백산6)
>
> 우리 학교 올라가는 길은 좀 경사가 졌다. 그래서 걸어다니기가 힘이 든다. 오늘은 학교 소집일이라서 방학이라도 학교를 갔다. 한동안 학교를 안 가다가 갈라니(가려니) 더 힘드는 것 같았다. 소정이랑 같이 열심히 걸어가는데 앞에 고물상 아저씨가 구루마를 끌고 가는 게 보였다. 아저씨는 수건을 목에다가 감고 몸을 앞으로 구부리고 구루마를 끄셨다. 구루마에는 냉장고를 넣었던 상자 같은 것들이 착착 접혀서 아주 많이 실려 있었다. 그것을 굵은 고무줄로 칭칭 감아서 끌고 가시는 것이었다. 길이 오르막이어서인지 아주 천천히 올라가고 계셨다. 나는 너무 힘들겠다 하고 있었는데 소정이가

"야, 우리가 뒤에 가서 밀까?" 그랬다. 그래서 나는

"혼나면 어떻게 하지?" 그랬더니.

"혼나기는 왜 혼나? 우리가 도와드리는 거잖어."

"그래두……"

그래서 우리는 아저씨한테로 가서

"아저씨 뒤에 밀어도 돼요?" 했더니 아저씨가 걸어가시면서 고개를 들고 우리를 보셨다.

"착한 애기들이구나. 미안하지만 그래 줄래?" 하셨다.

우리는 뒤로 가서 구루마를 밀었다. 힘껏 밀었다. 더워서 땀이 줄줄 났다. 땅에서부터 제일 키가 크게 해서 밀었다. 힘을 썼더니 더 더웠다. 조금 미니 얼굴에서 땀방울이 뚝 뚝 땅에 떨어졌다. 학교 교문 앞에 와서 우리가

"아저씨 저희들 여기 학교 들어가야 돼요."

하고 소리쳤더니 아저씨는 구루마를 천천히 들어 멈추셨다. 구루마 밑에는 타이어가 있어서 그걸 땅에 끌면서 스톱을 했다.

"그래 고맙다. 착한 애기들이구나." 그러셨다.

우리는 등이 다 젖어 옷이 딱 달라붙는 거 같았다. 조금 밀었는데. 얼굴이 펄펄 끓는 거 같았다. 그래서 수돗가로 얼렁(얼른) 가서 세수를 하니 살 것 같았다.

내가 다녀온 곳

이번 여름에 휴가를 다녀왔나요? 내가 다녀온 곳은 어디일까요? 다른 어린이가 쓴 글을 읽고 내가 다녀온 곳을 잘 생각하면서 글로 써 보세요.

남원 할머니댁

배현준(경기 광성2)

여름에 남원 할머니집에 가니 염소가 풀을 뜯어먹고 있었다. 논둑에 묶여 있다. 너무 많이 먹어 통통했다.

집에 들어가니 황소가 음식을 맛있게 먹고 있었다. 뿔도 있는 어른소다. 개가 짖었다. 검은 개는 쓰다듬어 주면 내 손을 핥는다. 손이 간지럽다. 황토색 개는 물려고 해서 못쓰다듬어 줬다. 아궁이쪽으로 가니 닭들이 모여 있었다. 그런데 친척 형이 고양이가 있다고 해서 들어가니 사라졌다. 너무 빨라 따라 잡지 못했다.

밤에 외양간 옆 사다리를 타고 올라가 별도 보았다. 환하게 보였다. 남원할머니 집에는 황소, 개, 염소가 있어서 좋다.

현준이는 할머니 댁에서 본 것을 자세히 썼네요. 그러니 읽는 사람도 잘 알 수 있습니다. 할머니 댁의 지명을 밝혀 놓은 것도 잘 되었습니다.

목욕_자세하고 정확하게 쓰기

아이와 함께 자세하고 정확하게 쓰기 공부를 하는 수업을 하나 엿볼까요?

> **목욕** 박강석(백산2)
>
> 어제 저녁에 뜨거운 목욕을 했다. 그런데 맨 처음에는 나를 불태우는 것 같았다. 때를 밀 때는 난 목이 간지러워 웃음이 막 나왔다. 그래서 목욕하기가 귀찮아지곤 한다. 목욕을 하고 나니 몸이 하늘로 날아가듯이 편했다. 참 개운했다.

2학년 어린이들이 대체로 쓰는 평범한 글입니다. 이 글을 갖고 선생님과 강석이가 이야기를 나누고 있습니다.

교사: 와, 강석이 목욕했구나. 누구랑 같이 했어?
강석: 하하 아빠랑요. 남자끼리 해야 되잖아요.
교사: 그렇구나. 그런데 왜 불태우는 것 같다는 생각이 들었어? 목욕탕에서 불 땠어?
강석: 에이 그게 아니라요. 처음에 탕 속에 들어가니까 물이 되게 뜨거웠거든요.
교사: 하하 그렇구나. 아빠가 때를 밀어 주셨나 보다.
강석: 아퍼 죽는 줄 알았어요. 울 아빠 힘 되게 세거든요.
교사: 하하 그래? 그러면 때도 많이 나왔겠다.
강석: 네. 아빠가요, 짜장면 나온다고 그랬어요.
교사: 하하하하. 그 정도였어? 목을 닦을 때는 간지러웠나 보네. 간지럼 타니까 아빠가

뭐라 하셨는데?

강석: 아빠가요 "짜식아, 뭐가 그렇게 간지러워. 좀 참아라. 이 때 좀 봐라 이 때." 그랬어요.

교사: 하하하.

강석: 그리고요, 너는 세수할 때 목도 안 씻냐? 그랬어요.

즐겁게 이야기를 나눈 뒤에 강석이는 자기가 쓴 글을 다시 고쳐 보았습니다.

목욕

어제 저녁에 아빠랑 뜨거운 물에서 목욕을 했다. 맨 처음 탕 속에 들어갈 때는 물이 너무 뜨거워 막 나를 불태우는 것 같았다. 아빠가 때를 밀어 주시면서

"아이고 아주 짜장면이 나오는구나."

하셨다. 목을 밀어 주실 때는 간지러워서 막 웃음이 나와 목을 움츠렸다. 그러자 아빠는

"짜식아, 뭐가 그렇게 간지러워. 좀 참아라. 아이구 이 때 좀 봐라, 이 때. 너는 세수할 때 목도 안 씻냐?"

그러셨다.

나는 그냥 '헤헤' 하고 웃었다. 그래도 나는 목욕하기가 귀찮아지곤 한다. 목욕을 하고 나니 몸이 하늘로 날아가듯이 편했다. 참 개운했다.

훨씬 재미있는 글이 되었습니다. 아이가 쓴 모든 글을 이렇게 지도해야 하는 것은 아닙니다. 쓰기 싫은 것을 억지로 썼는데 거기다가 시간마다 자꾸 물어 가면서 고치고 또 고치면 얼마나 힘이 들까요? 글다듬기를 할 때는 처음부터 새로 쓰게 할 일이 아니라 이미 써 놓은 글에 표시를 해 가면서 더하고 빼면 훨씬 힘이 덜 들겠지요.

떡먹기 내기_옛이야기 대본

이 글은 우리 나라 옛이야기 '떡먹기 내기'를 극본으로 각색한 것입니다. 아이들과 함께 간단한 극 수업 자료로 활용해 보세요.

나오는 사람: 이야기꾼, 부스럼쟁이, 코흘리개, 눈찔찔이

이야기꾼: 여러분 안녕하세요? 오늘은 아주 재미있는 옛날 이야기를 해 드릴게요. 떡 먹는 이야기인데 아주 재미있답니다. 옛날에 세 사람이 한동네에 살았습니다. 한 사람은 코흘리개, 한 사람은 부스럼쟁이, 한사람은 눈찔찔이였어요.

코흘리개: 안녕하세요? 코흘리개입니다. 저는 다 좋은데 이 코가 고장이 났어요. 그래서 날마다 코를 훌쩍거린답니다. 훌쩍!

부스럼쟁이: 안녕하세요? 저는 머리에 부스럼이 많이 나서 머리부스럼쟁이라고 그래요. 그래서 날마다 머리를 긁적이지요.(머리를 긁적긁적)

눈찔찔이: 안녕하세요? 저는 눈찔찔이입니다. 하도 눈꼽이 끼어서 왕눈꼽이라고도 해요.

이야기꾼: 그런데 이 세 사람은 만나기만 하면 서로 흉을 보느라 아주 바빴답니다.

눈찔찔이: (부스럼쟁이를 보며) 너는 왜 그 모양이냐? 밤낮 지저분하게 머리나 긁어 대고.

부스럼쟁이: 그러는 너는 눈꼽에 달라붙는 파리를 쫓느라고 손이 가만히 있질 못하잖아. 하긴 날마다 훌쩍거리는 놈도 있으니.

코찔찔이: 훌쩍, 아이고 내가 어때서? 이 중 제일 낫다.

이야기꾼: 어느 날 동네 잔칫집에서 떡 한 그릇이 왔어요. 눈찔찔이, 코흘리개, 부스럼쟁이는 서로 먹으려고 다투다가 내기를 했어요. 무슨 내기냐 하면 오래 참는 거였어요.

눈찔찔이: (코흘리개한테) 너는 코를 문지르면 안 돼.
코흘리개: (부스럼쟁이한테) 너는 머리 긁으면 안 돼.
부스럼쟁이: (눈찔찔이를 보며) 너는 파리 쫓으면 안 돼, 알았지?

이야기꾼: 가만히 앉아 있으려니 셋 다 죽을 지경이었지요. 부스럼쟁이는 머리가 근질근질, 눈찔찔이는 파리가 달라붙고, 코흘리개는 콧물이 줄줄 쏟아져 견딜 수가 없었어요. 참다못한 부스럼쟁이가 꾀를 냈지요.

부스럼쟁이: 이보게들, 내가 말야, 산에 나무를 하러 갔는데 사슴 한 마리가 나타났단 말야. 그런데 뿔이 여기도 나고(하면서 머리를 긁적) 저기도 나고(하면서 머리를 긁적). 얼마나 많은지 저기도 나고 여기도 나고……(하면서 머리를 막 긁는다.)
코흘리개: 에그, 그 사슴 내가 봤으면 활을 겨누고 쏘는 건데.(활을 당기는 척하면서 코를 쓱 닦는다.) 한 번만 쏘면 되나, 이렇게 겨누고(하면서 코를 쓱 닦는다.) 저렇게 겨누고…….(또 코를 닦는다.)
눈찔찔이: 아니야, 자네들 말은 모두 틀렸어. 사슴도 아니고(하면서 팔을 저어 파리를 쫓는다.) 뿔도 안 났고(하면서 파리를 쫓는다.) 활도 그렇게 쏘면 안 되고…….(하면서 파리를 쫓는다.) (그러다가 서로 마주 보고 웃는다.)

이야기꾼: 그러면 그 떡은 누가 먹었느냐구요? 그야 셋이서 사이좋게 나누어 먹었지요. 참, 그리고 그 다음부터는 서로 흉보지도 않고 사이좋게 지냈답니다.

꽃, 풀, 땅, 마을 이름으로 해 본 우리말 공부
선생님들의 수업 사례 1_나명희 선생님

아이들과 재미있게 만나는 선생님 몇 분의 수업 사례를 보여 드립니다. 이 글들을 찬찬히 읽어 보시면 하나같이 아이를 사랑하는 마음이 그득한 선생님들을 만나 보실 수 있으리라 생각합니다.

서울의 한 초등 학교 6학년 아이들과 우리말 공부를 했다. 우리 말글 공부 첫 번째 시간에는 다음과 같은 이야기를 나누었다.

- 말과 글의 차이
- 우리 글자의 역사(우리 말과 글에 왜 한자말이나 일본식 말법들이 많은가 알아보기)
- 토박이말과 들온말이지만 우리말이 된 것과 우리말이 아닌 한자말이나 일본말, 일본식 말법에 대해서
- 한글 전용, 한자 병용, 한자 혼용이란 무엇인가
- 말의 민주화
- 외국 사람이 본 한글의 우수성
- 한자말과 우리말이 같이 쓰이고 있는 단어를 한자말로 써 놓고, 우리말로 바꿔 보기
  참고 자료: 〈우리글 바로쓰기 1, 2, 3〉(한길사) 〈우리 말 우리 얼〉(우리말살리는겨레모임 회보)

우리 말글 공부 두 번째 시간에는 한자말로 되어 있는 땅, 마을 이름들과 토박이말로 남아 있는 꽃, 풀, 나무 이름들을 가지고 공부했다.
  참고 자료: 〈우리글 바로쓰기 2〉(한길사) 〈보리 어린이 식물도감〉(보리) 〈나무도감〉(보리)

1 들어가면서 함께 읽은 시

우리말 사랑 1

자고 일어나
달리기를 하면 발목 삘까 봐
조깅을 한다.
땀이 나
찬물로 씻으면 피부병 걸릴까 봐
냉수로 샤워만 한다.
아침밥은 먹지 못하고
식사만 하고
달걀은 부쳐 먹지 않고
계란 후라이만 해 먹는다.

일옷은 입지 않고
작업복만 골라 입고
일터로 가지 않고
직장으로 가서
일거리가 쌓여 밤샘일은 하지 않고
작업량이 산적해 철야 작업을 하고
핏발 선 눈은
충혈된 눈이 되어 집으로 돌아가면
아내는 반찬을 사러
가게로 가지 않고

슈퍼에 간다.

실컷 먹고 뒤가 마려우면
뒷간으로 가지 않고
화장실에 가서
똥오줌은 누지 않고
대소변만 보고 돌아와
오랜만에 아내와 마주 앉아
얘기를 나누다 잠이 들면 될 텐데
와이프와 마주 앉아
대화를 나누다 잠이 든다.

_서정홍 〈58년 개띠〉(보리) 중에서

이 시를 읽고 나자 아이들이 슬며시 웃는다.
"이 시 내용이 과장된 것 같니?"
"아니요, 진짜 우리가 너무 우리말을 안 쓰고 있는 걸 알겠어요."
"어떻게 하루 이야기 전부를 이렇게 우리말 공부로 쓸 수 있었나 신기해요."
"지난 시간에도 우리가 한자말이나 영어로 된 말들을 우리말로 바꿔 봤잖아. 우리가 우리말을 쓰지 않고 자꾸 한자말이나 영어를 쓰면 진짜로 우리말이 힘을 잃고 사라져 버릴 거야."

2 아이들에게 나누어 준 자료

땅 이름, 마을 이름
가자곡, 첩곡, 율곡, 박다동, 죽산, 행촌, 이곡, 하동, 감곡, 화봉

"자, 마을 이름, 땅 이름 들을 한번 살펴보자. 여기 이름 가운데 그 이름의 뜻을 알 수 있는 것이 있나 살펴봐."

한자로 되어 있는 땅 이름, 마을 이름으로는 그 뜻을 쉽게 헤아릴 수가 없다. 〈우리글 바로 쓰기1〉 269~275쪽을 교재 삼아 이야기를 풀어 나갔다.

마을 뒤 골짜기에 가재가 많이 나서 '가재골' 이라 한 것을 '가자곡' 으로, 나비가 많은 '나비실' 이 '첩곡' 으로, 박달나무가 많은 '박달골' 이 '박다동' 으로, 대나무가 많아서 '대뫼' 였던 마을 이름이 '죽산' 으로, '은행나무골' 이 '행촌' 으로 변해 버린 이야기다.

아이들이 다니고 있는 학교 이름이 '광남초등학교' 이다.

"광남초등학교에서 '광남' 은 무슨 뜻일까?"

아이들은 고개를 갸우뚱거리며 "빛 광에 남녘 남" 한다.

"아니야, 광자가 넓을 광자거든. 이 곳을 광나루라고 하잖아. 그 때 광의 뜻이 넓다, 넓은 나루라는 말이었대. 그 광나루 남쪽에 자리한 학교다, 뭐 그런 정도 뜻인 것 같아. 봐, 이렇게 한자로 이름을 지어 놓으니 그 뜻이 뭔가도 모르겠고, 또 엉뚱하게 해석하기도 하잖아."

성원이가 샛별초등학교를 말한다. 이렇게 한글 이름을 가진 학교는 좋겠단다. 이어서 내가 어렸을 때 살았던 시골 마을 이름 이야기도 해 주었다.

"내가 살던 곳이 전라북도 정읍군 감곡면 화봉리였거든. 너희들이 들어 봐도 밋밋하고 그저 그렇지? 그런데 정읍은 샘골이란 뜻이고, 감곡은 달콤한 골짜기, 화봉은 꽃봉오리란 말이거든. 샘이 많은 달콤한 골짜기에 꽃봉오리 마을이라……. 이렇게 이름을 풀어 놓고 보면 어때, 당장 달려가고픈 고향이 떠오르지 않니?"

꽃, 풀, 나무 이름들

삿갓나물, 쥐똥나무, 애기똥풀, 달개비꽃, 은방울꽃, 씀바귀, 조밥나무, 이밥나무, 뻐꾹채꽃, 제비꽃, 엉겅퀴, 댕댕이덩굴, 미나리아재비, 도깨비바늘, 쥐오줌풀, 강아지풀, 도라지(길경), 으름덩굴(목통), 아주까리(피마자), 모란(목단), 애기똥풀(백국채), 질경이(차전

초), 버즘나무, 방울나무(플라타너스), 자작나무(백화나무), 찔레꽃(들장미)

"여기서 아는 꽃이나 풀 이름 있니?"
"강아지풀이요."
"강아지풀은 왜 이름이 강아지풀이 된 것 같아?"
"그 풀이 강아지꼬리같이 생겼잖아요. 복슬복슬."
"맞아. 그래서 그 풀 손바닥에 올려놓고, '요요요요요' 이러면서 놀았어."
"도깨비바늘 알아요. 옷에 막 달라붙어요."
"그래, 이렇게 우리말 이름을 들으면 그 풀이나 꽃이 어떻게 생겼을까, 또 어떤 성질을 가지고 있을까 막 헤아려지잖아. 이름만 들어도 기분이 좋아지고, 보고 싶고……. 나만 그러나?"
"아니에요. 진짜 그래요."
"그럼 봐. 삿갓나물은 어떤 모양일 것 같아?"
"삿갓모양이요."
"쥐똥나무 열매는 어떻게 생겼을 것 같아?"
"쥐똥 같을 것 같아요."
"애기똥풀은 왜 애기똥풀이 되었을까?"
"꽃이 애기똥 같은 노란색이어서요."
"그래, 꽃 빛깔도 노란색이지만 줄기를 꺾어 보면 거기서 노란 물이 나오거든. 그 물이 갓난아기의 노란 똥 같다고 해서 그런 이름이 붙었다네. 그런데 이 애기똥풀은 독이 있어서 먹으면 안 돼. 소가 잘못 먹어도 설사를 한대요."
아이들은 애기똥풀을 보아 왔겠지만 애기똥풀을 모르겠다고 했다. 그래서 식물도감을 펼쳐 놓고 풀과 꽃들을 익히면서 거기에 실린 글도 읽었다. 식물도감에 실린 글이 워낙 깨끗한 우리말로 되어 있어서 우리말 공부를 하는 자료로도 아주 좋았다. 달개비와 은방울꽃 엉겅퀴가 어떻게 생겼을까 헤아려 보고 찾아보고, 씀바귀 맛은 어떨까, 질경이는 생명력이 강할지 약할지, 조밥나무나 이밥나무 이름은 어떻게 해서 붙은 건지 살펴 나갔다.
　이 공부를 하면서 나도 새롭게 알게 된 것이 많았다. 질경이는 왜 사람이나 차, 수레가 다니는 길에만 더 많이 자랄까 궁금했는데, 아마도 질경이 씨가 사람의 신발이나 수레바퀴에 붙었다가 떨어지면서 그런 게 아닐까 싶다는 글을 읽고 고개가 끄덕여졌다. 질경이는 워낙 질겨서 아이들이 뿌리째 캐어 제기 대신 차고 놀기도 했단다. 봄에 들판이나 밭둑에 하얗게 가지가 휘도록 피는 조밥나무나 이밥나무는 춘궁기에 나물을 뜯으며 하얀 쌀밥을 그리면서 그리 이름을 붙인 게 아닐까 하는 말에도 고개가 끄덕여졌다. 우리의 산과 들에서 자라는 나무나 풀, 꽃 이름에는 우리 겨레의 숨결이 그대로 담겨 있다는 것을 아이들과 함께 나눌 수 있었다.
　도라지를 길경으로, 애기똥풀을 백국채로, 질경이를 차전초라 하고 싶냐고 물을 필요도 없었다. 토박이 우리말 이름을 가진 꽃, 풀, 나무 이름에 아이들이 젖어 들어가는 게 보였다. 우리말이 이렇게 곱고 아름답고 풍성한지 알아 가면서 마음이 벅차오른다고나 할까.

3 수업을 마무리하며

"요즘은 인터넷을 많이 쓰잖아. 인터넷에서는 '아이디'라고도 하고 '닉네임'이라고 하는 별명을 많이 쓰지. 너희들 별명은 뭐야? 난 '산들바람'이야. 산들바람 같은 사람이 되고 싶거든. 너희도 자신에게 어울리거나, 좋아하는 이름으로 한번 지어 봐."
그러면서 내가 알고 있는 사람들의 이런저런 인터넷 이름을 말해 줬다.
"서명, 우리가 흔히 '싸인'이라고 말하지. 너희 서명 있어? 많은 사람들이 자기 이름의 한자나 영어를 이용해서 하는 것 같아. 그런데 내가 들은 이야기 하나 해 줄게. 한글전용법 폐지 반대 운동을 할 때 들은 이야기야. 할머니 한 분이 편지와 성금을 보내왔는데 그분이 외국도 많이 다니셨던 분인가 봐. 미국에서 서명을 할 때 한자로 자기 이름을 썼더니만 '당신 중국 사람이냐?' 그러더라는 거야. 그 말을 듣고 무척 부끄러웠고, 그 때서야 우리글의 소중함을 크게 깨달았다는 이야기였어. 그러니까 우리는 서

명도 한글로 멋지게 하나 준비해 두는 것이 좋겠어."

"다음 시간에는 우리가 꼭 지켜 써야 할 우리말 몇 가지와 우리말 공부를 하면서 알게 된 것이나 생각하고 느낀 점들을 글로 써 보기로 하자."

고운 우리 말

오은경(광남6)

세 시간 동안 글쓰기에서 우리 말에 대해 배웠다. 지금 우리가 쓰는 말을 살펴보면 한자말, 일본말, 영어, 외래어가 너무나 많다. 우리는 지금 우리의 고운 말은 어디에다가 던져 두고 다른 나라 말을 쓰고 배우는 데 정신이 없다.

선생님께서 주신 자료를 보니 어떤 외국인이 한글의 우수성을 가지고 글을 썼는데 내가 몰랐던 이야기가 많았다. 일본어는 한자를 모방한 글자이기 때문에 한자 없이 쓸 수 없고, 한자는 너무 어렵기 때문에 글자를 모르는 사람들도 많고 21세기 미래의 언어가 될 수 없다고 한다. 그렇지만 우리 한글은 배우기 쉽고 컴퓨터를 쓸 때는 한자나 일본어에 비해 7배 이상의 능률을 낼 수 있다는 것이다. 또 미국이나 호주의 대학에서는 제2외국어로 우리 한국어를 정해 놓고 있고, 우리 나라 기업들이 나가 있는 유럽 여러 나라에서도 한글을 배우고 있다는 것이다. 난 한국 사람인데도 한글이 이렇게 우수한지 몰랐다.

요즘 국회의원들이 토론하는 걸 들어 보면 통 무슨 말인지 잘 모르겠다. 그러면서도 국회의원들은 아는지 고개를 끄덕끄덕거린다. 또 우리 할아버지나 어른들이 읽는 책을 보면 한자도 섞여 있고 어려운 낱말이 많아서 이해가 잘 안 갈 때도 있다. 어른들은 한자말이나 일본말이 버릇이 되어 있어서 그렇게 말하고 쓰고 요즘 우리들은 영어를 많이 쓴다. 또 어른들은 자식들이 어려서부터 한자 공부도 많이 시킨다. 우리 말이 얼마나 곱고 아름다운지는 생각도 안 하고 말이다. 나도 우리가 쓰는 말들이 그저 그냥 외국말, 한자말인가 보다 하고 쓰기만 했지 이렇게 심각한 줄도 몰랐다. 한국인이 자기 나라 말도 모르고, 우리 말이 얼마나 훌륭한 말인지도 모르고……. 정말 부끄러운 일이다.

앞으로는 순수한 우리 말, 고운 우리 말을 써서 한글의 우수성을 온 세상에 알리고 싶다.

우리말
이성원(광남6)

나는 우리 말과 글이 이렇게 우수한지 우리 말과 한글에 대해 세 번 공부한 뒤에 알았다. 또한 내가 지금 쓰는 말과 글이 너무 한자말, 일본말법, 영어, 영어말법에 치우쳐 있다는 것도 알았다.

나는 우리 말이 외로워할 것 같다고 생각한다. 왜냐하면 요즈음엔 너무 오래에나 외국어를 많이 쓰고 우리 말은 이상하게, 철자도 틀리고 소리나는 대로 쓰고 하기 때문이다. 자기네 나라 말과 글을 그렇게 함부로 대하는 건 옳지 않은 일이라고 본다.

나는 한글의 우수함에 대해서 외국학자가 쓴 글을 읽어 보고 놀랐다. 외국에서 인정하는 우리 한글을 우리 나라에서는 알아주지 않고 있다는 것이 부끄러웠다. 또 유네스코에서 해마다 문맹퇴치에 공이 큰 나라나 사람에게 주는 상 이름이 '세종대왕상'이란 이야기도 들었다. 한글은 누구나 배우기 쉬운 글자여서 그런 글자를 만든 세종대왕 이름으로 상 이름을 했다고 한다.

많은 사람들이 우리 말은 한자말보다 더 천하다고 생각하고, 영어를 섞어 쓰면 더 유식해 보인다고 생각한다. 그런데 아니다. 우리 글과 말을 제대로 정확하게 쓰고 말할 줄 아는 사람이 진정한 높은 사람이다. 자기가 태어나고 자란 나라의 말을 제대로 알지도 못하고 쓰지도 못한다면 부끄럽지 않겠는가?

북한은 우리 말을 아주 소중하게 여긴다. 영어를 받아들일 때 보면 우리는 그대로 받아들이는데 북한은 예를 들면 아이스크림을 '얼음보송이', 다이어트를 '몸까기'처럼 우리 말로 바꿔 사용한다. 이런 북한의 정신은 우리가 본받아야 할 것이다.

우리가 한글을 아끼고 사랑한다면 언젠가는 영어처럼 한글이 세계 공용어가 될 수도 있다고 생각한다. 쉬우면서도 우수한 우리 글과 말을 우리가 먼저 아끼고 사랑해야 할 것이다.

우리 엄마
선생님들의 수업 사례 2_박미애 선생님

'잘' '빨리' 해야 한다는 욕심 때문에 둘레를 천천히 눈여겨보지 않는 아이들. 많이 떠들어도 자기 말이 없고, 다른 사람 말을 잘 새겨듣지 않는다. 게다가 걸음마를 떼기가 급하게 문자와 영상에 갇혀 있어 말하고 듣고 쓰는 것을 싫어한다. 되풀이해서 보고 듣고 만지고 말하게 하는 수밖에 없다. 그러다 보면 자꾸 보고 듣고 말하고 싶어지겠지. 그러면서 글 쓰는 맛을 알아 갔으면 하고 바랄 뿐이다.

경기 광명에서 작년 10월부터 만난 아이들이 올해 3학년이 되었다. 한 주에 한 번 만난다. 처음부터 말과 글이 터지는 아이도 있고 천천히 터지는 아이도 있다. 작년 10월부터 올해 2월까지 한 글쓰기 공부는 간단히, 3월에 한 글쓰기 공부는 구체로 담았다.

10월에 그저 놀기
놀면서 잘 듣고 눈여겨보는 공부를 했다.
1. 동무가 하는 말 새겨듣고 알아맞히기, 동무의 몸짓 따라하기
2. 〈이원수 시에 붙인 노래들〉(백창우/보림)을 부르면서 이야기 나누기
3. 시 '가랑잎' '바람과 하늘' 〈허수아비는 깡꿀로 덕새를 넘고〉(이오덕 엮음/보리)을 읽고 바람에 흔들리는 나뭇잎, 뒹구는 가랑잎, 바람을 따라 몸으로 표현하기
4. 그 자리에서 가만히 보고 짧게 쓰기, 본 대로 말한 대로 쓰기

11월에 눈여겨보기
자연의 빛깔과 사물과 사람의 움직임을 눈여겨보게 했다.
1. 산수유를 돌로 찧어 열매의 빨간 빛깔과 흰종이에 겉도는 빛깔 견주어 보기

2. 공놀이 하면서 공이 움직이는 모양을 짧게 말하기
3. 살아 있는 말 찾기
   - '공'〈우리 모두 시를 써요〉(이오덕/지식산업사)를 읽고 시에 나온 말대로 따라하기
   - '딱지 따먹기'를 읽고 겪어 보지 않으면 쓸 수 없는 말 찾기
4. 방금 일어난 일 쓰기/한 대로 본 대로 말한 대로 쓰기(속마음도 살펴 쓰게)

12월에 글쓰기

1. 어제 오늘 보고 듣고 한 일 쓰기
2. 작은 것도 놓치지 않기
   - 나뭇잎을 종이에 본떠 실제 나뭇잎과 견주어 보기, 잎맥과 벌레 먹은 모양 눈여겨보기
3. 글쓰기 싫어하는 마음 살펴주기
   - 쓰고 싶은 것 찾아 주기, 쓰지 않을 자유 주기, 나중에라도 천천히 쓰기
4. 글버릇 잡아 주기/꾸미고 흉내내지 않기, 짧게 써도 또렷하게 쓰기

1월부터 2월까지

1. 동생·동무·식구들과 겪은 일로 글감을 넓혀 주면서 그때 그때 말한 대로 쓰기
2. 본 것은 또렷하게, 말투 살려 쓰기
3. 일이 일어난 차례를 밟아 한달음에 쓰기

3월에

마음 풀어 주기

먼저 이원수 시에 붙인 노래 '우리 어머니' '햇볕'을 부르면서 마음을 풀었다. 노래를 다 부르고 아이들한테 "어떠니 마음이?" 했더니 편하고 따뜻해진단다.
"엄마가 좋아지는 것 같아요."
하면서 부드럽게 웃던 소라가 또랑또랑한 눈빛을 빛내더니 금세 억울해한다.

"근데 우리 엄마는 미워요. 나보고 10층에서 던져 버린다고 했어요."

"그랬어?"

"나도 우리 엄마처럼 똑같이 해 줄 거예요."

"어떻게?"

"말로요. 글 쓸 거예요."

소라가 그러니까 아이들도 쓰겠단다. 명인이가 흰 종이를 나누어 주었다.

엄마 말조심해서 하세요!
(소라)

엄마 맨날 화날 때 나한테 막 "10층에서 던져버리고 싶다." 그러고 또 "두들겨 패고 싶다." 맨날 그러죠! 나 그러면 엄마가 미워져요. 저도 엄마가 한 말을 되돌려서 말하고 싶어요. 그러고 엄마가 그런 말하면 난 엄마에게 욕을 하고 싶어요. 그러면서 나보고 맨날 사랑한다면서요. 엄마가 한 사랑이란 말은 가짜 에요. 또 엄마는 우리 식구 중에 우영이하고 아빠만 좋아하고 난 싫어하죠! 그러니까 우영이가 잘못했을 땐 그렇게 심한 말 안 하면서 왜 나한테만 그렇게 심한 말을 해요. 그럴 때면 나 가출하고 싶은 마음이에요. 제발 그런 나쁜 소리하지! 마세요!

비밀 편지 쓰기
(명인)

우리 엄마 별명은 이렇다. 히스테리 할멈일 때도 있다. 그리고 천사일 때도 있다. 히스테리 할멈일 때는 억지로 학원을 억지로 보내기 때문이다. 그리고 천사일 때는 명준이가 아부를 할 때 쓰는 말이다. 나는 엄마가 학원 가라고 할 때 싫다. 엄마는 바이올린 매를 들고 나오기 때문이다. 나는 왜 아부를 안 하냐면 나는 착한 어린이가 되고 싶기 때문이다. 나는 엄마가 칭찬해줄 때가 가장 좋다.

우리 엄마
(병규)

우리 엄마는 무서워요. 언제는 화를 안 내실 때도 있으세요. 제가 잘하면 엄마는 언제나 웃으세요.

수업 며칠 뒤, 그네를 타다가 소라한테 "엄마한테 안 혼났니?" 했다. 낯이 환해지면서 "아뇨? 엄마가 편지 읽고 웃었어요. 알았대요." 한다.

나중에 소라 어머니가 들려준 말이다. 글을 읽고 처음에는 충격을 받았는데, 이상하게도 마음을 다스리게 되더란다. 감정이 복받쳐 함부로 하던 말도 이제 하지 않게 된다고.

"어떨 때 그렇게 소라가 미우세요?"

"빠릿빠릿 움직이지 않고 느려터질 때요. 수학 문제 가르쳐 줘도 못 알아들을 때도 그래요. 동생은 잘 하는데……. 그러지 말아야지 하면서도 자꾸 미워요."

"참, 우리 엄마들 업보네요."

"오죽하면 수첩에다 '쟤는 내 딸이야.' 이렇게 적어 놓고 보고 또 보고 그랬을까. 정말 그랬어요. 아무리 좋다는 교육 이야기 그런 거 들어도 소용없었어요. 근데 정말 이상해요, 선생님. 소라가 쓴 글을 읽는데 내가 저 애를 아무것도 모르는 애 취급했구나 이런 생각이 들더라구요. 소라가 지 이모한테 그랬대요. 엄마가 많이 변했다구요. 이제는 욕도 안 하고 잘해 준다구요. 남편도 선생님한테 고마워해야 된대요. 나중에 사춘기 때 일이 더 커졌으면 어쩔 뻔했냐구요. 선생님 만난 게 얼마나 다행인지 몰라요."

"아이들 말에는 어른 마음을 뒤흔드는 힘이 있는 것 같아요."

"정말 그런 것 같아요."

소라 어머니에게 위로가 될까 싶어 내가 딸아이 잡았던 이야기를 했다. 소라 어머니는 선생님이 설마 그랬겠냐 했지만, 나는 더하면 더했지 덜하지 않았다고 했다. 삶이 고단하다는 핑계로 그랬다고.

학년별 글쓰기 상담 Q&A

Q1 일찍부터 글쓰기 수업을 해도 괜찮을까요?

초등 1학년 남자아이인데, 성격이 너무 내성적이고 소극적이에요. 자기 표현도 잘 못하고요. 그래서 글짓기 교실에 보내 보고 싶은데, 글짓기를 너무 일찍 보내면 효과가 별로 없다는 소리를 들은 것 같아서 선생님의 의견을 듣고 싶습니다.

A1
아이가 내성적이고 소극적이라고 하셨는데요. 1학년 때 그런 아이들이 많답니다. 아이들은 열 번 되고 스무 번 되니, 그런 특성을 잘 이해하고 기다려 주는 것도 좋을 것 같아요.

'글짓기' 교실을 너무 일찍 보내면 효과가 없다는 말을 들으셨다고요? 그런데 무슨 효과일까요? 글쓰기는 아이들을 숨쉬게 하는 교육입니다. 글을 부리는 방법, 맞춤법 같은 것은 그 다음 문제거든요. 아이들이 마음을 열고, 즐겁게 자기가 하고 싶은 말을 하게 하고, 그러면서 아이들이 올바르게 살아가도록 가르치고자 하는 것이지요.

글쓰기를 언제 시작해야 한다는 선은 없습니다. 다만 어떤 선생님을 만나느냐에 교육의 성패가 많이 좌우된답니다. 무슨 문제집 같은 걸로 아이들을 괴롭히는 선생님, 틀린 글자를 갖고 아이들을 주눅들게 하는 선생님, 어떤 틀에 맞춘 것 같은 글을 쓰게 하는 선생님…… 이런 분만 만나지 않으면 되지 않을까요? 오히려 1학년 때가 살아 있는 글을 쓰게 하는 최적의 시기라고도 할 수 있답니다. 선생님의 취향을 잘 알아보고 만나시기를 바랍니다.

그리고 '글짓기'를 가르친다고 말씀하시는 분은 십중팔구 아이들 글을 틀 안에 넣고 가르치는 분이라고 해도 지나치지 않습니다. 아이들의 삶에 관심을 갖고 열린 마음으로 지도하는 분들은 글은 '짓는' 것이 아니라 '쓰는' 것이라는 생각을 하고 있기 때문에 '글쓰기'라는 용어를 쓴다는 것을 참고로 알려 드립니다.

Q2 유아의 글쓰기 지도, 어떻게 해야 할까요?

YMCA에서 '유아 바른글쓰기' 강의를 맡게 된 교사입니다. 아이들이 13명 정도 되는데,

수준이 천차만별입니다. 글씨를 다 읽고 쓰는 아이들이 있는가 하면 '가나다'도 전혀 읽지 못하는 아이들이 있습니다. 어디에 초점을 맞추어 수업을 해야 할지 모르겠습니다.

A2 저는 답변을 할 때 가능한 한 선생님이나 어머니들께 용기를 드리고 위안이 되어 드리려고 노력을 하고 있습니다. 그런데 이번에는 좀 걱정스러움을 감출 수가 없습니다. 아직 글씨도 제대로 쓰지 못하는 아이들인데 하는 생각이 드는 것을 솔직하게 말씀 드립니다.

글쓰기를 하려면 무엇보다도 글자를 알아야 쓸 수 있는 것이겠지요. 글자를 완전히 익히지는 못했다 하더라도 소리나는 대로 쓸 수는 있어야 하지 않을까요? 그리고 그 시절에는 자기가 마음이 내키면 쓰고 내키지 않으면 안 쓰고 그러면 되는 때잖아요.

자, 우선 아이들이 13명이라면 너무 많습니다. 더욱이 어떤 아이는 다 읽고 쓰는가 하면 어떤 아이는 아직 읽지도 못하는 아이가 있다고 하니 반을 나누시는 것이 좋을 듯합니다.

두 번째, 이 시기의 아이들은 '자기가 쓰고 싶을 때 쓰면 된다. 그것으로 족하다.' 하는 것을 선생님이 먼저 인식하고 계셔야 합니다. 이 부분이 수업을 시작하기 전 부모님들에게 충분히 전달이 되어야 합니다. 그러지 않고는 자칫 어머니들은 공부하러 갔으니 무언가 결과물을 가져오기를 기대하고 그 기대치 때문에 아이들을 힘들게 할 수 있습니다.

세 번째, 아이들과 즐겁게 노는 선생님이 되어 주세요. 아이들 수준에 맞는 게임, 옛이야기, 놀이 따위의 아이들을 사로잡을 자료를 많이 활용하십시오. 그런 다음 한 줄 쓰기 정도 시작하면 된답니다.

"나는 어제 엄마랑 시장에 갔어요."

이런 한 줄짜리 글을 보여 주면서

"야, 얘는 엄마랑 시장 갔다는 이야기를 썼네. 우리도 이만큼 써 볼 수 있어요? 쓸 수 있으면 쓰고 어려우면 안 써도 돼요."

하면서 여유를 주시기 바랍니다.

맞춤법이요? 당연히 틀리지요. 괜찮습니다. 틀린 글자 옆에 그냥 조그맣게 바른 글자를 보여 주고 지나가면 됩니다. 또 아이와 주고받은 말을 교사가 받아 적어 보여 주면 아이들은 아, 말하는 것처럼 쓰면 되는구나 하고 느낄 수 있습니다. 글쓰기에 쉽게 접근하는 방법이지요.

아이들과 공부한다 생각하지 마시고 아이들과 즐겁게 논다고 생각하면서 만나시기 바랍니다. 선생님과 가졌던 즐거운 기억이, 아이가 자라면서 글쓰기에 대해서 편안하게 대할 수 있는 바탕이 될 수 있답니다.

Q3 4학년인데도 글을 길게 쓰지 못해요

저희 아이는 4학년인데도 글쓰기를 너무 두려워합니다. 저도 어떻게 대처해야 할지 난감하고요. 진작 가르치지 못한 걸 후회해 보기도 합니다. 원고지에 쓰라고 하면 겨우 3~4장을 넘길까 말까 하게 쓰는데, 4학년은 10장이 넘게 써 오라고 하니 정말 괴롭습니다.

A3 아이에게 글쓰기를 가르치지 않아서 후회하세요? 그러실 것 없습니다. 아이들은 누구나 쓰고 싶은 흥이 나면 잘 쓴답니다. 한번 생각해 보세요. 언제나 늘 못쓰는 것이 아니라 어느 때 흥이 나면 곧잘 쓰기도 하지 않나요? 문제는 그 흥이 잘 안 생긴다는 데에 있을 뿐이지요.

아이는 원고지 3~4장밖에 쓰지 못하는데 원고지 10장으로 써 오라니 답답하지요? 그런데 원고지 10장은 결코 만만한 분량이 아닙니다. 어른들에게 똑같은 주제를 주고 원고지 10장 정도를 쓰라고 하면 그거 쓸 수 있는 어른, 많지 않을 거예요.

우선 분량이 너무 많은 것은 사실입니다. 이렇게 어려운 일을 숙제라고 해서 무슨 일이 있어도 그 분량을 다 맞추어야 한다고 생각하진 않으셨으면 좋겠습니다. 제 생각은 그렇습니다. 그 아이가 쓸 수 있는 만큼(물론 정성을 들여 써야겠지요.) 쓰는 것이 글쓰기 원칙 1번입니다. 원고지 쪽수 다 못 채우는 것은 별문제 아니니 좀 넉넉히 생각하셔도 좋겠습니다.

또 무엇을 써야 할지도 막막하지요? 글을 쓸 때 너무 범위를 넓게 생각하면 글을 쓰기가 어렵고 누구나 하는 말만 늘어놓을 수밖에 없답니다.

예를 들어 '깨끗한 나라 만들기' 이렇게 범위를 크게 잡으면 뭐 쓰레기 버리지 말아야 한다, 재활용품 분리 수거 해야 하고, 세제를 적게 써야 한다 하는 식으로 누구나 할 수 있는 말만 떠올리기 쉽다는 것이지요.

이럴 때는 '깨끗한 나라 > 우리 고장 > 우리 동네 > 우리 집 앞' 하는 식으로 범위를 좁혀서 생각해 봐도 좋고요. 또 실제로 내가 깨끗한 환경을 만들기 위해서 힘쓴 일은 무엇이 있었는지(하다못해 휴지 주운 일이라도 있겠지요?) 아니면 우리 집에서는 어떤 일을 하고 있는지, 또는 어떤 사람들이 환경을 어지럽히는 걸 보았는데 그것은 고쳤으면 좋겠다든지 하는 식으로 깨끗한 둘레를 만드는 것과 관련 있는 내 체험을 중심으로 글을 풀어 나가면 된답니다.

누구나 자기가 경험한 일은 말하기 쉬운 법이거든요. 경험을 바탕으로 글을 쓰도록 지도해 주세요.

Q4 받아쓰기가 되지 않아요

초등 1학년 딸을 둔 엄마입니다. 이제 여름 방학만 보내면 2학기가 시작되는데, 아이가 아직 받아쓰기가 잘 되지 않아 걱정입니다. 읽기는 다 읽지만 받침이 들어가는 글자를 쓸 때는 소리나는 대로 씁니다. 책을 많이 읽히면 도움이 될까 싶어 책을 읽으라고 권유도 해 보지만 책 읽기에도 금방 싫증을 내니 어떡하면 좋을까요?

A4
1학년 아이들이 소리나는 대로 받아쓰는 것은 아주 보편적인 일이랍니다. 크게 걱정하실 일은 아니라고 봅니다. 천천히 글자에 익숙해지면서 없어지는 현상이거든요.

책을 소리내서 읽는 것은 책에 집중하는 능력을 키워 줌과 동시에 표기와 소리값이 다를 때도 있다는 것을 알게 해 주는 좋은 방법입니다. 그런데 책을 읽을 때마다 다 소리내서 읽으라고 하면 자칫 책읽기의 즐거움을 앗아갈 수도 있으니 아이의 형편을 잘 살펴보면서 낭독하게 해 주세요.

그리고 엄마가 읽어 주는 것도 아주 좋은 방법입니다. 아이가 책읽기를 즐기지 않는다면 엄마가 읽어 주세요. 글자를 아니까 네가 알아서 읽어, 하는 것보다 훨씬 좋은 일이랍니다.

조심하실 일은 글 쓰는 시간이 맞춤법 배우는 시간이라고 생각해서는 안 된다는 점입니다. 글자를 꼭 맞게 쓰는 일은 천천히 배워도 되니, 우선 글을 즐겁게 쓸 수 있도록 해 주시고요. 아이가 잘 틀리는 글자들을 눈여겨보셨다가 글자 맞히기 놀이를 해 봐도 좋겠습니다.

예를 들면 다음 써 놓은 것 중에서 맞는 것을 찾아보게 합니다.

머거따(　)　　오슬(　)　　바미(　)
먹었다(　)　　옷을(　)　　밤이(　)

아마 맞는 글자를 금방 찾아 낼 수 있을 것입니다. 그것을 아직 또렷이 기억하고 있지 못할 뿐이거든요. 물론 다음에 쓸 때는 또 잊어버릴 수도 있습니다. 그럼 또 가르쳐 주세요, 2학년 무렵부터는 연음으로 받아 적는 일이 많이 줄어든답니다.

Q5 6학년에 올라가는 여자아이, 글쓰기를 시켜야 하나요?

초등 6학년에 올라가는 딸아이가 있습니다. 책은 그럭저럭 좀 읽는다고 생각하는데, 글쓰기 지도는 한 번도 받아 본 적이 없습니다. 일기말고는 글도 많이 써 보지 못했고요. 지금이라도 글쓰기 지도가 필요할까요?

A5
6학년에 올라가는 따님이 지금이라도 글쓰기 지도를 받아야 하는가 물어오셨는데요, 거기에 해답이 따로 있는 것은 아니랍니다. 아이가 자신이 겪은 일, 혹은 자기가 마음먹은 일을 다른 사람도 잘 알아볼 수 있도록 글로 표현해 낼 수 있다면 굳이 글쓰기 지도를 따로 받을 필요가 없겠지요. 쓰고 싶은 것이 있으면 그것을 표현해 내는 방법은 누구나 쉽게 찾아 낼 수 있거든요.

예를 들어 어떤 친구가 전화를 해서
"너네집 동치미가 참 맛있더라. 근데 그거 어떻게 담갔니?"
하고 물어 옵니다. 그런데 전화로 하면 잊어버리니까 이메일로 넣어 달라는 거예요. 그러면 이렇게 쓰겠지요.

'동치미를 잘 담그려면 우선 무를 잘 선택해야 해. 무는 너무 크지 않은 것으로 골라 잘 손질하고…….'

해 본 적이 있다면 이렇게 쓰는 것은 누구나 쉽게 하지 않겠어요? 답을 쓴 사람은 자신도 모르는 사이에 동치미를 잘 담그는 법에 대한 설명글을 쓴 셈입니다. 지금부터 설명문을 쓰겠다 마음먹은 것은 아니지만, 쓰고자 하는 내용에 따라 자신도 모르는 사이에 그 방법을 찾아 낸 것이지요.

아이들의 글쓰기 지도도 마찬가지랍니다. 꼭 어떤 수업을 받는 것만이 글쓰기 지도가 아니라 하고 싶은 말이 많은 생활을 하게 하는 것, 그것이 바로 진정한 의미의 글쓰기 지도라고 할 수 있어요. 이것은 어떤 선생님도 어머니만큼 잘 해 줄 수는 없는 일이랍니다.

그런 후에 아이가 표현하는 것이 좀 서툴다 싶으면 이런저런 자료들을 참고하셔서 어머니와 함께 공부해 보면 참 좋겠다 생각합니다.

아이가 태어나던 날의 흥분, 설레임, 기쁨 이런 것들을 집안 식구들의 당시 모습과 함께 들려 주세요. 아이의 마음은 기쁨으로 충만해지고 그것을 글로 써 보면 또 좋은 글이 나올 수 있는 것이지요.

열심히 쓰면 누구나 글 쓰는 능력이 쑥쑥 올라갑니다. 그런데 아이가 글쓰기 지도를 따로 받고 싶어한다면 그 때는 아이의 뜻을 존중해 주는 것도 좋겠지요. 너무 걱정하지 마세요. 아이들은 어머니가 생각하는 것보다 훨씬 대견스럽게 잘 하고 있는 경우가 많답니다.

Q6 말하기가 부진합니다

우리 아이는 초등 1학년인데, 아직 말하는 것이 많이 서툽니다. "선생님이 가르쳐 주셨다." 할 것을 꼭 "선생님이가 가르쳐 주셨다."라고 합니다. 또 이야기를 죽 이어서 하지 못하고 떠듬거립니다. 말하기 전반이 부진한 것 같은데, 어떻게 지도해야 좋을까요?

A6 질문이, 1학년 어린이인데 말하기에서

1. 조사를 중첩해서 사용하고 있다.
2. 이야기를 죽 이어 하지 못하고 더듬거린다.

로 요약해볼 수 있겠네요.

먼저 1번에 대한 답변입니다.

우리말의 주격 조사는 '이/가'가 있습니다. 앞의 낱말이 자음으로 끝날 때는 '이'가, 모음으로 끝날 때는 '가'가 선택되어 쓰이게 됩니다.

예: 손님이 왔다. 소포가 왔다.

그러나 이것은 우리가 말을 할 때 그 공식을 생각해서 바꾸어 쓰는 것이 아니라 한국 사람이면 누구나 자동적으로 뇌에서 선택을 하는 것입니다. 외국인에게 우리말을 가르칠 때 어려워하는 부분이 존대법과 이 조사의 교체 부분입니다. 왜 '소포이 왔다'나 '손님가 왔다'라고 하면 안 되냐는 것이지요. 그럴 때는 교체의 법칙으로 가르쳐 주어야 합니다. 물론 우리는 그런 것을 인식할 새도 없이 선택을 하지요.

옛날 우리말에는 주격 조사가 'ㅣ' 하나만 있었습니다. 그래서 옛 문헌을 읽다 보면 '나무가' 해야 할 자리에 '나무ㅣ' 이렇게 표기되어 있는 것을 볼 수 있습니다. 주격 조사 '가'는 근대에 들어오면서 새로 생겨난 것이지요. 어린아이들은 아직 우리말에 능통하지 못하기 때문에 '이/가'의 교체를 다 받아들이지 못하고 (선택하기가 어려우므로) 그것을 한꺼번에 쓰는 예가 흔합니다. 그래서 문의하신 것처럼 "우리 선생님이가……" 하는 식으로 쓰는 아이들이 많답니다.

그런데 이러한 현상은 유치원, 1학년 무렵까지 이어지다가 2학년 정도부터 줄어들게 되어 있으니 좀 기다려 보십시오. 이런 주격 조사의 중첩 사용은 유아어의 큰 특징이라고 할 수 있습니다.

다음 2번에서는 아이가 이야기를 죽 이어서 하지 못한다고 그러셨는데요. 그런 현상이 집에서도 일어나는 일인지 아니면 학교에서 발표를 할 때만 그런 것인지 모르겠습니다만, 말하기 전반이 부진하다고 하신 표현에 따라서 말씀을 드리겠습니다.

말하기 전반이 부진한 아이들은 읽기와 쓰기도 잘 안 될 가능성이 높습니다. 따라서 말하기만을 증진시키기 위해 교육하는 것보다는 읽기와 쓰기, 말하기가 통합된 교육이 가장 의미가 있다고 할 수 있겠습니다. 읽기와 쓰기 교육을 함께 하면서 말하기 영역을 특별히 강조하여 가르치는 방법이 되겠지요.

우선 말하기를 증진시키려면 말할 기회를 많이 갖도록 해 주는 것이 좋습니다. 아이의 말이 비록 서툴더라도 끝까지 들어 주는 것이 중요하지요. 아이는 말이 아직 끝나지 않았는데 참다못한 어머니가 "이런 내용이구나, 그렇지?" 하면서 말을 막는 일은 없어야 하겠습니다.

집에서 어머니가 아이와 할 수 있는 방법 몇 가지를 알아봅니다.

1. 우선 아이의 경험과 관계 있는 몇 가지 단어들만 아이에게 제시합니다.

예: 나 엄마 시장 떡볶이

그런 다음 아이에게 '나는 오늘 엄마랑 시장에 가서 떡볶이를 사 왔다.' 같은 문장을 만들고 말하게 합니다. 그리고 난 뒤 쓰기 연습을 해 보세요.

2. 그림들을 이용합니다.

교과서나 학습지 등을 보면 어떤 내용이 있는 일련의 그림들이 나열되어 있는 것이 있습니다. 이런 그림들을 보면서 그림의 내용을 말하는 연습을 하게 합니다. 그림을 보면서 얻은 자극을 순서대로 처리하는 능력뿐만 아니라 말하기도 연습시킬 수 있습니다.

3. 짧은 단락의 글을 보여 줍니다.

위의 방법이 좀 익숙해지면 짧은 단락의 글을 읽게 한 뒤 그 내용을 엄마에게 말해 보게 합니다. 이런 연습은 글의 중요한 내용을 요약할 수 있도록 하고 한 번 말하게 함으로 써 기억이 더 잘 되는 효과를 볼 수 있습니다.

그러나 여기서 중요한 것은 가르치는 사람의 인내심입니다. 아이의 인식 능력이라는 것이 잠깐 사이에 확 커지는 것이 아니라는 사실을 늘 염두에 두시고 조금씩 조금씩 진전시켜 나가십시오. 작은 성과에도 크게 만족하는 것, 이것이 아이들과 즐겁게 공부하는 지름길입니다.

Q7 초보 교사로서 모둠의 수업 분위기가 걱정됩니다

얼마 전에 첫 모둠 수업을 한 초보 교사입니다. 막상 수업을 해 보니 제가 받았던 느낌을 아이들에게 그대로 전달하기가 참 힘들더군요. 수업 분위기도 자유롭게 두자니 통제하기가 힘들고, 진지하게 하자니 너무 경직되는 것 같고요. 어떻게 하면 좋을까요?

A7 다른 많은 선생님들도 이 부분을 고민하고 계신데요, 분명 진지하고 권위 있게 수업을 이끌어가는 것보다는 훨씬 힘들지만, 좀 더 자유스럽고 재미있는 분위기를 조성하는 일을 포기해서는 안 된다는 것입니다. 수업 분위기가 경직되면 글도 그렇게밖에 쓰지 못해요. 경직된 것을 참아 내는 것도 한계가 있고요. 그러니 아이들이 즐거워할 만한 게임이나 놀이로 먼저 마음을 풀어 주는 것이 좋을 것 같습니다. 글쓰기는 조금 천천히 시작해도 되거든요.

'숫자 맞히기 게임' 같은 것은 아주 쉽고 누구나 재미있어합니다. 편 가르고 어쩌고 할 여유가 없으니 금방 즐거운 분위기로 만들 수 있지요. 어느 오락 프로그램의 스피드 게임 방식으로 문제를 풀어 가는 '척척박사 게임'도 선생님이 재미있는 표제어만 준비하시면 아이들을 놀이 속으로 쏙 빠져들게 할 수 있답니다.

밖에 나가서 사방치기, 8자놀이 같은 것도 해 보세요. 무엇보다 모둠의 분위기를 만드는 일이 먼저일 테니까요.

Q8 글쓰기와 맞춤법, 두 마리 토끼를 다 잡을 수는 없나요?

초등 2학년 남학생인데, 글쓰기도 싫어하고 책 읽는 것도 싫어합니다. 즐겁게 이야기를 나누다가도 글을 쓰자고 하면 막 뛰어다니고 다른 행동을 합니다. 왜 글쓰기, 특히 일기 쓰기가 싫으냐고 물었더니 종이에 일기를 쓰고 다시 엄마가 고쳐 준 걸 공책에 옮겨 적어야 하기 때문에 짜증이 나고 싫다고 하더군요. 어머니는 학교에서 일기를 매일 빠짐없이, 그것도 틀린 글자 없이 한 장 이상을 쓰라고 해서 어쩔 수 없다고 합니다. 어머니의 바람은 아이가 즐겁게 스스로 책을 찾아 읽고 글을 쓰는 거라고 하네요. 아이가 글쓰기와 독서에 흥미를 느끼게 하면서도 어머니의 바람처럼 문법적인 측면까지 모두 갖추게 하려면 어떻게 가르쳐야 하나요?

A8 질문을 요약해 보면 아이는 글쓰기도 싫어하고 책읽기도 싫어한다, 일기를 쓰고 나면 어머니가 고쳐 주는데 고쳐 준 것을 다시 옮겨 적는 수고를 해야 한다, 일기는 틀린 글자 없이 매일 한 장 이상 써야 한다, 이런 아이에게 어떻게 하면 문법도 정확히 지키면서 글을 쓰게 하고 글쓰기를 재미있어하게 할 수 있을까? 이런 것이네요.

제 요약이 틀리지 않았다면 그건 불가능한 일 아닐까요? 2학년이면 아직 쓰기에 미숙한 나이이고 맞춤법이 틀릴 수도 있는 나이인데, 그것을 정확하게 써야 하고 그것도 날마다 한 바닥 이상 써야 하고 자기가 쓴 것을 엄마가 고쳐 주고 그것을 다시 베껴 써야 한다고 생각해 보세요. 과연 글쓰기가 재미있을 수 있을까요?

어른들의 욕심을 버려야 교육이 살아납니다. 욕심을 버리고 내가 아이라면 어떻게 해야 즐겁게 글을 쓸 수 있을까 하는 것을 생각해 보면 답은 금방 나오지 않을까 싶어요.

Q9 아이들의 글이 너무 비슷비슷합니다

모둠별로 아이들을 지도하고 있는 교사입니다. 따로따로 팀 수업을 할 때는 몰랐는데, 방학 때 아이들을 여기저기 데리고 다니며 수업을 해 보니 아이들의 글 느낌이 어찌나 비슷하든지 '뭔가 잘못되었구나.' 싶은 생각이 들었습니다. 제가 아이들의 개성을 일반화시키는 것은 아닌지 난감한 생각이 듭니다.

A 9 아이들 느낌이 비슷하고, 그렇기 때문에 아이들의 개성을 일반화시키는 것이 아닌가 걱정하셨는데요, 그것은 수업 시간에 쫓겼기 때문인 것이 가장 큰 원인이라고 생각합니다. 어디를 다녀오거나 둘러보는 목적이 글 한 편을 써 내기 위한 것이 되어 버리지는 않았는지요? 주어진 시간은 짧은데 그 안에 보는 것도 쓰는 것도 다 해결을 해야 하니 꼼꼼히 보기 어려웠을 테고……. 그러니 그 곳에 다녀온 사람이면 누구나 할 수 있는 말밖에 하기 어려웠을 것입니다. 마음을 담아 보지를 못했기 때문이지요.

좀 여유를 갖고 수업을 진행해 보세요. 글을 쓰는 것이 목적이 아니고 아이들이 무엇인가를 잘 보는 행위 자체가, 무엇인가에 마음을 주고 그러면서 자기 안에서 어떤 느낌이 생겨나도록 하는 일 자체가 목적이 되면 좋겠지요. 그것이 글로 표현되면 더욱 좋은 일일 것입니다.

Q 10 성의없이 대충 글을 씁니다

아이가 초등 4학년인데, 책도 많이 읽고 이해력도 좋은 편입니다. 문제는 글쓰기를 아주 싫어하고, 억지로 한다는 것이지요. 쓰기 책에 '좋아하는 과목, 싫어하는 과목과 그 이유를 써라.' 고 되어 있었는데 이유를 '그냥' 이라고 써 왔더군요. 그냥이라니요……. 일기도 뭘 했다, 좋았다, 나빴다라고만 쓰고 과정과 느낌이 없어요. 이 아이를 어떻게 지도해야 하나요?

A 10 사실 글쓰기 귀찮아하고 의욕을 전혀 보이지 않는 아이들이 요즈음은 참 많아요. 그런데 그런 아이들을 잘 살펴보면 글쓰기만 싫어하는 것이 아니라 생활의 어떤 것에도 시큰둥한 경우가 많습니다.

무엇 하나를 해도 신이 나서 하는 것이 아니라 시켜서 할 수 없이 움직이니 그런 게 아닌가 싶어요. 그래서 일부에서는 요즈음 아이들을 두고 '사육되는 아이들' 이라는 신랄한 표현을 쓰기도 하지요.

그 아이가 글쓰기만 싫어하는 것인지 생활 전반에 다 그렇게 시큰둥한 상태인지 살펴보세요. 아이들을 지도할 때는 너무 글만 보려고 해서는 접근하기 어려운 때가 많답니다.

　글쓰기만 싫어하는 경우라면 아이가 글에 질려 버리게 된 어떤 일이 있을 것입니다. 아마 길게 무언가를 써야 한다는 부담감이 이전부터 알게 모르게 쌓여 있을 수도 있고요. 어른의 잔소리도 큰 몫을 차지할 수 있어요. 그러니 당분간 글의 완성도를 따라 가려고 하지 말고 아이의 마음을 따라가는, 아이의 마음을 보듬어 안아 주는 방향으로 지도 목표를 세워 보시는 게 좋을 것 같습니다.

　글의 길이를 정해 주시 마시고, 짧게 썼더라도 자기 마음이 단 한 줄이라도 드러나 있으면 많이 칭찬해 주세요. 그 칭찬을 아주 꼭 집어서 해 주어야 한답니다. 그냥 뭉뚱거려서 "참 잘 썼다."가 아니라 "여기는 정말 네가 본 대로 썼구나." 하는 식으로 칭찬하는 이유를 분명히 밝혀 주는 것이 좋습니다.

　그러면서 한편으로는 둘레의 일에 관심을 가지게 하는 지도를 병행해 보세요. 아이가 자연을 느끼게 해 주는 방법도 참 좋은데요. 사실 도시 생활에서는 어려움이 많을 것입니다. 그러나 주어진 여건 안에서 그런 일을 해 볼 수 있는 기회를 만들어 보는 것이 좋겠습니다.

Q11 3학년인데, 맞춤법이 엉망이에요

3학년 모둠에 글로 정리하는 것을 무척 좋아하는 여자 아이가 있습니다. 그런데 맞춤법이 너무 심하게 틀립니다. 한두 곳이 아니어서 하나하나 수정해 줄 엄두도 안 나고, 문맥까지도 짚어 주어야 할 곳이 많은데 아이도 맥 빠질 것 같고…… 걱정입니다.

A11
일단 글쓰기를 좋아하는 것은 반가운 일이네요. 3학년이라면 맞춤법 공부에도 좀 마음을 써야 할 것 같아요. 그러나 맞춤법 공부가 생각보다 어려운 일이니 우선 지켜보세요. 그러면서 하나씩 하나씩 바로잡아 준다 생각하세요.

　그리고 맞춤법은 선생님 혼자서 다 해결해 주실 수는 없는 부분이지요. 학교에서나 집에서의 도움이 절실히 필요한 일입니다.

문맥도 그렇습니다. 욕심을 버리고 조금씩 조금씩 다가가세요. 어제 틀린 것을 오늘 맞게 했다면 화들짝 신나서 칭찬해 주는 것도 한 방법이고요. 시간이 좀 필요하겠지요?

Q12 읽기 능력을 키워 주려면 어떻게 해야 하나요?

초등 1학년 남자 아이를 둔 엄마입니다. 우리 아이는 어릴 적부터 무엇을 배우는 데 다른 아이들보다 시간이 많이 걸렸습니다. 나아지겠지 하면서 기다려 보았지만 아직도 시간이 많이 걸리긴 마찬가지입니다. 책읽기를 너무 싫어하고 두려워하는데, 아직도 받침이 어려운 것은 제대로 읽지 못하고 책을 읽을 때에도 떠듬떠듬 읽습니다. 또 몇 번씩 읽고도 내용을 제대로 파악하지 못합니다. 어떤 문제를 풀 때에도 질문의 요지를 파악하지 못하고 동문서답을 써 놓을 때가 많습니다. 아무래도 독해력이 부족한 것 같습니다. 집에서 어떤 방법으로 도와 줄 수 있는지요.

A12 보내 주신 내용으로 보면 아이가 읽기에 어려움을 겪고 있는 것 같군요. 소리 내서 정확하게 읽는 능력과 읽고 이해하는 능력이 조금 부족한 듯싶어요. 읽는 것 자체가 잘 안 되면 글 속에 있는 정보도 받아들이기가 어려워서 이해력도 떨어지게 되지요.

우선 아이가 글씨를 정확히 알도록 도와 주시는 것이 좋을 듯합니다. 우리글은 소리글자이기 때문에 낱자의 소리를 정확히 알면 읽는 데 별 무리가 없거든요. 물론 연음이 된다거나 묵음(두 받침 가운데 하나가 발음되지 않는 현상)이 되는 경우도 있지만, 낱자의 음을 정확히 알면 그런 부분까지 금방 익힐 수 있답니다.

아이의 읽기 능력을 키워 주기 위해 집에서 할 수 있는 방법을 알려 드릴게요.

먼저 책의 내용을 어머니가 읽어서 녹음을 해 줍니다. 그리고 아이에게는 읽는 부담을 없애고 듣기에만 신경을 쓰도록 해 주는 것이지요. 녹음은 너무 길게 하지 마시고 단락별로 녹음을 하는 것이 좋습니다. 단락을 들은 후 그 내용에 맞는 질문을 아이에게 해 봅니다. 아이가 이해를 잘 했다면 크게 반기며 칭찬을 해 주시고요, 만약 잘 이해하지 못했다면 다시 들려 주고 이해할 수 있도록 도와 주는 과정을 되풀이합니다.

둘째, 읽은 내용에 맞는 질문을 작성합니다. 이 때 질문에 대한 답은 한 단어 정도로 쓸 수 있도록 만들어 봅니다.

    예: 토끼와 경주를 한 상대는 누구일까요? 답: 거북이

    그 다음 단계로는 앞뒤 문장에 근거해서 알맞은 단어나 문장을 써 넣을 수 있도록 괄호를 만들어 줍니다.

    예: 토끼와 (　)는 (　)에서 경주를 했다.

    이 방법은 간단하지만 효과는 아주 크답니다.

    마지막으로 아이의 수준을 파악하는 것이 중요합니다. 아이는 학습할 준비가 되어 있지 않은데 무리하게 연습을 시키다 보면 자칫 정서나 행동에 문제가 생길 수 있거든요.

    지금 좀 늦는다고 아주 영원히 늦는 것은 아닙니다. 하지만 그래도 마음이 놓이지 않으면 전문 기관을 찾아 상담을 해 보는 것도 좋은 방법일 수 있답니다.

Q13 책을 읽어 오지 않아요

초등 4학년 남학생만 다섯 명인 모둠입니다. 무척 시끄러운 데다 책을 읽어 오지 않기가 일쑤여서 제가 하고 싶은 수업의 반밖에 못하고 있습니다.

A13

    남자 아이만 다섯인 모둠, 선생님이 힘드실 만하겠네요. 하지만 또 엉뚱한 이야기도 잘 하고 할 테니 그런 대로 재미있을 수도 있어요.

    책을 읽어 오지 않으면 수업하기가 어렵지요? 그럴 때는 예측하며 읽기를 해 보세요. 선생님이 이야기를 읽어 주다가 어떤 부분에서 잠시 중단하고 앞으로 이 이야기가 어떻게 진행될지 예측하고 답해 보게 하는 것이지요.

    가능한 한 이야기의 굴곡이 큰 부분에서 앞으로 어떻게 진행될까 생각해 보면 훨씬 재미있겠지요. 그렇게 이야기를 따라가다가 어떤 부분에서는 등장 인물의 행동에 대해 가치 판단(옳다, 그르다)을 하게 하고, 왜 그렇게 생각하는지 말해 보도록 하는 방법도 좋겠습니다.

Q14 국어 능력이 전반적으로 떨어져요

초등 2학년 아이입니다. 읽기 교과서 내용을 50~60% 정도는 읽을 수 있는데, 받침이 있는 단어 등은 어려워합니다. 현재 지도 방법은 동화책 한 권을 선택하여 반복하여 읽히는 것입니다. 잘 안 읽어지는 부분이나 단어는 밑줄을 그어 놓았다가 강조하고요. 지도한 지 한 달 정도가 지났는데, 나아짐이 잘 느껴지지 않습니다. 또 듣고 쓰기도 잘 안 되어 교과서에서 간단한 문장이나 구를 뽑아 매일 받아쓰기를 하고 있답니다. 조언 부탁드립니다.

A14 글을 읽고 이해하는 것은 모든 학습의 기초가 됩니다. 문자를 해독하기 위해서는 시각, 청각의 정보 처리 능력과 기억하는 능력이 고루 발달해 있어야 가능한 일이라고 하지요? 따라서 이런 능력 가운데 어느 곳에서 어려움을 보이는지 찾아 내는 과정도 같이 거치면 더욱 좋은 성과를 낼 수 있는데, 이것은 부모님들의 몫이겠지요.

다른 특별한 이상은 없는데, 다만 더디게 갈 뿐이라면 소리내어 읽게 하는 방법을 현재로서는 많은 분들이 권하고 있습니다. 신문에서 글자 찾아 보기, 그림이 많은 동화책 읽어 보기 등도 모두 좋은 방법입니다. 거기에 만화책 같은 것도 좋은 학습 자료가 될 수 있겠지요.

저도 비슷한 아이를 만난 적이 있는데요. 저는 그 아이에게 도움(?)을 청했어요. "내가 너무 바빠서 책을 읽을 시간이 없는데 네가 나한테 하루에 한 쪽씩만 읽어 줄래?" 이렇게 '네가 부족해서 읽기 연습을 하는 것'이 아니라 바쁜 나를 '네가 도와 주는 것'이라는 느낌이 들게 했지요. 그래서 그랬는지 석 달쯤 걸려서 책 한 권을 읽었는데 다 읽고 나니까 "또 읽어 줄까요?" 하더라고요. 물론 아이마다 조금씩 다르기는 하겠지만 기다림이 필요한 것이 교육이지 않을까요?

쓰기는 눈과 손의 협응 능력, 감각과 운동의 협응 능력, 시간과 공간의 변별 능력, 눈으로 본 것을 기억하는 능력 같은 것들이 발달해야 할 수 있는 것이라고 합니다. 아주 복잡한 과정을 거치지요? 그런 걸 보면 사람들이 의식하지 못하는 사이에 여러 가지 능력들이 알아서 움직여 읽게도 하고 쓰게도 만들어 주는 모양입니다.

사실 아주 단순화해서 말하자면, '정서법의 규칙' 이전에 '감각'이기 때문에 '같았다'는 들리는 대로 '가타따'로 쓰고 싶어지지요. 그것을 규범에 따라서 쓰게 하니까 "'가타따'가 아니라 '같았다'란다." 하고 반복하면서 익히게 하는 것이잖아요. 이 반복의 회수가 많아야 하는 아이가 있는가 하면 별로 반복하지 않았는데도 가르치고자 하는 대로 잘 따라와 주는 아이가 있지요.

자꾸 글자와 익숙해지게 하면서 아직 2학년이니 좀 넉넉한 마음으로 기다려 주면 어떨까 싶습니다.

Q15 중학교에 올라가는 아이의 국어 실력

직장을 다니고 있는 엄마입니다. 그 동안 아이들의 교육에 소홀한 부분이 있었는지 이제 중학교에 들어가는 우리 아들아이가 걱정입니다. 너무 공부가 안 돼서 상담을 받아 보았더니, 초등 학교 3학년 수준의 국어 실력이라고 합니다. 국어를 못하니 다른 과목을 다 못합니다. 제가 직접 가르치려고 일도 파트 타임으로 바꾸었습니다. 오후에는 아이와 같이 있어 주려고 하는데, 어떻게 공부를 해야 할지 막막합니다.

A15

아이에 대해 걱정이 많으시겠군요. 그러한 상황이라면 어떤 부모라도 마찬가지겠지요. 어찌 해야 좋을지 같이 생각해 보기로 해요.

아이는 현재의 학년보다는 초등 학교 3학년 수준부터 다시 시작해야 하는 경우라고 할 수 있겠습니다. 국어 실력이라고 말씀하셨는데, 아마도 독해 능력(글을 읽고 이해하는 능력)의 측면을 가장 집중으로 말씀하신 것 같습니다. 이해력이 부족하다면 먼저 어휘력부터 늘려야 한답니다.

먼저 아이의 독서 수준에 맞는 책을 선택합니다. 이 책은 수준에 맞는 교과서도 좋고, 재미있는 동화책도 괜찮습니다. 전체 글 속에서 한 단락을 읽게 한 후 그 단락에서 모르는 단어가 있는지, 있다면 무엇인지 알아봅니다. 그런 다음 그 단어가 들어 있는 문장을 다시 한 번 읽게 하고, 그 단어가 무슨 뜻인지 자기 나름으로 추측해서 말해 보게 합니다. 그 추측이 잘 맞지 않았을 경우에는 어머니가 그 단어와 비슷한 단어를 말해 줍니다. 또는 이것의 반대말은 무엇이라고 말해 주는 것도 좋습니다. 그렇게 해서 단어의 원래의 의미를 알 수 있도록 유도합니다. 직접 그 뜻을 알려 주기보다는 아이 스스로가 단어의 뜻을 생각해 볼 시간을 주는 것이지요.

그 다음은 그런 단어로 짧은 글을 지어 보게 합니다. 이런 노력이 좀 지속적으로 이루어져야 한답니다. 그런데 말처럼 쉬운 일은 아니지요. 끈기를 갖고 노력을 해야 할 일이라고 생각합니다.

학습 능력이 떨어지고 주의력이 떨어지는 아이들은 친구들과 잘 어울리지 못하고 심리적으로 많이 위축되기 마련이지요. 학습뿐만이 아니라 아이의 정서 부분도 세심하게 챙겨 주셨으면 좋겠습니다.

모쪼록 아이가 엄마와 새롭게 하는 공부를 통해서 학습에 자신감을 갖고 활기차게 생활할 수 있기를 바랍니다. 어머니도 너무 걱정하는 쪽으로만 생각하지 마세요. 인생은 장기 레이스이니 더디 가도 제대로 가면 되는 것이니까요. 지금 조금 늦었다고 인생 전체가 무너지는 것은 아니지 않겠어요? 힘 내십시오.

학년별, 월별
글감꼭

3월의 글감표

	1학년	2학년	3,4학년	5,6학년
집	• 우리집 • 이 뺀 일	• 어제 집에서 한 일	• 어제 집에서 한 일	• 어제 집에서 있었던 일 • 아들 딸 차별 • 생일 • 밥먹기 • 집안일 돕기
학교	• 학교 • 유치원 아이들	• 내 짝꿍 • 내 동생	• 새 친구 • 내 짝꿍 • 반장선거 • 급식 먹은 일 • 준비물 • 체육시간 • 학원에서 있었던 일 • 영어 공부	• 청소 • 내 짝꿍 • 반장선거 • 체육시간
사회	• 길에서 본 것 • 놀이한 것 (간단히 그림으로 그리고 한두 줄 쓰기)	• 길에서 본 것 (죽은 새, 죽은 쥐 등) • 병아리 파는 아줌마	• 길에서 본 것 • 사랑 실천하기 (과제 지도) • 문방구 아줌마 • 목욕탕 간 일 • 길에서 받은 스티커(겪은 일과 함께 간단한 느낌 써 보기)	• 길에서 보고 생각한 일 • 불쌍한 아저씨 • 사랑 실천하기
자연	• 강아지 • 병아리	• 강아지 • 고양이 • 올챙이	• 강아지 • 병아리 • 새싹	• 학교까지 가는 길에 나무는 과연 몇 그루나 있을까? • 그 나무 중 내가 이름을 알 수 있는 것은 무엇인가? • 새싹
기타	• 옛이야기 들려 주기 • 거짓말 찾기 놀이 • 나는 척척박사 놀이 • 머리 어깨 무릎 똥 • 한 글자 낱말 찾기	• 거짓말 찾기 놀이 • 옛이야기 들려 주기 • 글자 찾기 놀이 • 00가 잘하(시)는 말 그대로 흉내내 보기	• 요즈음 우리 집 앞 화단의 모습(생각보다 많은 것들을 볼 수 있다. 잘 쓰기에 앞서 '잘 보는 눈'이 중요하다.) • 자기소개 • 내가 잘못한 일	• 자기소개(피상적으로 소개 하지 말고 구체적인 사례를 들어 실감나게 소개하기) • 내 버릇 • 내가 결심한 일 • 연필 깎기 대회
지도 방법	• 그림 보고 이야기하게 하기 • 교사 대필(경우에 따라) • 선생님께 말하게 하기 • 동화 들려 주기 • 모르는 글자는 손 들고 물어 보게 한다.	• 입말이 아직 살아 있는 시기, 그것을 놓치지 않도록 지도 한다. • 띄어쓰기를 생각한다.	• 자기가 보고 들은 것을 잘 생각해 내서 차례로 쓰게 한다. • 어제 있었던 일이나 방금 전에 있었던 일을 쓰게 한다. • 띄어쓰기를 잘 할 수 있도록 한다.	• 꼭 쓰고 싶은 것, 하고 싶은 말을 쓰도록 지도한다. • 다 쓴 후에는 날짜를 적어 놓는다. • 남들이 잘 알 수 있게 자세히 쓴다. • 대강의 구상을 하고 쓴다.

4월의 글감표

	1학년	2학년	3,4학년	5,6학년
집	• 우리 어머니 • 우리 아버지 • 밥먹기	• 방금 전 있었던 일 • 감기 • 안경 • 숙제	• 방금 전에 있었던 • 내가 도운 집안 일	• 가족회의 • 우리 아버지가 하시는 일(구체적으로 일하는 내용을 알아 본다.) • 우리 어머니가 하시는 일
학교	• 운동장에서 있었던 일 • 풍선날리기 • 소풍 • 진짜 공부 시작했다. • 우리 선생님 • 스티커 받은 일	• 싸운 일 • 소풍 • 우리 반 선생님 • 준비물 • 중간 놀이 시간	• 우리 반에서 가장 재미있는 아이 • 점심시간 • 우리 반의 고쳐야 할 점 • 리코더	• 내 친구 OOO • 우리 학교의 문제점 • 군것질 • 소풍, 이대로 좋은가 • 점심시간 • 남자 짝, 여자 짝
사회	• 문방구 아줌마 • 수퍼마켓 아저씨 • 떡볶이	• 학교 가는 길(서사) • 학원 가는 길	• 학교 가는 길(설명) • 억울한 일 • 도둑 누명 • 떡볶이	• 학교 가는 길(주장) • 사회적으로 화제가 되고 있는 문제에 대하여(요즈음 같으면 단연 OO문제겠지.)

자연	• 개나리꽃을 보았어요.
	• 꽃이 많이 피었어요.
		• 개나리, 진달래
		• 목련
		• 개구리
		  (볼 수 있는 곳이라면)
			• 봄 찾으러 가자.
			  (사생글쓰기)
				• 봄 찾으러 가자.
				  (사생글쓰기)
				• 우리 동네 뒷산에 올라 보니
				• 제비꽃을 찾아보자.
				• 민들레꽃 그려 보기

기타	• 스무고개놀이 • 만져 보세요.(평소에 못 만져 보던 것; 으아, 무언지 느낌이 되게 이상하다.)	• 소리찾기놀이 • 내가 찾은 봄(말로 표현하기; 나는 언제 봄이라고 느꼈나?)	• 토끼풀꽃 반지만들기, 목걸이만들기 • 분꽃	• 도움이 될 만한 책(살아 있는 그림 그리기/이호철, 눈으로 보고 눈으로 그리기/베티 에드워즈)
지도 방법	• 옛이야기 들려 주기 • 글쓰기는 재미있어요. • 띄어쓰기도 하는 거구나 하는 정도를 알게 한다. • 교사 대필(경우에 따라) • 말하듯이 쓴다.	• 본 것 이야기 하기 • 재미있고 생생하게 쓴 글 보여 주기(똥, 방구, 내 동생이 똥 싼 날)	• 글이 상투적으로 되기 쉬운 시기. 입말이 살아 있고 표현이 살아 있는 글 보여 주기. 좋은 시 맛보기 • 말하듯이 쓴다.	• 남의 글을 흉내내지 않도록 한다. • 자기만 알고 있는 것을 소중하게 여기도록 한다. • 차례를 정하고 쓴다. • 글다듬기

5월의 글감표

	1학년	2학년	3,4학년	5,6학년
집	• 내 동생 • 내가 꾼 꿈 • 나들이한 것	• 심부름 • 어머니 아버지가 진짜로 고맙다고 느껴졌던 일 • 놀이(어미 새끼, 무궁화꽃이 피었습니다.) • 나들이한 것	• 아버지, 어머니, 할아버지, 우리 조상 • 우리집에서 키우는 동물 • 어린이날을 보내고	• 어제 내가 한 일 • 어머니 아버지께(편지) • 어린이날
학교	• 내 친구 • 우리 선생님	• 선생님께 편지 • 쉬는 시간 • 지각	• 어린이 회의 시간 • 선생님께 편지 쓰기 • 00시간(국어, 수학 등) • 스승의 날	• 어린이 회의 • 우리 선생님의 공부 방법, 우리 선생님이 벌 주는 방법 • 스승의 날
사회	• 학교에서 돌아올 때 본 것	• 싸우는 사람	• 이웃집 사람들 • 우리 동네 쓰레기통	• 우리 동네 시장 • 신문에서 본 일 • 우리 동네 쓰레기통 • 우리집 쓰레기통 조사 • 미스코리아 대회
자연	• 개, 병아리, 고양이 등	• 고양이, 쥐, 개, 까치 등 • 오이 그리기, 먹어 보기, 만져 보기	• 개, 병아리, 고양이, 나비, 참새 등 • 오이 그리기, 먹어 보기, 만져 보기	• 나무심기 • 새 • 요즈음 제철인 과일
기타	• 부모님이나 선생님께 편지 쓰기 • 그림을 그리고 난 후 짧게 쓰기	• 담임 선생님께 편지 쓰기 • 내 신발처럼 내가 늘 갖고 있는 것	• 우리 반 착한 아이 000 • 지금 생각해도 부끄러운 일	• 우리 반 착한 아이 000 • 어린이날 이대로 좋은가 • 어려움을 겪으며 살아가는 사람들
지도 방법	• 상투적이고 밋밋한 글이 되지 않게 하려면 실제 있었던 일을 기억하면서 쓰도록 한다.	• 본 것 또는 들은 것도 글이 될 수 있다.(보기글 보여 주기) • 말하듯이 쓰게 한다. • 생활시 쓰기 지도	• 좋은 시 보여 주기 • 쓰고 싶은 마음이 생기도록 (저 정도면 나도 쓸 수 있겠다.)	• 생활에 대해 생각하게 한다. • 자연의 아름다움을 느낄 수 있도록 '관심'을 갖게 해 준다. • 내 생각 발표회(어린이들의 다양한 사고를 받아들인다.) • 같은 제목으로 아이들이 글을 쓰게 한 뒤 견주어 보기. 생각이 다 다를 수 있다는 걸 알게 한다.

6월의 글감표

	1학년	2학년	3,4학년	5,6학년
집	• 놀이 • 심부름	• 놀이 • 심부름	• 어제 내가 한 일 • 동생과 있었던 일 • 손빨래	• 내가 한 일 • 지금 농촌에서는 무슨 일을 하고 있을까? • 주말 농장이라도 있는 경우는 직접 농사를 지어 본 일
학교	• 미술시간 • 체육시간	• 운동장에서 있었던 일 • 고마운 친구	• 청소시간 • 착한 아이 • 웃었던 일 • 달리기 시합	• 반장이 이름 적는 문제에 대하여 • 억울한 일 • 소방훈련
사회	• 학교 오갈 때 본 일 • 피아노, 수영 따위를 배운 일	• 비 오는 날 겪은 일 • 우산에 얽힌 얘기 • 이웃집 사람들 얘기	• 저금 • 내가 꼭 해 보고 싶은 일 • 내가 꾼 꿈	• 일하는 사람들 • 돈, 용돈 • 사회적 문제(복제 인간, 아들 선호 사상, 뇌물)
자연	• 개, 병아리, 지렁이, 개구리 등	• 토끼풀 • 달팽이 • 방구벌레, 콩벌레	• 소리찾기 • 내 귀에 들리는 소리	• 뻐꾸기소리 • 나뭇잎 색깔 • 바람소리 • 사생글쓰기(연필과 공책을 갖고 나가서 보고 느낀 것을 쓴다. 현재형으로)
기타	• 조금씩 길게 써 본다. • 마늘까기, 맛보기 • 얼음을 손목 위에 얹어 놓고 누가 오래 참나.	• 눈을 감은 채 과일을 먹어 보고 이름 맞히기 • 마늘까기	• 과일깎기 • 과일 샐러드 만들기 • 전래놀이 • 내 신발, 내 필통	• 우리말의 아름다움, 미묘한 어감 찾기(붉다, 빨갛다, 불그죽죽하다, 불그데데하다, 빨가족족하다, 발그스름하다, 불그레하다……) • 언제나 생각하고 있던 일 • 나 혼자 알고 있는 이야기
지도 방법	• 내가 한 일 말하기	• 본 것 들은 것도 글감이 된다. 자세히 쓰는 방법을 알려 준다.	• 쓸 거리에 대한 구상 지도 (문단에 대한 초보적 인식) • 내가 지금 꼭 하고 싶은 말을 하게 한다.	• 쓰고 싶은 것을 쓰도록 다른 아이들이 쓴 글의 제목을 읽어 준다. • 구상한 메모를 보고 쓸 수 있게 한다. • 보기글 견주기; 살아 있는 글과 상투적인 글

7월의 글감표

	1학년	2학년	3,4학년	5,6학년
집	• 수박 먹은 일	• 수박, 참외 먹은 일 • 포도	• 우리 가족 팔씨름 대회 • 우리 가족 발 그리기	• 우리 식구 점심 장만 내 손으로 한번 해 보기 • 화분가꾸기
학교	• 놀이 • 방학식	• 학교에서 물 먹고 싶을 때 • 예방주사	• 방학식 • 계획표짜기	• 반장은 꼭 필요한가? • 방학 • 이번 방학에 꼭 하고 싶은 일 (꾸준히 할 일 한 가지를 스스로 정하고 지키기; 예-방청소) • 계획표짜기
사회	• 물놀이	• 물놀이		• 우정
자연	• 맨발로 걸어 보기	• 눈감고 지내 보기	• 개미 관찰 • 작은 풀벌레들 • 잠자리	• 산과 바다 • 소리듣기(매미소리, 파도소리) • 맨발로 걷기 • 물 흐르는 소리 듣기 • 시골 두엄 냄새 맡기
기타	• 마주이야기 • 우리 엄마가 잘 하시는 말씀 3가지 • 엄마 말씀 중 제일 기분 좋은 말, 엄마가 하시는 그대로 말하기, 써 보기	• '강아지똥'을 읽고	• '너하고 안 놀아'를 읽고	• '몽실 언니'를 읽고 • '우정의 거미줄'을 읽고 • 방학을 보람 있게 보내는 방법
지도 방법	• 입말을 잃지 않고 글로 쓸 수 있도록 • 마주이야기 들어 보기	• 간단한 독후감(짧게)	• 독후감의 형식에 너무 구애받지 말고 짧게 내 느낌만 또렷이 잡은 글을 보여 준다.	• 방학을 알차게 보내는 방법에 대한 내 생각 말하기(여러 가지 의견을 폭넓게 받아들이고 자유로운 생각을 인정한다.) • 독후감 쓰기 지도

8월의 글감표

	1학년	2학년	3,4학년	5,6학년
집	• 놀이한 것 • 함께 사는 동물	• 놀이(고무줄, 배드민턴, 축구 등)	• 내가 해 먹은 요리 • 심부름 • 동생보기	• 집안일 돕기 • 방학 동안에 내가 지키고자 한 일
학교	• 방학	• 방학	• 방학	• 방학
사회	• 교통질서 혹은 교통정체에 얽힌 일 • 선생님께 편지 쓰기(학년 공통)	• 내가 다녀온 곳 이야기	• 버스에서 있었던 일 • 기차 타고 겪은 일 • 공중화장실에서 느낀 점	• 여자가 할 일? 남자가 할 일?(성의 구별을 없앤 사례를 이야기해 준다.) • 해외여행 • 빚투성이 나라 살림 • 어떤 경우에 외국산 학용품을 쓰게 되나? • 내가 나중에 크면
자연	• 장마	• 장마	• 실험 관찰 (썩는 것, 썩지 않는 것) • 조사 기록(수퍼에서 과자 이름 조사)	• 구름 • 들판 • 소나기 • 별 • 매미소리 • 홍수 • 관찰일기
기타		• 내가 어렸을 때 이야기(어머니 아버지께 듣고 와서) • 내 걱정	• 놀랐던 일 • 슬픈 일 • 기뻤던 일 • 000를 읽고	• 잊을 수 없는 일 • 지금도 생각나는 무서운 꿈 • 내가 000라면
지도 방법	• 그림일기; 그림을 그리다가 지쳐 버리는 일이 없도록 간단히 그린다. 가 본 곳은 입장권이나 사진을 붙여 보게 한다.	• 글감을 한 가지로(방학 중 이곳 저곳을 다녀온 이야기를 쓰면 어수선해지기 쉽다.)	• 집을 떠나 있었던 동안 보고 들은 것, 생각한 것을 쓴다. 편지, 독후감 쓰기에 좋은 기회가 된다.	• 자연과 사회를 보고 생각하며 자기 자신의 의견을 가질 수 있게 한다. • 편지, 독후감을 써 볼 기회이다. • 일하고 만들고 땀 흘리는 삶의 가치를 깨닫도록 한다.

9월의 글감표

	1학년	2학년	3,4학년	5,6학년
집	• 우리 집 식구 이야기 • 미운 동생 • 엄마 때문에 속상한 일	• 추석, 차례 • 설거지 • 김치거리 다듬기	• 추석 • 추석 때 어머니가 하시는 일	• 어제 저녁 있었던 일 • 집안일 돕기 • 우리집 가훈 정하기 • 우리 조상
학교	• 운동회(전학년 공통) • 알뜰 시장 • 쉬는 시간	• 청소 • 만들기 • 2학기 반장선거	• 달리기 • 응원 • 우리 반 재미있는 애	• 야구 • 공부시간에 있었던 일 • 칭찬 받은 일
사회	• 길에서 본 일	• 텔레비전에서 본 것	• 반장선거를 하면서 자기가 자기를 찍는 일에 대한 나의 생각 말해 보기	• 텔레비전을 보고 느낀 일
자연	• 날아가는 새 • 구름 • 이슬 • 비둘기	• 벌레소리 • 이슬 • 다람쥐		• 벌레 관찰; 메뚜기, 귀뚜라미, 여치, 방아깨비, 거미 등 • 가을산 위에서
기타	• 밤까기(전학년 공통); 이와 손만을 써서 밤을 까 본다. 속살을 다치지 않고 껍질을 깨끗하게 잘 벗기는 사람이 이긴다. 이와 손을 도구로 사용할 줄 알게 되고, 요즈음 아이들이 좀체 맛보기 어려운 떫은 맛을 알 수 있다.	• 가을산 오르기 • 가을을 노래한 시 맛보기 • 꽃씨 따기	• 기뻤던 일, 슬펐던 일 • 봉숭아 물들이기(전학년 공통)	• 속시원히 털어 놓는 말 • 내가 좋아하는 우리반 000 • 자질구레한 일(예: 아침에 일어나서 학교 갈 때까지 있었던 일 모두)
지도 방법	• 조금 전에 한 것, 들은 것을 글로 써 본다. • 잘 생각해서 쓴다.	• 자연을 가까이 하는 생활 속에서 보고 들은 것을 글로 쓴다.	• 가을의 자연을 느낄 수 있게 해 준다. • 그 느낌을 내 말로 적어 본다. • 가을시쓰기; 사생시	• 자연의 변화를 살피게 하며, 변화 속에서 살아가는 사람들의 모습을 쓰게 한다. • 사생시쓰기

10월의 글감표

	1학년	2학년	3,4학년	5,6학년
집	• 심부름 • 나뭇잎 모으기 • 지난 일요일	• 아버지가 하시는 일 • 어머니가 하시는 일	• 집안일 돕기 • 수제비 해 먹기 • 나뭇잎	• 내가 참아 본 일 • 유리창닦기 • 집안일 • 숙제 • 과외공부
학교	• 내가 좋아하는 놀이 (팽이치기, 도둑잡기 등) • 화장실가기	• 숙제 • 청소시간	• 소풍 • 청소시간 • 화장실가기 • 시험	• 소풍 • 컴퓨터실에서 • 주번활동 • 급식당번 • 선생님 심부름 • 학급문고
사회		• 학교 갈 때	• 학교 오가는 길의 모습 • 들은 이야기	• 들은 이야기 • 불치병을 앓는 사람들 • 내가 본 나쁜 사람 • 착한 사람
자연	• 나뭇잎 • 감, 대추 따기	• 가을산 오르기 • 아침 풀밭	• 나뭇잎 • 꽃씨 • 단풍 • 이슬	• 가을을 어디서 어떻게 느꼈나? • 가을 풍경 사생
기타	• 꽃씨따기	• 낙엽밟기, 낙엽 냄새 맡아 보기	• 요즈음 내 마음은 • 걱정거리 • 어렸을 적 이야기	• 내 소원 • 내가 OOO이라면
지도 방법	• 글에는 산문과 시가 있다는 것, 어떻게 다르다는 것을 작품으로 알게 한다.		• 산문과 시의 다름을 알게 한다.(보기글 보여 주기. 본 것을 그대로 시로 쓰기)	• 가을을 보고 느낀 것을 시로 표현해 본다. • 들과 산에서 일하면서 얻은 감동을 써 보면 좋겠지만, 사정이 허락하지 않을 때는 풍경을 사생글로 쓰고 그림을 곁들인다.

11월의 글감표

	1학년	2학년	3,4학년	5,6학년
집	• 오늘 아침 • 팽이치기 • 똥누기 • 용돈 • 외할머니	• 오늘의 날씨	• 팽이치기 • 딱지치기 • 땅따먹기 • 나이먹기	• 놀이 • 엄마가 아플 때 • 열쇠 • 아버지와 나
학교	• 쉬는 시간 • 공부시간에 있었던 일 • 칭찬 받은 일	• 우리 반 착한 아이 • 상탄 일 • 싸움	• 지각 • 싸움 • 우유먹기 • 책상 위의 금 • 청소시간 • 유리창 깬 일	• 햇빛 • 점심시간 • 내 자리 • 00시간 • 선생님이 안 오신 날 • 교장선생님 • 졸업 사진 찍기
사회	• 길에서 본 일 • 학원 선생님 • 친구네 집 • 동네 아줌마 • 엄마가 안 계신 날	• 우리 동네 000 예:수퍼 아줌마, 경비 아저씨	• 동네 한 바퀴 • 내 친구 000(설명) • 내가 좋아하는 것 • 나의 하루 • 연예인 흉내, 스티커 모으기	• 우리 동네 이름난 곳, 유적지 소개 • 가난한 사람들 • 배꼽티 • 귀뚫은 초등 학생 • 우리가 잘 부르는 노래, 왜 그 노래를 부르나
자연	• 추워진 아침 • 길가에 세워 놓은 자동차 유리창에 낀 이슬	• 추워진 아침 • 길가에 세워 놓은 자동차 유리창에 낀 이슬	• 서리 온 아침 • 아침 풍경 • 단풍잎 • 은행잎 • 국화꽃	• 첫 추위 • 국화 • 추운 아침 • 서리 • 우리 동네 앞(뒷)산
기타	• 시장 구경	• 아주아주 재미있는 책 소개해 보기	• 내 신발 • 부끄러운 일 • 거짓말 • 내가 요즈음 읽은 책 소개	• 내가 고쳐야 할 점 • 내가 읽은 책 • 교장 선생님께 바라는 일 (방송사 사장님께, 대통령께, 아버지께, 선생님께 등)
지도 방법	• 밖에서 논 일을 그대로 쓰게 한다. • 자기의 주변을 잘 살펴서 본 대로 써 보게 한다.	• 친구의 글에서 잘 모르겠다 싶은 부분은 물어본다.	• 남을 생각하는 태도를 기른다. '공동체' 의식. 일상생활에서 쓰는 생활시	• 자기의 내면을 살피고, 남과의 관계에서 자기를 생각하는 처지의 글을 쓴다. • 저질 문화에 물들고 있는 어린이들의 세계를 제대로 보고하고, 건강한 문화 만들기 방법을 같이 연구한다.

12월의 글감표

	1학년	2학년	3,4학년	5,6학년
집	• 오늘 아침 • 준비물 • 김장 • 크리스마스 • 손님	• 오늘 아침 • 준비물 • 김장 • 크리스마스 • 손님	• 오늘 아침 • 설거지 • 우리 고모 • 우리 이모 • 김장 • 크리스마스	• 김장 • 크리스마스 • 설거지 • 불난 집
학교	• 전학 온 아이 • 싸움 • 만들기 • 방학식	• 쉬는 시간 • 우리 반 까불이 • 방학식 • 천재공기 바보공기	• 내 친구 OOO • 쉬는 시간 • 딱지치기 • 공기 • 잡기놀이 • 벌 선 친구 • 방학식	• 주번활동 • 청소시간 • 체육시간 • 방학식
사회	• 길에서 본 것 • 학원에서 있었던 일 • 산타에 얽힌 이야기	• TV에서 본 것 • 학원에서 있었던 일 • 산타에 얽힌 이야기	• 길에서 본 것 • TV에서 본 것	• 신문에 난 일 • 집이 없는 사람 • 비싼 집값 • 우리 반 동무들이 다니는 학원에 대해 조사
자연	• 첫눈 • 살얼음 • 마른 나뭇잎	• 나무의 변화 • 집앞 화단의 변화	• 첫눈 • 날아가는 새 • 배추	• 바람소리 • 추운 밤
기타	• 장갑 • 쑥쑥 크는 나	• 목도리 • 장갑	• 신발 • 장갑	• 군고구마 • 먹을 것 • 지난 1년을 돌아보며 • 말하기에 얽힌 일 • 죽음에 대하여
지도 방법	• 자기가 이야기한 것을 말하듯 쓸 수 있게 한다. • 하고 싶은 이야기를 찾아 낼 수 있게 한다. • 쓴 곳을 다시 읽어 보고 틀린 곳을 찾아 낼 수 있게 한다.	• 하고 싶은 이야기를 찾아 낼 수 있게 한다. • 쓴 곳을 다시 읽어 보고 틀린 곳을 찾아 낼 수 있게 한다.	• 남을 이해하는 마음을 갖게 한다. • 상투적인 말과 진실한 자기의 말을 구별할 줄 알게 한다.	• 반성하는 마음을 갖게 한다. • 인간 사회에 불행은 어째서 생기는가, 불행을 이겨 나가려면 어떻게 해야 하나. • 학원 다니기 같은 나와 밀접한 관계가 있는 일에 대한 내 생각을 정리해 보게 한다.

1월의 글감표

	1학년	2학년	3,4학년	5,6학년
집	• 새해 아침 • 방학 숙제 • 가족 여행	• 옛날 이야기 • 윷놀이 • 새해 아침 • 방학 숙제 • 가족 여행	• 새해 아침 • 차례지내기 • 우리 어머니가 하시는 일 • 윷놀이 • 책읽기 • 집안일 돕기(눈치우기)	• 내가 읽은 책 • 연날리기 • 가족나들이 • 눈치우기
학교	• 선생님께(편지) • 친구에게(편지)	• 선생님께(편지) • 친구에게(편지)	• 선생님께 • 친구에게	• 선생님께 • 친구에게
사회	• 친구네 집 • 학원 캠프 • 눈썰매장 • 스키타기	• 스키장 • 워터파크 • 교통사고 • 사회적으로 화제가 되고 있는 일 한 가지	• ○○한테 들은 이야기 • 교통사고 • 버스(기차)를 타 보고 • 눈썰매장	• 불쌍한 사람들 • 텔레비전을 보고 • 친구네 집 • 군것질 • 일회용품 • 경비원 아저씨가 하시는 일
자연	• 눈 온 산, 들판, 우리 동네 • 눈사람 만들기 • 썰매타기 • 눈싸움	• 눈 온 산, 들판, 우리 동네 • 눈사람 만들기 • 썰매타기 • 눈싸움	• 눈 온 산, 들, 우리 동네 • 눈사람 만들기 • 썰매타기	• 날씨 관찰 • 겨울나무 • 아무도 돌봐 주는 사람 없는 고양이
기타	• 내가 꼭 갖고 싶은 것 • 나는 우리 아빠의 이런 점이 걱정된다. • 내가 알고 싶은 것	• 내가 꼭 갖고 싶은 것 • 나는 우리 아빠의 이런 점이 걱정된다. • 내가 알고 싶은 것	• 내가 알고 싶은 것 • 답답한 일 • 내가 늘 생각해 본 것	• 내 희망 • 가장 슬펐던 일
지도 방법	• 여러 가지 놀이 이야기를 자세히 쓰도록 한다. • 선생님께 편지를 쓰면서 고마음을 알게 한다. • 인연의 소중함을 알게 한다.	• 다른 친구에게 말해주듯이 입말로 쓰는 글쓰기를 해봐도 좋다.	• 방학 동안 겪었던 일을 일기에 정성껏 쓰게 한다. • 서사문에 자기 생각도 써 넣게 한다.	• 사물과 현상을 보고 참과 거짓을 구별하며, 옳고 그른 것을 판단하게 한다. • 남의 글을 읽고 표현이 잘된 곳과 잘못된 곳을 찾게 한다. • 긴 글을 쓰게 한다. • 방학일기를 정성껏 쓴다.

2월의 글감표

	1학년	2학년	3,4학년	5,6학년
집	• 내 동생 • 우리 언니 • 윷놀이 • 가족놀이 • 성묘	• 내 동생 • 우리 언니, 오빠 • 성묘 • 가족 여행	• 어머니가 하시는 일 • 아버지가 하시는 일 • 할머니 댁 • 시골	• 연날리기 • 교복맞추기 • 보름날 • 내가 하는 일
학교	• 놀이한 것 • 내가 좋아하는 공부 • 1학년 동안 가장 재미있었던 일	• 놀이한 것 • 내가 잘하는 공부 • 내가 잘 못하는 공부	• 0학년이 되면 • 0학년 동안 가장 재미있었던 일(잊혀지지 않는 일)	• 졸업을 앞두고 • 친구에게 • 기념사진 • 잊을 수 없는 일 • 중학생이 되면
사회	• 길에서 본 일 • 들은 일	• 아빠 엄마에게 들은 일 • 우리동네에서 일어난 일	• 신문을 보니 • 텔레비전을 보고	• 전쟁과 평화 • 중학교 배정 방법
자연	• 겨울 화단 • 우리 집 베란다	• 겨울 화단 • 우리 집 베란다	• 겨울화단 • 빈 밭 • 양지쪽	• 봄을 기다리며 • 양지쪽에서
기타		• 내 걱정	• 멋내기 • 머리깎기 • 꼭 하고 싶은 이야기	• 눈물 • 나의 장래 • 사람은 왜 헤어지는 걸까?
지도 방법	• 한 해 동안 쓴 글을 모아 둔다.	• 한 해 동안 쓴 글을 모아 둔다.	• 부끄러운 일도 글로 쓰게 한다. • 겪은 일을 자세히 쓰도록 한다. 틀에 박힌 글이 되지 않게 지도한다.	• 졸업을 앞둔 감상을 글로 쓴다. • 앞날에 대한 생각을 정리하게 한다. • 봄을 기다리는 마음을 글로 써 보게 한다.

참고한 책들

통합교육을 위한 삶쓰기 논술교육   김슬옹(2000), 인간과자연사
글쓰기의 문제해결전략   린다 플라워·원진숙, 황정현 옮김 (1998), 동문선
국어교육학 원론   박영목·한철우·윤희원(1996), 교학사
아동의 상상력과 창조   비고츠키·팽영일 옮김(2001), 창지사
발달의 이론   윌리엄 C. 크레인·서봉연 옮김(1992), 중앙적성출판사
삶을 가꾸는 글쓰기 교육   이오덕 (2004), 보리
신나는 글쓰기   이오덕(1993), 지식산업사
어린이 시 열두 마당   이오덕(1993), 지식산업사
우리 문장 쓰기   이오덕(1992), 한길사
글쓰기와 글쓰기 교육   이지호(2002), 서울대학교출판부
아동 발달의 이론   정옥연(2003), 학지사
논술비법   진형준(2003), 살림
창조적 삶을 위한 명상의 일기 언어   트리스틴 레이너·장호정 옮김(1991), 고려원
글쓰기교육의 이론과 실제   한국글쓰기연구회(1990), 온누리